Hans Földeak

Wörter und Sätze

Satzgerüste für Fortgeschrittene

Hueber Verlag

deutsch üben

Ist eine Reihe von Übungsbüchern zu Grammatik, Wortschatz
und Rechtschreibung, die als unabhängiges Material zu jedem
beliebigen Lehrbuch, aber auch kurstragend benutzt werden
können. Bedingt durch die Konzeption, dass in die Übungsblät-
ter auch hineingeschrieben werden kann, liegt der Übungs-
schwerpunkt im schriftlichen Spracherwerb.

Sämtliche Bände sind auch für den Selbstunterricht geeignet.

| 10. | 9. | 8. | | Die letzten Ziffern |
| 2025 | 24 23 22 21 | | | bezeichnen Zahl und Jahr des Druckes. |

Alle Drucke dieser Auflage können, da unverändert,
nebeneinander benutzt werden.
1. Auflage
© 2001 Hueber Verlag GmbH & Co. KG, München, Deutschland
Umschlaggestaltung: creative partners gmbh, München
Satz: VerlagsService Dr. Helmut Neuberger & Karl Schaumann GmbH, Heimstetten
Druck und Bindung: Friedrich Pustet GmbH & Co. KG, Regensburg
Printed in Germany
ISBN 978–3–19–007459–4
(früher erschienen im Verlag für Deutsch, ISBN 3–88532–743–0)

Art. 530_05652_001_08

Vorwort

Für wen ist dieses Übungsbuch gedacht?

Das Übungsbuch ist als Ergebnis einer mehr als zwanzigjährigen beruflichen Tätigkeit im Bereich „Deutsch als Fremdsprache" mit Deutschlernern aus allen Teilen der Welt entstanden. Es möchte allen denjenigen, die sich in einer der folgenden Situationen befinden, die Möglichkeit geben, bereits vorhandene grundlegende Wortschatz- und Grammatikkenntnisse in der deutschen Sprache zu reaktivieren, zu festigen und zu vertiefen.

– Sie lernen Deutsch in Sprachkursen oder im Selbststudium und wollen ein „gutes" Deutsch sprechen.

– Sie haben Ihr Deutsch schon wieder etwas vergessen und möchten es auffrischen.

– Sie bereiten sich auf die Sprachprüfung an einer deutschen Universität vor.

– Sie sind Student oder Wissenschaftler und haben die Absicht, in Deutschland zu studieren oder an einem Forschungsprojekt teilzunehmen. Sie werden sich an Gesprächen und Diskussionen mit Ihren Fachkollegen aktiv in deutscher Sprache beteiligen und müssen deshalb in der Lage sein, über bestimmte Themen zu sprechen und Ihre Meinung zu äußern.

– Sie unterrichten Deutsch an Schulen, Universitäten oder Sprachinstituten außerhalb des deutschen Sprachraums und wollen sich im modernen Deutsch ganz sicher fühlen, um einen optimalen Unterricht halten zu können.

– Sie interessieren sich für die Informationen in den deutschen Medien (Zeitungen, Rundfunk, Fernsehen).

– Sie sind Journalist oder Geschäftsmann und haben vor in Deutschland beruflich tätig zu sein. Dazu ist es wichtig, dass Sie die deutsche Sprache in Wort und Schrift sicher beherrschen.

Wie ist das Übungsbuch aufgebaut?

Das Buch enthält Übungen zum Alltagsdeutsch und zu verschiedenen Fachgebieten wie Bildung, Staat und Gesellschaft, Kunst und Geschichte sowie Natur.

Der Aufgabenteil befindet sich jeweils auf einer linken, der Lösungsteil parallel dazu auf einer rechten Seite, und zwar Satz für Satz in gleicher Höhe.

Der Wortschatz wird immer in ganzen Sätzen geübt. Sie lernen also von Anfang an, sich in vollständigen sprachlichen Einheiten auszudrücken.

Die Übungen enthalten den Wortschatz, der für das jeweilige Sachgebiet typisch ist. Jedem Bereich ist ein Komplex von Worterklärungen angefügt. Hier werden Wörter erklärt, deren Bedeutung Ihnen vielleicht noch nicht oder aber in dem vorliegenden Kontext nicht bekannt ist. Die Worterklärungen zu den Verben werden an einem zusätzlichen Satzbeispiel erläutert.

Alle Übungen können Sie beliebig oft wiederholen, entweder im Selbststudium oder auch mit einem Partner.

Meiner Frau und meinen beiden Söhnen gewidmet

Inhaltsverzeichnis

Hinweise zur Benutzung   6

Der persönliche Bereich   8
1.1   Familie   8
1.2   Gefühle   18
1.3   Gesundheit und Krankheit   20
1.4   Wohnen   28
1.5   Kleidung   34
1.6   Essen und Trinken   36
1.7   Einkäufe   40
1.8   Urlaub und Reisen   42
1.9   Sport   50
      Worterklärungen   54

Bildung und Ausbildung   66
2.1   Sprachenlernen   66
2.2   Schule   68
2.3   Arbeit und Beruf   72
2.4   Universität   78
      Worterklärungen   86

Staat und Gesellschaft   92
3.1   Verwaltung   92
3.2   Politik   96
3.3   Krieg und Frieden   106
3.4   Recht   114
3.5   Wirtschaft und Handel   122
3.6   Geld   136
3.7   Post und Telefon   140
3.8   Verkehr   144
3.9   Medien: Rundfunk, Presse,
      Fernsehen   152
      Worterklärungen   156

Kunst und Geschichte   178
4.1   Literatur   178
4.2   Theater   180
4.3   Musik   182
4.4   Bildende Kunst   184
4.5   Geschichte   186
      Worterklärungen   198

Natur   206
5.1   Umwelt   206
5.2   Wetter   212
      Worterklärungen   214

Hinweise zur Benutzung

1. Bevor Sie mit einer Übung beginnen, schauen Sie sich bitte die Worterklärungen (*) an und prägen Sie sich die Bedeutung anhand der Beispielsätze ein.

2. Lösen Sie dann die Aufgaben, indem Sie aus den Wörtern einen Hauptsatz bilden. Das erste Wort in jeder Zeile ist jeweils Subjekt. Die Sätze sind im Präsens *(Präs.),* im Präteritum *(Prät.)* oder im Perfekt *(Perf.)* zu formulieren. Normal gedruckte und unterstrichene Substantive sind mit dem bestimmten Artikel oder einem Possessivpronomen zu formulieren. Die Wortfolge bleibt gleich, d. h., Sie müssen die Wörter nicht umstellen.

Essen	stehen *(Präs.)*	Tisch	*Das Essen steht auf dem Tisch.*
Onkel	sitzen *(Prät.)*	Ecke	*Der / Mein Onkel saß in der Ecke.*
Junge	sich unterhalten	Eltern	*Der Junge unterhielt sich mit seinen Eltern.*

3. Jede folgende Zeile enthält ein oder zwei neue Wörter. Das Zeichen ↓ bedeutet, dass das Wort, unter dem es steht, auch in der nächsten Zeile verwendet werden muss. Die Zeitform des Verbs bleibt unverändert, solange keine neue Zeitform angegeben ist.

Mann	lesen *(Prät.)*	Buch	*Der Mann las das Buch.*
↓	sich erinnern	↓	*Der Mann erinnerte sich an das Buch.*
Kind	↓	Spiel	*Das Kind erinnerte sich an das Spiel.*
↓	warten *(Präs.)*	↓	*Das Kind wartet auf das Spiel.*

4. Wörter, die kursiv gedruckt und nicht unterstrichen sind, müssen mit dem unbestimmten Artikel oder ohne Artikel formuliert werden. Dazu gehören auch Namen, Personalpronomen, geographische Bezeichnungen und Zahlenangaben. Bei substantivierten Adjektiven ist bei der maskulinen Form der Artikel angegeben *(rKleine, rAngestellte).*

Auto	stehen *(Präs.)*	*Parkplatz*	*Das Auto steht auf einem Parkplatz.*
wir	essen *(Prät.)*	*frisch, Obst*	*Wir aßen frisches Obst.*
Tante	lesen *(Perf.)*	*alt, Briefe*	*Die Tante hat alte Briefe gelesen.*
Friedrich	wohnen	*Dortmund*	*Friedrich wohnt in Dortmund.*
Frau	schauen *(Prät.)*	Fenster	*Eine Frau schaute aus dem Fenster.*
Junge	fragen	*rErwachsene*	*Der Junge fragte einen Erwachsenen.*

5. Das Zeichen ↓↑ bedeutet einen Wechsel von bestimmt zu unbestimmt („die Rosen" wird zu „Rosen") oder einen Wechsel von unbestimmt zu bestimmt („ein Haus" wird zu „das Haus").

Ralf	anrufen *(Prät.)*	Nachbar	*Ralf rief den Nachbarn an.*
↓	treffen	↓↑	*Ralf traf einen Nachbarn.*
ich	↓	*Kollege*	*Ich traf einen Kollegen.*
↓	sich unterhalten	↓↑	*Ich unterhielt mich mit dem Kollegen.*
↓	einladen	↓	*Ich lud den Kollegen ein.*
man	↓ *(Präs.)*	*Fachmann*	*Man lädt einen Fachmann ein.*
↓	fragen	↓↑	*Man fragt den Fachmann.*

6. Zwei Substantive, die mit + (= *und)* verbunden sind, werden immer unbestimmt angegeben, da hier der Gebrauch ohne Artikel der häufigste ist. In manchen Fällen ist aber auch eine Formulierung mit dem bestimmten Artikel möglich. Diese wird in der Lösung in Klammern ausgewiesen.

| Frau | nehmen *(Prät.)* | Hut + Tasche | Die Frau nahm Hut und Tasche. |

7. Steht ein Substantiv hinter einem anderen Substantiv in Klammern, so ist der Genitiv zu verwenden.

Zimmer *(Gerda)*	liegen *(Präs.)*	erster Stock	Gerdas Zimmer liegt im ersten Stock.
Chef *(Firma)*	leben	Köln	Der Chef der Firma lebt in Köln.
Marie	lieben	Duft *(Rosen)*	Marie liebt den Duft von Rosen.

8. Wenn zwei Substantive durch ein Semikolon getrennt sind, sind sie durch eine Präposition zu verbinden *(präpositionales Attribut)*.

Auskunft; Studium = eine Auskunft über das Studium

Kritik; Präsident = die Kritik am Präsidenten

9. Abkürzungen

a) *(/)* bedeutet *Negation*

| Bild | gefallen *(Präs.)* *(/)* | Besucher | Das Bild gefällt dem Besucher nicht. |
| Haus | haben *(Präs.)* *(/)* | groß, Garten | Das Haus hat keinen großen Garten. |

b) *(P)* bedeutet *Vorgangspassiv*

| er | fragen *(Präs./P)* | viele | Er wird von vielen gefragt. |
| Hefte | müssen ordnen *(P)* | | Die Hefte müssen geordnet werden. |

c) *(=P)* bedeutet *Zustandspassiv*

| Fenster | öffnen *(=P)* | auch nachts | Das Fenster ist auch nachts geöffnet. |

10. Sonstige Abkürzungen und Symbole

Ggs.	Gegensatz
Pl.	Plural
umg.	umgangssprachlich
ca.	ungefähre Angabe: *ca. 50 Menschen* = ungefähr/etwa/zirka/ rund fünfzig Menschen
+	Reihung *(und; sowohl … als auch; nicht nur …, sondern auch …)*
⇒	Richtungsangabe: *Köln ⇒ Frankfurt* = von Köln nach Frankfurt *Deutsch ⇒ Englisch* = aus dem Deutschen ins Englische
>	mehr als
*	Hinweis auf Worterklärung
'	die folgende Silbe wird betont ('umstellen oder um'stellen)

11. Hinweis

Wenn Sie die Übungen durcharbeiten, können Sie ein Lineal auf das Blatt legen, sodass Aufgabe und Lösung parallel nebeneinander stehen. Nach jedem Satz rücken Sie das Lineal um eine Zeile nach unten. Die Übung lässt sich auch mit einem Partner durchführen, der mit Hilfe des Lösungsteils die Sätze kontrolliert.

Der persönliche Bereich

1.1 Familie

Sabine	zur Welt kommen (Prät.)	Mai	
Christian	↓	Sonntag	
↓	gebären (P)	Dresden	
Sabine	↓	9. Mai	
↓	stammen (Präs.)	kinderreich, Familie	
Vorfahren* (Sabine)	↓	Schweiz	
↓	bäuerlicher Herkunft* sein		
↓	sich niederlassen* (Prät.)	Bayern	
Urgroßeltern	sich ansiedeln*	↓	
Eltern (Sabine)	↓	Dorf	
Sabine	groß werden	↓	
↓	↓	Land	
↓	aufwachsen	Großfamilie	
Christian	↓	Stadt	
↓	erziehen (P)	zu, Toleranz*	
↓	haben (Präs.) (/)	Geschwister	
Sabine	↓	vier Geschwister	
↓	↓ (Prät.)	glücklich, Kindheit	
↓	verleben*	↓	
Christian	↓	Jugend	Stadt
Eltern (Sabine)	'umziehen	Land	↓
↓ (Christian)	↓	Dresden	⇒ München
↓	feiern	Hochzeitstag	↓
Familie	↓	Umzug	Fest
↓	einladen	Nachbarn	↓↑
Christian	↓	neu, Freunde	Party
↓	kennenlernen	Sabine	↓↑
↓	sich verlieben	↓	erster Blick
↓	sich verabreden	↓	nächster Tag
↓	sich treffen	↓	jeder Tag
Sabine	↓	Christian	Marienplatz*
↓	verliebt sein	bis über beide Ohren	

Sabine kam im Mai zur Welt.

Christian kam an einem Sonntag zur Welt.

Christian wurde in Dresden geboren.

Sabine wurde am neunten Mai geboren.

Sabine stammt aus einer kinderreichen Familie.

Sabines Vorfahren stammen aus der Schweiz.

Sabines Vorfahren sind bäuerlicher Herkunft.

Sabines Vorfahren ließen sich in Bayern nieder.

Die Urgroßeltern siedelten sich in Bayern an.

Sabines Eltern siedelten sich in einem Dorf an.

Sabine wurde in einem Dorf groß.

Sabine wurde auf dem Land groß.

Sabine wuchs in einer Großfamilie auf.

Christian wuchs in der Stadt auf.

Christian wurde zu Toleranz erzogen.

Christian hat keine Geschwister.

Sabine hat vier Geschwister.

Sabine hatte eine glückliche Kindheit.

Sabine verlebte eine glückliche Kindheit.

Christian verlebte seine Jugend in der Stadt.

Sabines Eltern zogen vom Land in die Stadt um.

Christians Eltern zogen von Dresden nach München um.

Christians Eltern feierten ihren Hochzeitstag in München.

Die Familie feierte den/ihren Umzug mit einem Fest.

Die Familie lud die Nachbarn zum / zu dem Fest ein.

Christian lud seine neuen Freunde zu einer Party ein.

Christian lernte Sabine auf/bei der Party kennen.

Christian verliebte sich in Sabine auf den ersten Blick.

Christian verabredete sich mit Sabine für den nächsten Tag.

Christian traf sich mit Sabine jeden Tag.

Sabine traf sich mit Christian am / auf dem Marienplatz.

Sabine war bis über beide Ohren verliebt.

Christian	vorstellen *(Prät.)*	Mädchen	Eltern
Sabine	↓	jung, Mann	↓
↓	↓	*Christian*	beste Freundin
Freundin *(Sabine)*	halten	↓	*Traummann*
Mutter	↓	↓	*nett, Mensch*
↓	führen	Sabine	*ernst, Gespräch*
Christian	sich verloben*	↓	
Christian + Sabine	↓	*miteinander*	
↓	festlegen	Hochzeitstermin	
Eltern *(Sabine)*	einverstanden sein	↓	
↓	anbieten	*Christian*	Du
↓	beginnen	Vorbereitungen; Hochzeit	
Mutter *(Sabine)*	leiten	↓	
↓	sich kümmern	Aussteuer*; für, Tochter	
↓	zusammenstellen	↓	
↓	sich Gedanken* machen	Trauzeugen*	
Christian + Sabine	bestimmen	↓	
↓	verschicken*	*Hochzeitsanzeigen*	
↓	heiraten	Frühling	
↓	trauen* *(P)*	Standesamt*	
Paar	↓	Kirche	
↓	↓	*rGeistliche**	
↓	↓	*standesamtlich + kirchlich*	
↓	tauschen	Ringe	
↓	sich das Jawort geben		
↓	verlassen	klein, Kapelle	
↓	erwarten *(P)*	*Verwandte + Freunde*	
Braut + Bräutigam**	fotografieren *(P)*	↓	
↓	Hochzeit feiern	*Dorfwirtschaft*	
↓	tanzen	erster Walzer	
↓	machen	Hochzeitsreise	*Venedig*
Paar	verbringen	Flitterwochen*	↓
jung, Paar	↓	Freizeit	*Wohnungssuche*
↓	sich auf die Suche machen	*klein, Wohnung*	
↓	finden	↓	
jung, Eheleute	ziehen	↓↑	

Christian stellte das Mädchen seinen Eltern vor.

Sabine stellte den jungen Mann ihren Eltern vor.

Sabine stellte Christian ihrer besten Freundin vor.

Sabines Freundin hielt Christian für einen Traummann.

Die Mutter hielt Christian für einen netten Menschen.

Die Mutter führte mit Sabine ein ernstes Gespräch.

Christian verlobte sich mit Sabine.

Christian und Sabine verlobten sich (miteinander).

Christian und Sabine legten den Hochzeitstermin fest.

Sabines Eltern waren mit dem Hochzeitstermin einverstanden.

Sabines Eltern boten Christian das Du an.

Sabines Eltern begannen mit den Vorbereitungen für die / zur Hochzeit.

Sabines Mutter leitete die Vorbereitungen für die / zur Hochzeit.

Sabines Mutter kümmerte sich um die Aussteuer für ihre Tochter.

Sabines Mutter stellte die Aussteuer für ihre Tochter zusammen.

Sabines Mutter machte sich Gedanken über die Trauzeugen.

Christian und Sabine bestimmten die Trauzeugen.

Christian und Sabine verschickten Hochzeitsanzeigen.

Christian und Sabine heirateten im Frühling.

Christian und Sabine wurden auf dem Standesamt getraut.

Das Paar wurde in der Kirche getraut.

Das Paar wurde von einem Geistlichen getraut.

Das Paar wurde standesamtlich und kirchlich getraut.

Das Paar tauschte die Ringe.

Das Paar gab sich das Jawort.

Das Paar verließ die kleine Kapelle.

Das Paar wurde von Verwandten und Freunden erwartet.

(Die) Braut und (der) Bräutigam wurden von Verwandten und Freunden fotografiert.

Braut und Bräutigam feierten in einer Dorfwirtschaft Hochzeit.

Braut und Bräutigam tanzten den ersten Walzer.

Braut und Bräutigam machten ihre Hochzeitsreise nach Venedig.

Das Paar verbrachte seine/die Flitterwochen in Venedig.

Das junge Paar verbrachte seine Freizeit mit Wohnungssuche.

Das junge Paar machte sich auf die Suche nach einer kleinen Wohnung.

Das junge Paar fand eine kleine Wohnung.

Die jungen Eheleute zogen in die kleine Wohnung.

Jungvermählte* (Pl.)	bekommen (Prät.)	Zuschuss*	Eltern
↓	schmieden*	Zukunftspläne	
↓	machen	Pläne; Zukunft	
↓	wollen gründen	groß, Familie	
Sabine	sich sehnen	↓	
↓	wollen haben (/)	Einzelkind	
↓	ziemlich gut auskommen*	Schwiegermutter	
↓	erwarten	Kind	
↓	sich freuen	↓↑	
↓	zur Welt bringen	Junge	
Mutter (Sabine)	sich kümmern (Präs.)	↓↑	
↓	↓	Haushalt	
↓	versorgen*	↓	
↓	spazieren fahren	Baby	
jung, Mutter	stillen*	↓	
↓	wechseln	Windeln*	
↓	baden	rKleine	
rKleine	↓ (P)	jeder Abend	
↓	wiegen (P)	alle zwei Wochen	
↓	krabbeln*	Boden	
Teddybär	liegen	↓	
↓	gefallen	Junge	
Eltern	lassen taufen* (Prät.)	↓	
Pfarrer*	taufen	↓	
Junge	↓ (P)	Name Wolfgang	
Eltern	sich entscheiden	↓	
↓	sich freuen	Nachwuchs*	
Großeltern	↓ (Präs.)	Enkel	
↓	aufpassen	↓	
Oma	verwöhnen*	↓	
↓	spazieren gehen	↓	
Opa	vorlesen	↓	Märchen (Pl.)
Großvater	beibringen* (Prät.)	↓	Schachspielen
↓	schenken	rKleine	Malstifte*
Vater	zu Bett bringen	↓	
↓	in (den) Schlaf wiegen*	↓	

Die Jungvermählten bekamen einen Zuschuss von ihren/den Eltern.

Die Jungvermählten schmiedeten Zukunftspläne.

Die Jungvermählten machten Pläne für die Zukunft.

Die Jungvermählten wollten eine große Familie gründen.

Sabine sehnte sich nach einer großen Familie.

Sabine wollte kein Einzelkind haben.

Sabine kam mit ihrer Schwiegermutter ziemlich gut aus.

Sabine erwartete ein Kind.

Sabine freute sich auf das Kind.

Sabine brachte einen Jungen zur Welt.

Sabines Mutter kümmert sich um den Jungen.

Sabines Mutter kümmert sich um den Haushalt.

Sabines Mutter versorgt den Haushalt.

Sabines Mutter fährt das Baby spazieren.

Die junge Mutter stillt das Baby.

Die junge Mutter wechselt die Windeln.

Die junge Mutter badet den Kleinen.

Der Kleine wird jeden Abend gebadet.

Der Kleine wird alle zwei Wochen gewogen.

Der Kleine krabbelt auf dem Boden.

Der Teddybär liegt auf dem Boden.

Der Teddybär gefällt dem Jungen.

Die Eltern ließen den Jungen taufen.

Der Pfarrer taufte den Jungen.

Der Junge wurde auf den Namen Wolfgang getauft.

Die Eltern entschieden sich für den Namen Wolfgang.

Die Eltern freuten sich über den Nachwuchs.

Die Großeltern freuen sich über ihren/den Enkel.

Die Großeltern passen auf ihren/den Enkel auf.

Die Oma verwöhnt ihren/den Enkel.

Die Oma geht mit ihrem/dem Enkel spazieren.

Der Opa liest seinem/dem Enkel Märchen vor.

Der Großvater brachte seinem Enkel das Schachspielen bei.

Der Großvater schenkte dem Kleinen Malstifte.

Der Vater brachte den Kleinen zu Bett.

Der Vater wiegte den Kleinen in (den) Schlaf.

Großmutter	sterben (Prät.)	hoch, Alter
Großvater	↓	73 Jahre
↓	begraben (P)	Friedhof
Witwe*	täglich gehen	↓
Angehörige* (Pl.)	sich versammeln	↓
↓	trauern	rVerstorbene
↓	gedenken*	↓
Menschen	↓ (Präs.)	Gefallene (Pl.)*
Gedenktafel*	erinnern	↓
Inschrift*	↓	rTote
Angehörige (Pl.)	sich erinnern	↓
↓	beweinen (Prät.)	↓
↓	begleiten	Sarg*
↓	pflegen	Grab
↓	schmücken*	↓
Grab	↓ (P)	Familienangehörige (Pl.)
↓	besuchen (P)	viele Menschen
rVerstorbene	vermissen* (P)	↓
↓	einäschern* (P)	Krematorium*
↓	beisetzen* (P)	in aller Stille*
↓	beerdigen (P)	Heimat
↓	'überführen* (P)	↓
↓	hinterlassen	Frau + minderjährig*, Sohn
Verwandte (Pl.)	bei sich aufnehmen	↓↑
↓	aufteilen	sErbe
s Erbe	↓ unter (P)	Kinder
Witwer*	ziehen (zu)	↓
↓	den Lebensabend verbringen	↓
↓	leben	↓
alt, Frau	↓	Altenheim
↓	schreiben	Testament
alt, Mann	verfassen*	↓
↓	betreuen* (P)	ledig, Tochter
↓	vermachen*	↓	klein, Vermögen*
↓	vererben*	↓	Haus
Tochter	erben*	Vater	↓

Die Großmutter starb in hohem Alter.

Der Großvater starb mit 73 Jahren.

Der Großvater wurde auf dem Friedhof begraben.

Die Witwe ging täglich auf den Friedhof.

Die Angehörigen versammelten sich auf dem Friedhof.

Die Angehörigen trauerten um den Verstorbenen.

Die Angehörigen gedachten des Verstorbenen.

Die Menschen gedenken der Gefallenen.

Die Gedenktafel erinnert an die Gefallenen.

Die Inschrift erinnert an den Toten.

Die Angehörigen erinnern sich an den Toten.

Die Angehörigen beweinten den Toten.

Die Angehörigen begleiteten den Sarg.

Die Angehörigen pflegten das Grab.

Die Angehörigen schmückten das Grab.

Das Grab wurde von den Familienangehörigen geschmückt.

Das Grab wurde von vielen Menschen besucht.

Der Verstorbene wurde von vielen Menschen vermisst.

Der Verstorbene wurde im Krematorium eingeäschert.

Der Verstorbene wurde in aller Stille beigesetzt.

Der Verstorbene wurde in seiner/der Heimat beerdigt.

Der Verstorbene wurde in seine Heimat über(ge)führt.

Der Verstorbene hinterließ eine Frau und einen minderjährigen Sohn.

Die Verwandten nahmen die Frau und den minderjährigen Sohn bei sich auf.

Die Verwandten teilten das Erbe auf.

Das Erbe wurde unter den Kindern aufgeteilt.

Der Witwer zog zu seinen Kindern.

Der Witwer verbrachte den/seinen Lebensabend bei seinen Kindern.

Der Witwer lebte bei seinen Kindern.

Die alte Frau lebte in einem Altenheim.

Die alte Frau schrieb ein Testament.

Der alte Mann verfasste ein Testament.

Der alte Mann wurde von seiner ledigen Tochter betreut.

Der alte Mann vermachte seiner ledigen Tochter ein kleines Vermögen.

Der alte Mann vererbte seiner ledigen Tochter ein Haus.

Die Tochter erbte von ihrem Vater ein Haus.

Junge	haben *(Präs.)(/)*	*fest, Freundin**
↓	wollen *(/)*	*sich binden*
Junggeselle*	↓ eingehen* *(/)*	*fest, Bindung*
Frau R.	suchen *(Prät.)*	↓
↓	sich entschließen	*aufgeben - Heiratsanzeige*
↓	bekommen	*viel, Zuschriften*
↓	antworten	↓
↓	↓	*rPostangestellte*
↓	sich anfreunden*	↓↑
Herr B.	↓	*Krankenschwester*
↓	sich trennen	↓↑
Frau C.	↓	*Lebensgefährte**
↓	ein Verhältnis* haben	*geschieden*, Mann*
↓	zusammenziehen*	↓↑
↓	haben *(Präs.)*	*unehelich, Kind*
Herr D.	Alimente* zahlen	↓↑
↓	Unterhalt* ↓	*geschieden*, Frau*
↓	getrennt leben	*Ehefrau*
↓	lassen, sich scheiden*	↓
Ehepaar	↓ *(Prät.)*	*nach zwei Jahren*
Ehe	scheiden *(P)*	↓
↓	kinderlos bleiben	*lange Zeit*
beide, jung, Leute	sich kennen *(Präs.)*	↓
↓	zusammenleben	*ohne Trauschein**
Mädchen	↓	*Freund*
↓	ein Kind erwarten	↓
↓	erwägen*	*Abtreibung**
Freund	drängen*	↓↑
Beratungsstelle	abraten*	↓
↓	zur Verfügung stehen	*schwanger, Mädchen (Pl.)*
↓	helfen	↓
Ehepaar	↓ *(Prät.)*	*Waisenkind**
↓	adoptieren	↓↑
Waisenkind	↓ *(P)*	*Alter; drei Jahre*
↓	kennen *(Präs.)(/)*	*leiblich*, Eltern*
↓	betreuen* *(P)*	*Vormund**

Der Junge hat keine feste Freundin.

Der Junge will sich nicht binden.

Der Junggeselle will keine feste Bindung eingehen.

Frau R. suchte eine feste Bindung.

Frau R. entschloss sich eine Heiratsanzeige aufzugeben.

Frau R. bekam viele Zuschriften.

Frau R. antwortete auf viele Zuschriften.

Frau R. antwortete einem Postangestellten.

Frau R. freundete sich mit dem Postangestellten an.

Herr B. freundete sich mit einer Krankenschwester an.

Herr B. trennte sich von der Krankenschwester.

Frau C. trennte sich von ihrem Lebensgefährten.

Frau C. hatte ein Verhältnis mit einem geschiedenen Mann.

Frau C. zog mit dem geschiedenen Mann zusammen.

Frau C. hat ein uneheliches Kind.

Herr D. zahlt Alimente für das uneheliche Kind.

Herr D. zahlt Unterhalt für seine geschiedene Frau.

Herr D. lebt von seiner Ehefrau getrennt.

Herr D. lässt sich von seiner Ehefrau scheiden.

Das Ehepaar ließ sich nach zwei Jahren scheiden.

Die Ehe wurde nach zwei Jahren geschieden.

Die Ehe blieb lange Zeit kinderlos.

Die beiden jungen Leute kennen sich lange Zeit / seit langer Zeit.

Die beiden jungen Leute leben ohne Trauschein zusammen.

Das Mädchen lebt mit ihrem Freund zusammen.

Das Mädchen erwartet ein Kind von ihrem Freund / von ihrem Freund ein Kind.

Das Mädchen erwägt eine Abtreibung.

Der Freund drängt zur Abtreibung.

Die Beratungsstelle rät von der Abtreibung ab.

Die Beratungsstelle steht schwangeren Mädchen zur Verfügung.

Die Beratungsstelle hilft schwangeren Mädchen.

Das Ehepaar half einem Waisenkind.

Das Ehepaar adoptierte das Waisenkind.

Das Waisenkind wurde im Alter von drei Jahren adoptiert.

Das Waisenkind kennt seine leiblichen Eltern nicht.

Das Waisenkind wird von einem Vormund betreut.

1.2 Gefühle

Adam _____	lieben (Prät.)	Eva
Mädchen	heiß und innig* ↓	Junge
↓	den Kopf verdrehen	jung, Mann
↓	sympathisch sein	↓
jung, Mann	↓ (Präs.)	Mädchen
↓	flirten	Blondine
↓	sich verlieben	↓
Jürgen	verrückt sein	↓
↓	um'armen (Prät.)	↓
Gabi	eifersüchtig sein	↓
↓	nicht leiden* können	andere Frauen
↓	traurig sein	lang, Trennung
↓	böse sein	Jürgen
↓	einen Korb* geben	↓
↓	enttäuscht sein	↓
Stefanie	↓	Freund
↓	sich streiten	Bruder
Martin	sich versöhnen*	↓
Daniela	wieder lieb sein	↓
Frau Schröder	bewundern (Präs.)	↓
↓	zum Fressen* gern haben	klein, Nichte
↓	lieb haben	Neffe
↓	hassen	unhöflich, Männer
Herr Krüger	↓	launisch*, Frauen
↓	verehren*	Sängerin
↓	schwärmen*	↓
Richard + Ursula	↓	gestrig, Abend
↓	leidenschaftlich verliebt sein	(Richard und Ursula)
↓	nicht leben können ohne	↓
↓	Sehnsucht haben	↓
↓	träumen	Glück zu zweit
Romeo	sich sehnen (Prät.)	↓
↓	werben*	Julia
↓	gestehen*	↓ _____ Liebe
↓	einen Heiratsantrag machen	↓
↓	schwören	↓ _____ ewig, Treue

Adam liebte Eva.

Das Mädchen liebte den Jungen heiß und innig.

Das Mädchen verdrehte dem jungen Mann den Kopf.

Das Mädchen war dem jungen Mann sympathisch.

Der junge Mann ist dem Mädchen sympathisch.

Der junge Mann flirtet mit der Blondine.

Der junge Mann verliebt sich in die Blondine.

Jürgen ist verrückt nach der Blondine.

Jürgen umarmte die Blondine.

Gabi war eifersüchtig auf die Blondine / auf die Blondine eifersüchtig.

Gabi konnte andere Frauen nicht leiden.

Gabi war traurig über die lange Trennung.

Gabi war böse auf Jürgen / war auf Jürgen böse.

Gabi gab Jürgen einen Korb.

Gabi war enttäuscht von Jürgen / von … enttäuscht.

Stefanie war enttäuscht von ihrem Freund / von … enttäuscht.

Stefanie stritt sich mit ihrem Bruder.

Martin versöhnte sich mit seinem Bruder.

Daniela war wieder lieb zu ihrem Bruder.

Frau Schröder bewundert ihren Bruder.

Frau Schröder hat ihre kleine Nichte zum Fressen gern.

Frau Schröder hat ihren Neffen lieb.

Frau Schröder hasst unhöfliche Männer.

Herr Krüger hasst launische Frauen.

Herr Krüger verehrt die Sängerin.

Herr Krüger schwärmt für die / von der Sängerin.

Richard und Ursula schwärmen von dem gestrigen Abend.

Richard und Ursula sind leidenschaftlich ineinander verliebt.

Richard und Ursula können nicht ohne einander leben.

Richard und Ursula haben Sehnsucht nach einander.

Richard und Ursula träumen von einem Glück zu zweit.

Romeo sehnte sich nach einem Glück zu zweit.

Romeo warb um Julia.

Romeo gestand Julia seine Liebe.

Romeo machte Julia einen Heiratsantrag.

Romeo schwor Julia ewige Treue.

1.3 Gesundheit und Krankheit

Geschäftsfrau	klagen *(Prät.)*	*Kopfweh*	
eKranke	↓	*stark, Schmerzen*	
↓	leiden	↓	
↓	↓	*Allergie*	
Herr S.	erkranken	↓	
↓	↓	*Grippe*	
↓	sich anstecken*	↓	
↓	im Bett liegen	↓	
↓	anrufen	in, Praxis *(Dr. Weiß)*	
↓	sich erkundigen	Sprechstunden	
↓	gehen	Arzt	
↓	versichert sein *(Präs.)*	Krankenkasse	
↓	Platz nehmen	Wartezimmer	
↓	rufen *(P)*	Sprechzimmer	
↓	freimachen	Oberkörper	
↓	unter'suchen *(P)*	Arzt	
↓	krankschreiben* *(P)*	↓	
Tourist	aufsuchen* *(Prät.)*	↓ ↑	
↓	impfen* *(P)*	*Dr. Weiß*	
↓	lassen, sich impfen*	Tropenkrankheit	
Arzt	behandeln	↓	
↓	↓	rKranke	
↓	verbinden	Wunde	
↓	stillen*	Blutung	
↓	messen	Fieber	
↓	eine Spritze geben	eKranke	
↓	heilen	↓	
↓	eine Blutprobe machen	rKranke	
Ärztin	sich Sorgen machen	↓	
↓	fragen	↓	Beschwerden*
↓	über'weisen	↓	*Facharzt*
↓	empfehlen	↓	*Kur*
Hausarzt	↓	Patientin	*kalt, Umschläge**
↓	raten	↓	↓
↓	↓	Patient	*streng, Diät*
↓	warnen	↓	*fett, Essen*

Die Geschäftsfrau klagte über Kopfweh.

Die Kranke klagte über starke Schmerzen.

Die Kranke litt unter starken Schmerzen.

Die Kranke litt an einer Allergie.

Herr S. erkrankte an einer Allergie.

Herr S. erkrankte an Grippe.

Herr S. steckte sich mit Grippe an.

Herr S. lag mit Grippe im Bett.

Herr S. rief in der Praxis von Doktor Weiß an.

Herr S. erkundigte sich nach den Sprechstunden.

Herr S. ging zum Arzt.

Herr S. ist bei der Krankenkasse versichert.

Herr S. nimmt im Wartezimmer Platz.

Herr S. wird ins Sprechzimmer gerufen.

Herr S. macht den Oberkörper frei.

Herr S. wird vom Arzt untersucht.

Herr S. wird vom Arzt krankgeschrieben.

Der Tourist suchte einen Arzt auf.

Der Tourist wurde von Doktor Weiß geimpft.

Der Tourist ließ sich gegen die Tropenkrankheit impfen.

Der Arzt behandelte die Tropenkrankheit.

Der Arzt behandelte den Kranken.

Der Arzt verband die Wunde.

Der Arzt stillte die Blutung.

Der Arzt maß das Fieber.

Der Arzt gab der Kranken eine Spritze.

Der Arzt heilte die Kranke.

Der Arzt machte eine Blutprobe bei dem Kranken / bei dem Kranken eine Blutprobe.

Die Ärztin machte sich Sorgen um den Kranken.

Die Ärztin fragte den Kranken nach seinen Beschwerden.

Die Ärztin überwies den Kranken an einen Facharzt.

Die Ärztin empfahl dem Kranken eine Kur.

Der Hausarzt empfahl der Patientin kalte Umschläge.

Der Hausarzt riet der Patientin zu kalten Umschlägen.

Der Hausarzt riet dem Patienten zu strenger / einer strengen Diät.

Der Hausarzt warnte den Patienten vor fettem Essen.

Arzt	sich erkundigen *(Prät.)*	Befinden* (Patient)
↓	arbeiten	städtisch, Klinik
rVerunglückte	einliefern *(P)*	↓
↓	liegen	chirurgisch, Station
↓	↓	*Dreibettzimmer*
rKranke	↓	Intensivstation
↓	erleiden	*Schwächeanfall*
↓	bei Bewusstsein sein	
↓	das Bewusstsein verlieren	
↓	sein	*schlecht, körperlich, Verfassung**
↓	sich befinden	*kritisch, Zustand*
↓	erliegen*	*Krebsleiden**
↓	sterben	*Herzversagen**
Ärzte	feststellen	↓
↓	kämpfen	Leben (rKranke)
↓	sich entschließen	Operation
Angehörige *(Pl.)*	zustimmen	↓
Chirurg	vorbereiten	↓
↓	operieren	Patient
Patient	↓ *(P)*	Chirurg
↓	leiden *(Präs.)*	*Asthma*
Medikament	einsetzen* *(P)*	↓
↓	verschreiben *(P)*	*Rheuma*
↓	anregen*	Kreislauf*
↓	einnehmen *(P)*	*auf nüchternen* Magen*
↓	müssen abholen *(P)*	Apotheke
↓	lindern*	Schmerzen
rKranke	ertragen *(Prät.)*	↓
Eingriff*	verursachen	↓↑
↓	verlaufen	*ohne Komplikationen*
↓	'durchführen *(P)*	*unter Narkose*
Operation	↓ *(P)*	Chefarzt
Patientin	vertrauen	↓
↓	über'leben	Operation
↓	sich erholen	Eingriff*
↓	entlassen *(P)*	Krankenhaus

Der Arzt erkundigte sich nach dem Befinden des Patienten.

Der Arzt arbeitete an der städtischen Klinik.

Der Verunglückte wurde in die städtische Klinik eingeliefert.

Der Verunglückte lag auf der chirurgischen Station.

Der Verunglückte lag in einem Dreibettzimmer.

Der Kranke lag auf der Intensivstation.

Der Kranke erlitt einen Schwächeanfall.

Der Kranke war bei Bewusstsein.

Der Kranke verlor das Bewusstsein.

Der Kranke war in schlechter körperlicher / in einer schlechten körperlichen Verfassung.

Der Kranke befand sich in kritischem / in einem kritischen Zustand.

Der Kranke erlag einem Krebsleiden.

Der Kranke starb an Herzversagen.

Die Ärzte stellten Herzversagen fest.

Die Ärzte kämpften um das Leben des Kranken.

Die Ärzte entschlossen sich zur Operation.

Die Angehörigen stimmten der Operation zu.

Der Chirurg bereitete die Operation vor.

Der Chirurg operierte den Patienten.

Der Patient wurde von dem Chirurgen operiert.

Der Patient leidet an Asthma.

Das Medikament wird bei/gegen Asthma eingesetzt.

Das Medikament wird bei/gegen Rheuma verschrieben.

Das Medikament regt den Kreislauf an.

Das Medikament wird auf nüchternen Magen eingenommen.

Das Medikament muss in der Apotheke abgeholt werden.

Das Medikament lindert die Schmerzen.

Der Kranke ertrug die Schmerzen.

Der Eingriff verursachte Schmerzen.

Der Eingriff verlief ohne Komplikationen.

Der Eingriff wurde unter Narkose durchgeführt.

Die Operation wurde vom Chefarzt durchgeführt.

Die Patientin vertraute dem Chefarzt.

Die Patientin überlebte die Operation.

Die Patientin erholte sich von dem Eingriff.

Die Patientin wurde aus dem Krankenhaus entlassen.

Notarzt	'durchführen *(Prät.)*	*Wiederbelebungsversuche*	
↓	erste Hilfe leisten	rVerletzte	
Krankenschwester	einen Verband anlegen	↓	
↓	den Puls fühlen	Patient	
Krankenpfleger	stützen*	↓	
↓	setzen	↓	Rollstuhl
↓	einreiben	Rücken	*Salbe**
↓	massieren	↓	*alle drei Stunden*
rKranke	liegen	↓	
↓	sich aufrichten*	Bett	
↓	müssen, sich über'geben*	nach, Essen	
↓	neigen*	*Verdauungsstörungen**	
↓	lassen, sich beraten *(Präs.)*	Arzt	
Medikament	erproben *(P)*	↓	
↓	müssen schütteln* *(P)*	*vor Gebrauch*	
↓	fördern*	Durchblutung	
↓	senken	Blutdruck	
↓	vorbeugen*	*Entzündungen**	
↓	erhältlich sein	*nur gegen Rezept*	
Pille*	↓	*Apotheken*	
↓	haben	*Nebenwirkungen*	
↓	sein	*Mittel;* Empfängnisverhütung*	
↓	verhüten*	*Schwangerschaft*	
Frau G.	sich schonen*	↓↑	
↓	schwanger sein	sechster Monat	
↓	betreuen* *(P)*	*Hebamme**	
↓	sich wenden *(Prät.)*	*Gynäkologe*	
eKranke	↓	*Heilpraktiker**	
↓	bluten	Nase	
Arm	↓	*mehrere Stellen*	
↓	röntgen *(P)*	Arzthelferin	
↓	brechen *(=P)*	oberhalb, Ellbogen	
↓	anschwellen*	*innerhalb, kurz, Zeit*	
↓	müssen	*in Gips legen (P)*	
Bein	↓ *(Präs.)*	schienen* *(P)*	
↓	dürfen *(/)*	belasten* *(P)*	

Der Notarzt führte Wiederbelebungsversuche durch.

Der Notarzt leistete dem Verletzten erste Hilfe.

Die Krankenschwester legte dem Verletzten einen Verband an.

Die Krankenschwester fühlte dem Patienten den Puls.

Der Krankenpfleger stützte den Patienten.

Der Krankenpfleger setzte den Patienten in den Rollstuhl.

Der Krankenpfleger rieb den Rücken mit einer Salbe ein.

Der Krankenpfleger massierte den Rücken alle drei Stunden.

Der Kranke lag auf dem Rücken.

Der Kranke richtete sich im Bett auf.

Der Kranke musste sich nach dem Essen übergeben.

Der Kranke neigte zu Verdauungsstörungen.

Die Kranke lässt sich von dem / vom Arzt beraten.

Das Medikament wird von dem / vom Arzt erprobt.

Das Medikament muss vor Gebrauch geschüttelt werden.

Das Medikament fördert die Durchblutung.

Das Medikament senkt den Blutdruck.

Das Medikament beugt Entzündungen vor.

Das Medikament ist nur gegen Rezept erhältlich.

Die Pille ist in Apotheken erhältlich.

Die Pille hat Nebenwirkungen.

Die Pille ist ein Mittel zur Empfängnisverhütung.

Die Pille verhütet eine Schwangerschaft.

Frau G. schont sich während der Schwangerschaft.

Frau G. ist im sechsten Monat schwanger.

Frau G. wird von einer Hebamme betreut.

Frau G. wandte sich an einen Gynäkologen.

Die Kranke wandte sich an einen Heilpraktiker.

Die Kranke blutete aus der Nase.

Der Arm blutete an mehreren Stellen.

Der Arm wurde von der Arzthelferin geröntgt.

Der Arm war oberhalb des Ellbogens gebrochen.

Der Arm schwoll innerhalb kurzer Zeit an.

Der Arm musste in Gips gelegt werden.

Das Bein muss geschient werden.

Das Bein darf nicht belastet werden.

Junge	angewöhnen*, sich *(Prät.)*	Rauchen
mein Großvater	abgewöhnen*, sich	↓
↓	aufhören	↓
↓	sein	*Kettenraucher**
↓	rauchen	*zwei Schachteln – Tag*
Mädchen	↓	*nur in Gesellschaft*
viele	↓ *(Präs.)*	*Langeweile*
↓	trinken	*vergessen - Sorgen*
↓	abhängig sein	*Genuss- oder Rauschmittel (Pl.)*
viel, Jugendliche	↓	*Drogen*
↓	machen	*Entziehungskur**
↓	sich zusammenschließen*	*Selbsthilfegruppen*
↓	abhängen	*Suchtmittel (Pl.)*
Organismus	sich gewöhnen	↓
↓	verlangen	*immer höher, Dosen**
Süchtige (Pl.)	einnehmen	↓
Suchtmittel (Pl.)	↓ *(P)*	*verschiedene Weise*
↓	rauchen *(P)*, schnupfen* *(P)*, einatmen *(P)* oder spritzen* *(P)*	
↓	konsumieren *(P)*	*alle Bevölkerungsschichten*
Drogen	↓ *(P)*	*groß, Mengen*
↓	schmuggeln* *(P)*	*Europa*
↓	haben	*aufputschend*, Wirkung*
↓	auslösen*	*Halluzinationen*
↓	bewirken*	*physisch + psychisch, Schäden*
Einnahme (Droge)	↓	*Sinnestäuschungen*
manch, Drogen	↓	*euphorisch*, Zustände*
↓	beeinträchtigen*	Immunsystem
↓	gewinnen* *(P)*	Pflanzen
↓	synthetisch herstellen *(P)*	Geheimlabors
Polizei	immer wieder entdecken	↓
↓	einsetzen*	*Spürhunde**
↓	beschlagnahmen*	*erheblich*, Mengen (Drogen)*
↓	kämpfen	Drogenhandel
Staat	bekämpfen	↓
↓	machtlos sein	Beschaffungskriminalität*
Sucht*	finanzieren *(P)*	↓ ↑

Der Junge gewöhnte sich das Rauchen an.

Mein Großvater gewöhnte sich das Rauchen ab.

Mein Großvater hörte mit dem Rauchen auf.

Mein Großvater war (ein) Kettenraucher.

Mein Großvater rauchte zwei Schachteln am/pro Tag.

Das Mädchen rauchte nur in Gesellschaft.

Viele rauchen aus Langeweile.

Viele trinken um ihre Sorgen zu vergessen.

Viele sind abhängig von Genuss- oder Rauschmitteln / von … abhängig.

Viele Jugendliche sind abhängig von Drogen / von … abhängig.

Viele Jugendliche machen eine Entziehungskur.

Viele Jugendliche schließen sich zu Selbsthilfegruppen zusammen.

Viele Jugendliche hängen von Suchtmitteln ab.

Der Organismus gewöhnt sich an Suchtmittel.

Der Organismus verlangt nach immer höheren Dosen.

Süchtige nehmen immer höhere Dosen ein.

Suchtmittel werden auf verschiedene Weise eingenommen.

Suchtmittel werden geraucht, geschnupft, eingeatmet oder gespritzt.

Suchtmittel werden von/in allen Bevölkerungsschichten konsumiert.

Drogen werden in großen Mengen konsumiert.

Drogen werden nach Europa geschmuggelt.

Drogen haben eine aufputschende Wirkung.

Drogen lösen Halluzinationen aus.

Drogen bewirken physische und psychische Schäden.

Die Einnahme der Droge bewirkt Sinnestäuschungen.

Manche Drogen bewirken euphorische Zustände.

Manche Drogen beeinträchtigen das Immunsystem.

Manche Drogen werden aus Pflanzen gewonnen.

Manche Drogen werden in Geheimlabors synthetisch hergestellt.

Die Polizei entdeckt immer wieder Geheimlabors.

Die Polizei setzt Spürhunde ein.

Die Polizei beschlagnahmt erhebliche Mengen an/von Drogen.

Die Polizei kämpft gegen den Drogenhandel.

Der Staat bekämpft den Drogenhandel.

Der Staat ist gegen die Beschaffungskriminalität machtlos.

Die Sucht wird durch Beschaffungskriminalität finanziert.

1.4 Wohnen

Müllers	aufgeben *(Prät.)*	*Wohnungsanzeige*	Lokalzeitung*
↓	suchen	*Einfamilienhaus*	Stadtrand
Praktikant	↓	*Unterkunft**	erschwinglich*, Preis
kinderreich, Familie	↓	*Sozialwohnung**	günstig, Lage
↓	beziehen*	↓	dreistöckig, Haus
Hartmanns	↓ *(Präs.)*	Wohnung	zu, 1. September
Wagners	sich interessieren	↓↑	Innenstadt
jung, Leute	↓	*Reihenhaus**	im Grünen
↓	ziehen	↓	Vorstadt
Student	↓	*Wohngemeinschaft**	↓
Sebastian	wohnen	↓	Uninähe
Studentin	↓ *(Prät.)*	Zimmer	Erdgeschoss*
↓	bewohnen	↓	Altbau
Junggeselle*	besichtigen	↓	Schillerstraße
↓	mieten	Appartement	Berliner Platz
eAngestellte	kündigen*	↓	Jahresende
Kaufmann	sich entscheiden	↓↑	Hochhaus
Fabrikant	↓	Haus	Villenviertel
↓	instand setzen*	↓↑	eigen, Kosten
Haus	↓ *(P)*	Eigentümer	halb, Million
↓	bestehen *(Präs.)*	8 Zimmer, Keller, Garage	
↓	liegen	ruhig, Gegend	Nähe *(Köln)*
Grundstück	↓	*Naturschutzgebiet*	Alpenrand
↓	grenzen	Süden	*Sportplatz*
↓	gehören *(Prät.)*	*Makler**	
Familie Richter	sich wenden	↓↑	*Wohnung*
Makler*	vermitteln*	*Familie Richter*	↓
↓	fordern	↓	*Provision**
Vermieter	verlangen	↓	*Kaution**
Mieter	↓	Hausbesitzer	Reparatur (Gasherd)
↓	abschließen	↓	neu, Mietvertrag
↓	haften* *(Präs.)*	*Schäden*	
Versicherung	aufkommen*	↓	
↓	ersetzen	*Schäden; durch Sturm + Hagel**	
Schäden	↓ *(P)*	Haftpflichtversicherung*	
↓	decken* *(=P)*	↓	

Müllers gaben eine Wohnungsanzeige in der Lokalzeitung auf.

Müllers suchten ein Einfamilienhaus am Stadtrand.

Der Praktikant suchte eine Unterkunft zu einem erschwinglichen Preis.

Die kinderreiche Familie suchte eine Sozialwohnung in günstiger Lage.

Die kinderreiche Familie bezog eine Sozialwohnung in einem dreistöckigen Haus.

Hartmanns beziehen die Wohnung zum ersten September.

Wagners interessieren sich für eine Wohnung in der Innenstadt.

Die jungen Leute interessieren sich für ein Reihenhaus im Grünen.

Die jungen Leute ziehen in ein Reihenhaus in der Vorstadt.

Der Student zieht in eine Wohngemeinschaft in der Vorstadt.

Sebastian wohnt in einer Wohngemeinschaft in Uninähe.

Die Studentin wohnte in einem Zimmer im Erdgeschoss.

Die Studentin bewohnte ein Zimmer in einem Altbau.

Der Junggeselle besichtigte ein Zimmer in der Schillerstraße.

Der Junggeselle mietete das Appartement am Berliner Platz.

Die Angestellte kündigte das Appartement zum Jahresende.

Der Kaufmann entschied sich für ein Appartement in einem Hochhaus.

Der Fabrikant entschied sich für ein Haus in einem Villenviertel.

Der Fabrikant setzte das Haus auf eigene Kosten instand.

Das Haus wurde vom Eigentümer für eine halbe Million instand gesetzt.

Das Haus besteht aus acht Zimmern, Keller und Garage.

Das Haus liegt in einer ruhigen Gegend in der Nähe von Köln.

Das Grundstück liegt in einem Naturschutzgebiet am Alpenrand.

Das Grundstück grenzt im Süden an einen Sportplatz.

Das Grundstück gehörte einem Makler.

Familie Richter wandte sich an den Makler wegen einer Wohnung.

Der Makler vermittelte Familie Richter eine Wohnung.

Der Makler forderte von Familie Richter eine Provision.

Der Vermieter verlangte von Familie Richter eine Kaution.

Der Mieter verlangte vom Hausbesitzer die Reparatur des Gasherdes.

Der Mieter schloss mit dem Hausbesitzer einen neuen Mietvertrag ab.

Der Mieter haftet für Schäden.

Die Versicherung kommt für Schäden auf.

Die Versicherung ersetzt Schäden durch Sturm und Hagel.

Die Schäden werden von der Haftpflichtversicherung ersetzt.

Die Schäden sind durch die Haftpflichtversicherung gedeckt.

Eigentümer	ausstatten* (Prät.)	Gebäude	*Zentralheizung*
↓	renovieren	Haus	*innerhalb, vier Monate*
Besitzer	einrichten	↓	*sein, Geschmack*
Räume	↓ (=P)	*alt, Möbel*	
Student	tragen	↓↑	Wohnung
Möbelpacker *(Pl.)*	↓	Kühlschrank	erster Stock
↓	↓	Fernseher	Wohnzimmer
↓	heben	↓	*Tischchen*
Mieter	drehen	↓	*90°*
↓	stellen	↓	Ecke
↓	↓	Kommode*	Flur*
er	↓	Bücher	Regal
↓	stapeln*	↓	Kammer
↓	↓	Zeitschriften	Korridor
↓	legen	↓	Arbeitstisch
Mieterin	↓	Teppich	vor, Bett
↓	schieben	Nachtkästchen	an, ↓
Mieter	↓	Truhe*	Wand
↓	rücken*	↓	*ein Meter nach links*
↓	↓	Bücherschrank	neben, Fenster
Journalist	zusammenbauen	↓	nach, Anleitung*
↓	aufstellen	↓	Arbeitszimmer
↓	hängen	Kalender	↓
↓	↓	Handtücher	Bad
bunt, Vorhänge	↓ (Präs.)	Kinderzimmer	
groß, Lampe	erleuchten	↓	
↓	hängen	Decke	
Kinderzeichnungen	↓	Wand	
Couch	stehen	↓	
alt, Sofa*	↓	Dachboden*	
Bücherkisten	sich befinden	↓	
Werkzeuge	↓	Werkstatt	
↓	liegen	*Schubladen**	
Bretter*	↓	Boden	
↓	lehnen*	Wand	
Fahrrad	↓	Zaun*	

Der Eigentümer stattete das Gebäude mit (einer) Zentralheizung aus.

Der Eigentümer renovierte das Haus innerhalb von vier Monaten.

Der Besitzer richtete das Haus nach seinem Geschmack ein.

Die Räume waren mit alten Möbeln eingerichtet.

Der Student trug die alten Möbel in die Wohnung.

Die Möbelpacker trugen den Kühlschrank in den ersten Stock.

Die Möbelpacker trugen den Fernseher ins Wohnzimmer.

Die Möbelpacker hoben den Fernseher auf ein Tischchen.

Der Mieter drehte den Fernseher um 90 Grad.

Der Mieter stellte den Fernseher in die Ecke.

Der Mieter stellte die Kommode in den Flur.

Er stellte die Bücher ins / in das Regal.

Er stapelte die Bücher in der Kammer.

Er stapelte die Zeitschriften im Korridor.

Er legte die Zeitschriften auf den Arbeitstisch.

Die Mieterin legte den Teppich vor das Bett.

Die Mieterin schob das Nachtkästchen an das Bett.

Der Mieter schob die Truhe an die Wand.

Der Mieter rückte die Truhe (um) einen Meter nach links.

Der Mieter rückte den Bücherschrank neben das Fenster.

Der Journalist baute den Bücherschrank nach der Anleitung zusammen.

Der Journalist stellte den Bücherschrank im Arbeitszimmer auf.

Der Journalist hängte den Kalender ins / in das Arbeitszimmer.

Der Journalist hängte die Handtücher ins Bad.

Die bunten Vorhänge hängen im Kinderzimmer.

Eine große Lampe erleuchtet das Kinderzimmer.

Eine große Lampe hängt an/von der Decke.

Kinderzeichnungen hängen an der Wand.

Die Couch steht an der Wand.

Das alte Sofa steht auf dem Dachboden.

Die Bücherkisten befinden sich auf dem Dachboden.

Die Werkzeuge befinden sich in der Werkstatt.

Die Werkzeuge liegen in Schubladen.

Die Bretter liegen auf dem Boden.

Die Bretter lehnen an der Wand.

Das Fahrrad lehnt am Zaun.

ideal, Kinder	helfen *(Präs.)*	Eltern	Hausarbeit
Sohn	↓	Mutter	Küche
↓	tragen	Geschirr	↓
Tochter	stellen	↓	Spülmaschine
↓	spülen*	Besteck	Spülbecken
↓	(ab)trocknen	↓	*Tuch*
Frau Bauer	trocknen	Wäsche	im Freien
↓	stecken	↓	Waschmaschine
↓	aufhängen	↓	Trocknen
↓	bügeln*	↓	*Bügeleisen*
Tochter	legen	↓	Schrank
↓	hängen	Blusen	↓
Herr Bauer	↓	Lampe	Decke
↓	befestigen*	↓	↓
↓	↓	*Regal*	Wand
↓	streichen	↓↑	*Pinsel*
↓	↓	Toilette	*hell, Farbe*
↓	kehren*	Hof	*Besen*
Frau Bauer	schmücken*	↓	*Blumen*
Balkon	↓ (=P)	*Blumen*	
Frau Bauer	pflanzen	↓	Terrasse
↓	gießen	↓↑	*jeder Tag*
↓	holen	↓	Garten
Herr Bauer	↓	*Kartoffeln*	Keller
↓	↓	Jacke	Reinigung
↓	hängen	↓	Haken
↓	nehmen	Anorak*	↓
Frau Bauer	waschen	↓	Hand
↓	putzen	Badewanne	*Pulver*
↓	abwischen	Tisch	*feucht, Schwamm*
Kinder	abräumen	↓	nach, Mahlzeiten
↓	werfen	Abfall	Mülltonne
↓	leeren	Eimer	↓
Sohn	reinigen	↓	*Schmutzschicht*
Herr Bauer	↓	Auto	Staubsauger
↓	lehnen*	Leiter	Mauer

Ideale Kinder helfen ihren/den Eltern bei der Hausarbeit.

Der Sohn hilft seiner/der Mutter in der Küche.

Der Sohn trägt das Geschirr in die Küche.

Die Tochter stellt das Geschirr in die Spülmaschine.

Die Tochter spült das Besteck im Spülbecken.

Die Tochter trocknet das Besteck mit einem Tuch (ab).

Frau Bauer trocknet die Wäsche im Freien.

Frau Bauer steckt die Wäsche in die Waschmaschine.

Frau Bauer hängt die Wäsche zum Trocknen auf.

Frau Bauer bügelt die Wäsche mit einem Bügeleisen.

Die Tochter legt die Wäsche in den Schrank.

Die Tochter hängt die Blusen in den Schrank.

Herr Bauer hängt die Lampe an die Decke.

Herr Bauer befestigt die Lampe an der Decke.

Herr Bauer befestigt ein Regal an der Wand.

Herr Bauer streicht das Regal mit einem Pinsel.

Herr Bauer streicht die Toilette mit heller Farbe.

Herr Bauer kehrt den Hof mit einem Besen.

Frau Bauer schmückt den Hof mit Blumen.

Der Balkon ist mit Blumen geschmückt.

Frau Bauer pflanzt Blumen auf der Terrasse.

Frau Bauer gießt die Blumen jeden Tag.

Frau Bauer holt die Blumen aus dem Garten.

Herr Bauer holt Kartoffeln aus dem Keller.

Herr Bauer holt die Jacke aus der Reinigung.

Herr Bauer hängt die Jacke an den Haken.

Herr Bauer nimmt den Anorak vom Haken.

Frau Bauer wäscht den Anorak mit der Hand.

Frau Bauer putzt die Badewanne mit einem Pulver.

Frau Bauer wischt den Tisch mit einem feuchten Schwamm ab.

Die Kinder räumen den Tisch nach den Mahlzeiten ab.

Die Kinder werfen den Abfall in die Mülltonne.

Die Kinder leeren den Eimer in die Mülltonne.

Der Sohn reinigt den Eimer von einer Schmutzschicht.

Herr Bauer reinigt das Auto mit dem Staubsauger.

Herr Bauer lehnt die Leiter an/gegen die Mauer.

1.5 Kleidung

Herr Schneider	anziehen *(Prät.)*	*gemustert*, Anzug*
↓	gut aussehen	↓↑
↓	umbinden	*seiden*, Krawatte*
↓	aufsetzen	*Hut*
Gast	abnehmen	↓↑
↓	ausziehen	Pelzmantel
Kind	↓	Stiefel* *(Pl.)*
↓	schnüren*	Schuhe
↓	öffnen	Reißverschluss*
Erika	zuziehen	↓
↓	sich ausziehen	Badezimmer
↓	sich umziehen	*in aller Eile*
↓	tragen *(Präs.)*	*weit, Röcke*
mollig*, Dame	anprobieren *(Prät.)*	↓
jung, Mädchen	↓	*eng anliegend, Kleid*
↓	lassen kürzen	↓↑
↓	schlüpfen*	*beige, Lederhandschuhe*
↓↑ *(Pl.)*	mit der Mode gehen *(Präs.)*	
↓	sich kleiden	neueste Mode
↓	lieben	*ausgefallen*, Farben*
jung, Leute	vorziehen*	↓
↓	↓	*billig, Pullover (Pl.)*
↓	bevorzugen*	*lässig*, Kleidung*
↓	gehen	*Turnschuhe*
Katharina	↓	*Stöckelschuhe**
↓	kaufen	↓
diese Schuhe	↓ *(P)*	*vor allem, jung, Leute*
↓	drücken	*ich*
↓	passen *(/)*	*Abendanzug*
Hose	↓ *(Prät.) (/)*	*Herr Will*
↓	zu eng sein	↓
↓	drei Nummern zu klein sein	
↓	ausgezeichnet sitzen*	*mein Vater*
Kostüm*	↓ *(Präs.)*	Kundin
gestreift, Bluse	stehen	↓
↓	wie angegossen* sitzen*	*meine Mutter*

Herr Schneider zog einen gemusterten Anzug an.

Herr Schneider sah in dem gemusterten Anzug gut aus.

Herr Schneider band (sich) eine seidene Krawatte um.

Herr Schneider setzte einen Hut auf.

Der Gast nahm den Hut ab.

Der Gast zog (sich) den Pelzmantel aus.

Das Kind zog seine Stiefel / sich die Stiefel aus.

Das Kind schnürte seine Schuhe / sich die Schuhe.

Das Kind öffnete den Reißverschluss.

Erika zog den Reißverschluss zu.

Erika zog sich im Badezimmer aus.

Erika zog sich in aller Eile um.

Erika trägt weite Röcke.

Die mollige Dame probierte weite Röcke an.

Das junge Mädchen probierte ein eng anliegendes Kleid an.

Das junge Mädchen ließ das eng anliegende Kleid kürzen.

Das junge Mädchen schlüpfte in beige Lederhandschuhe.

Junge Mädchen gehen mit der Mode.

Junge Mädchen kleiden sich nach der neuesten Mode.

Junge Mädchen lieben ausgefallene Farben.

Junge Leute ziehen ausgefallene Farben vor.

Junge Leute ziehen billige Pullover vor.

Junge Leute bevorzugen lässige Kleidung.

Junge Leute gehen in Turnschuhen.

Katharina geht in Stöckelschuhen.

Katharina kauft (sich) Stöckelschuhe.

Diese Schuhe werden vor allem von jungen Leuten gekauft.

Diese Schuhe drücken mich.

Diese Schuhe passen nicht zu einem Abendanzug.

Die Hose passte Herrn Will nicht.

Die Hose war Herrn Will zu eng.

Die Hose war drei Nummern zu klein.

Die Hose saß meinem Vater ausgezeichnet.

Das Kostüm sitzt der Kundin ausgezeichnet.

Die gestreifte Bluse steht der Kundin.

Die gestreifte Bluse sitzt meiner Mutter wie angegossen.

1.6 Essen und Trinken

Hausfrau	einkaufen (Präs.)	Lebensmittel (Pl.)
↓	waschen	Obst
↓	putzen	Gemüse
↓	dünsten*	↓
↓	zubereiten	↓
Koch	↓	Salat
↓	kosten*	↓
↓	probieren	↓
ich	↓	Suppe
↓	(um-)rühren*	↓
↓	salzen	↓
↓	würzen*	↓
Köchin	↓	Fleisch
Fleisch	↓ (P)	Salz + Paprika
↓	garnieren* (P)	Gemüse
↓	anbrennen	zu groß, Hitze
Milch	'überlaufen	↓
↓↑	gießen (P)	Tassen
Wein	↓ (P)	Gläser
↓	aufbewahren* (P)	Flaschen
Fisch	↓	Tiefkühltruhe*
↓	verderben	bei, falsch, Lagerung
↓↑	braten (P)	Pfanne*
↓	↓ (P)	160°C
↓	wälzen* (P)	Mehl
↓	kochen (P)	Salzwasser
Kartoffeln	↓ (P)	ca. 20 Minuten
↓	schälen* (P)	nach, Kochen
Obst	↓ (P)	Messer
↓	aufteilen (P)	Kinder
↓	schmecken	↓
Torte	↓	nach Rum
↓	backen (P)	Backröhre*
↓	bestreuen* (P)	Zucker
Nudeln	↓ (P)	gerieben, Käse
↓	über'gießen (P)	Tomatensoße

Die Hausfrau kauft Lebensmittel ein.

Die Hausfrau wäscht das Obst.

Die Hausfrau putzt das Gemüse.

Die Hausfrau dünstet das Gemüse.

Die Hausfrau bereitet das Gemüse zu.

Der Koch bereitet den Salat zu.

Der Koch kostet den / von dem Salat.

Der Koch probiert den Salat.

Ich probiere die Suppe / von der Suppe.

Ich rühre die Suppe (um).

Ich salze die Suppe.

Ich würze die Suppe.

Die Köchin würzt das Fleisch.

Das Fleisch wird mit Salz und Paprika gewürzt.

Das Fleisch wird mit Gemüse garniert.

Das Fleisch brennt bei zu großer Hitze an.

Milch läuft bei zu großer Hitze über.

Die Milch wird in Tassen gegossen.

Der Wein wird in Gläser gegossen.

Der Wein wird in Flaschen aufbewahrt.

Fisch wird in der Tiefkühltruhe aufbewahrt.

Fisch verdirbt bei falscher Lagerung.

Der Fisch wird in der Pfanne gebraten.

Der Fisch wird bei 160 Grad gebraten.

Der Fisch wird in Mehl gewälzt.

Der Fisch wird in Salzwasser gekocht.

Die Kartoffeln werden etwa zwanzig Minuten gekocht.

Die Kartoffeln werden nach dem Kochen geschält.

Das Obst wird mit einem Messer geschält.

Das Obst wird unter die Kinder / den Kindern aufgeteilt.

Das Obst schmeckt den Kindern.

Die Torte schmeckt nach Rum.

Die Torte wird in der Backröhre gebacken.

Die Torte wird mit Zucker bestreut.

Die Nudeln werden mit geriebenem Käse bestreut.

Die Nudeln werden mit Tomatensoße übergossen.

Mutter	kneten* *(Präs.)*	Teig*
↓	schneiden	Brot
Laib*	↓ *(P)*	*Scheiben**
Fleisch	↓ *(P)*	*klein, Würfel* (Pl.)*
↓	legen *(P)*	*Salzwasser*
Scheiben	↓ *(P)*	*heiß, Blech*
↓	bestreichen *(P)*	*Knoblauch**
Teig*	↓ *(P)*	*Eiweiß**
↓	füllen *(P)*	*Äpfel + Rosinen**
Füllung	enthalten	↓
Gans	↓	*Füllung*
↓	reichen*	*sechs Personen*
↓	servieren *(P)*	*Hauptspeise*
Getränk	↓ *(P)*	*Krug**
↓	süßen *(P)*	*Honig*
↓	erhitzen *(P)*	*ca. 50°C*
Fett	↓ *(P)*	Pfanne*
Butter	zergehen*	↓
Huhn	liegen	↓
↓	einreiben *(P)*	*Salz*
↓	servieren *(P)*	Gäste
Hausfrau	bewirten*	↓
↓	decken* *(Prät.)*	Tisch
Gäste	sich setzen	↓
Hausherr	↓	Gäste
↓	einschenken*	↓
↓	füllen	Gläser
Kinder	leeren	↓
↓	löschen*	Durst
↓	sich stürzen*	*belegt, Brötchen (Pl.)*
↓	sich satt essen	
↓	stillen*	Hunger
↓	essen	*groß, Appetit*
Touristen	↓	*Nationalgericht*
↓	zu sich nehmen*	*Imbiss**
↓	zu Mittag essen	*griechisch, Lokal*

Die Mutter knetet den Teig.

Die Mutter schneidet das Brot.

Der Laib wird in Scheiben geschnitten.

Das Fleisch wird in kleine Würfel geschnitten.

Das Fleisch wird in Salzwasser gelegt.

Die Scheiben werden auf ein heißes Blech gelegt.

Die Scheiben werden mit Knoblauch bestrichen.

Der Teig wird mit Eiweiß bestrichen.

Der Teig wird mit Äpfeln und Rosinen gefüllt.

Die Füllung enthält Äpfel und Rosinen.

Die Gans enthält eine Füllung.

Die Gans reicht für sechs Personen.

Die Gans wird als Hauptspeise serviert.

Das Getränk wird in einem Krug serviert.

Das Getränk wird mit Honig gesüßt.

Das Getränk wird auf etwa fünfzig Grad erhitzt.

Das Fett wird in der Pfanne erhitzt.

Die Butter zergeht in der Pfanne.

Das Huhn liegt in der Pfanne.

Das Huhn wird mit Salz eingerieben.

Das Huhn wird den Gästen serviert.

Die Hausfrau bewirtet die / ihre Gäste.

Die Hausfrau deckte den Tisch.

Die Gäste setzten sich an den Tisch / zu Tisch.

Der Hausherr setzte sich zu den / seinen Gästen.

Der Hausherr schenkte den / seinen Gästen ein.

Der Hausherr füllte die Gläser.

Die Kinder leerten ihre/die Gläser.

Die Kinder löschten ihren Durst.

Die Kinder stürzten sich auf die belegten Brötchen.

Die Kinder aßen sich satt.

Die Kinder stillten ihren Hunger.

Die Kinder aßen mit großem Appetit.

Die Touristen aßen ein Nationalgericht.

Die Touristen nahmen einen Imbiss zu sich.

Die Touristen aßen in einem griechischen Lokal zu Mittag.

1.7 Einkäufe

Kaufhaus	öffnen (Präs./=P)	9–18 Uhr		
↓	öffnen	9 Uhr		
↓	verfügen*	Lebensmittelabteilung		
Frau Brunner	einkaufen	↓↑		
↓	Einkäufe machen	Markt		
↓	einkaufen gehen	Supermarkt		
↓	warten	Winterschlussverkauf		
↓	vorbeigehen (Prät.)	Schaufenster (Schreibwarengeschäft)		
↓	betrachten	Waren; Auslage*		
↓	sich 'umsehen*	Modeabteilung (Kaufhaus)		
Mädchen	↓	Sonderangebote		
Kundin	ansehen, sich	↓↑		
↓	lassen, sich verführen*	Reklame		
↓	wollen, sich über'legen*	Kauf		
↓	sich entschließen	↓		
↓	gehen	Kasse		
ich	sich anstellen*	↓		
↓	bezahlen	gekauft, Waren		
Kassiererin	verpacken	↓		
↓	zurücklegen*	Teppich		gegen, Anzahlung*
Verkäufer	anbieten	↓		600 Euro
↓	melden	Chef		Reklamation*
↓	raten	Kunde		Orientteppich
↓	empfehlen	↓		↓
↓	zeigen	↓		neuest-, Katalog
↓	bitten	↓		Geduld
Kunde	↓	Verkäufer		Bedenkzeit*
↓	fragen	↓		Lieferzeit
↓	sich erkundigen	↓		Preis
↓	bedienen (P)	Verkäuferin		
Touristin	sich wenden	↓		
Herr Schmitz	lassen, sich beraten	↓↑		
↓	lassen, sich zeigen	Fernglas		
↓	wählen	größer, Modell		
↓	leisten, sich*	↓		
Frau Schmitz	'umtauschen	↓↑		kleiner, Modell

Das Kaufhaus ist von neun bis achtzehn Uhr geöffnet.

Das Kaufhaus öffnet um neun Uhr.

Das Kaufhaus verfügt über eine Lebensmittelabteilung.

Frau Brunner kauft in der Lebensmittelabteilung ein.

Frau Brunner macht Einkäufe auf dem Markt / macht auf dem Markt Einkäufe.

Frau Brunner geht im / in den Supermarkt einkaufen.

Frau Brunner wartet auf den Winterschlussverkauf.

Frau Brunner ging am Schaufenster eines Schreibwarengeschäfts vorbei.

Frau Brunner betrachtete die Waren in der Auslage.

Frau Brunner sah sich in der Modeabteilung des Kaufhauses um.

Das Mädchen sah sich nach Sonderangeboten um.

Die Kundin sah sich die Sonderangebote an.

Die Kundin ließ sich von der Reklame verführen.

Die Kundin wollte sich den Kauf überlegen.

Die Kundin entschloss sich zum Kauf.

Die Kundin ging zur / an die Kasse.

Ich stellte mich an der Kasse an.

Ich bezahlte die gekauften Waren.

Die Kassiererin verpackte die gekauften Waren.

Die Kassiererin legte den Teppich gegen (eine) Anzahlung zurück.

Der Verkäufer bot den Teppich für sechshundert Euro an.

Der Verkäufer meldete dem Chef eine Reklamation.

Der Verkäufer riet dem Kunden zu einem Orientteppich.

Der Verkäufer empfahl dem Kunden einen Orientteppich.

Der Verkäufer zeigte dem Kunden den neuesten Katalog.

Der Verkäufer bat den Kunden um Geduld.

Der Kunde bat den Verkäufer um Bedenkzeit.

Der Kunde fragte den Verkäufer nach der Lieferzeit.

Der Kunde erkundigte sich beim / bei dem Verkäufer nach dem Preis.

Der Kunde wurde von einer Verkäuferin bedient.

Die Touristin wandte sich an eine Verkäuferin.

Herr Schmitz ließ sich von der Verkäuferin beraten.

Herr Schmitz ließ sich ein Fernglas zeigen.

Herr Schmitz wählte ein größeres Modell.

Herr Schmitz leistete sich ein größeres Modell.

Frau Schmitz tauschte das größere Modell gegen ein kleineres (Modell) um.

1.8 Urlaub und Reisen

Familie Sachs	Pläne machen *(Präs.)*	nächster Urlaub
↓	schon, sich freuen	verlängertes* Wochenende
Kinder	↓	Sommerferien
↓	kaum, können erwarten	↓
Familien	fahren	↓
viel, Menschen	verreisen	↓
↓	Urlaub machen	Atlantikküste
viele Jugendliche	zelten*	↓
↓	über'nachten	*Jugendherbergen**
Reisende *(Pl.)*	↓ *(Prät.)*	*Campingplatz*
↓	auf der Suche sein	*preiswert, Unterkunft**
Studenten	suchen	↓
↓	ausfindig* machen	*günstig, Übernachtungsmöglichkeit*
↓	entdecken	*billig, Pension**
Urlauber *(Pl.)*	wohnen	↓
↓	↓	*Ferienhäuser*
↓	'unterbringen* (=P)	↓
Touristen	↓ *(=P)*	*Hotel;* Landesinnere
↓	buchen*	*Übernachtung; Frühstück*
Familie	↓	*Dreibettzimmer*
Herr Groß	↓	*Pauschalreise**
↓	stornieren*	Kreuzfahrt*; Mittelmeer
manche	↓	Tagesausflug; ⇒ Berge
↓	planen *(Präs.)*	*Reise; Frankreich*
Johannes	sich vorbereiten	↓↑
Claudia	↓	Aufenthalt; *Schottland*
unser, Nachbarn	↓	*Studienreise; Ägypten*
Reisebüro	werben	↓
↓	↓	*verlockend*, Angebote*
Reiseprospekte	↓	*bunt, Bilder*
↓	zuschicken *(P)*	*auf Anfrage*
Programm	↓ *(P)*	*Interessenten*
↓	um'fassen*	*Ausflüge + Konzerte*
Urlauber *(Pl.)*	sich interessieren	↓
Urlaubsorte	anbieten	↓
↓	locken*	*niedrig, Preise*

Familie Sachs macht Pläne für den nächsten Urlaub.

Familie Sachs freut sich schon auf das verlängerte Wochenende.

Die Kinder freuen sich schon auf die Sommerferien.

Die Kinder können die Sommerferien kaum erwarten.

Die Familien fahren in die Sommerferien.

Viele Menschen verreisen in den Sommerferien.

Viele Menschen machen Urlaub an der Atlantikküste / an … Urlaub.

Viele Jugendliche zelten an der Atlantikküste.

Viele Jugendliche übernachten in Jugendherbergen.

Die Reisenden übernachteten auf einem Campingplatz.

Die Reisenden waren auf der Suche nach einer preiswerten Unterkunft.

Die Studenten suchten eine preiswerte / nach einer preiswerten Unterkunft.

Die Studenten machten eine günstige Übernachtungsmöglichkeit ausfindig.

Die Studenten entdeckten eine billige Pension.

Die Urlauber wohnten in einer billigen Pension.

Die Urlauber wohnten in Ferienhäusern.

Die Urlauber waren in Ferienhäusern untergebracht.

Die Touristen waren in einem Hotel im Landesinneren untergebracht.

Die Touristen buchten (eine) Übernachtung mit Frühstück.

Die Familie buchte ein Dreibettzimmer.

Herr Groß buchte eine Pauschalreise.

Herr Groß stornierte die Kreuzfahrt im / auf dem Mittelmeer.

Manche stornierten den Tagesausflug in die Berge.

Manche planen eine Reise nach Frankreich.

Johannes bereitet sich auf die Reise nach Frankreich vor.

Claudia bereitet sich auf den Aufenthalt in Schottland vor.

Unsere Nachbarn bereiten sich auf eine Studienreise nach Ägypten vor.

Das Reisebüro wirbt für eine Studienreise nach Ägypten.

Das Reisebüro wirbt mit verlockenden Angeboten.

Die Reiseprospekte werben mit bunten Bildern.

Die Reiseprospekte werden auf Anfrage zugeschickt.

Das Programm wird Interessenten zugeschickt.

Das Programm umfasst Ausflüge und Konzerte.

Die Urlauber interessieren sich für Ausflüge und Konzerte.

Die Urlaubsorte bieten Ausflüge und Konzerte an.

Die Urlaubsorte locken mit niedrigen Preisen.

Bus	sich nähern *(Prät.)*	Grenze
Herr Wacker	kommen	↓
↓	warten	↓
↓	vorweisen*	Reisepass
rGrenzbeamte	kontrollieren	↓
↓	stempeln	↓
Fahrerin	einstecken*	↓
↓	öffnen	Kofferraum
rZollbeamte*	unter'suchen	↓
↓	fragen	Inhalt (Koffer)
↓	entdecken	*Zigaretten + Spirituosen**
rReisende	müssen verzollen*	↓↑
↓	müssen, Zoll bezahlen	Waren
↓	aufhalten *(P)*	Grenze
Touristen	überqueren	↓
↓	betreten	Wechselstube*
↓	wechseln	*Dollar ⇒ Yen*
↓	zurückkehren	zu, Bus
↓	ankommen	Hotel
Ehepaar	stehen	vor, ↓
↓	beziehen*	*Doppelzimmer; Bad*
Professor	↓	*Einzelzimmer; Dusche*
↓	wohnen	↓
Schüler *(Pl.)*	↓	*Zelte**
↓	aufschlagen*	↓↑
↓	abbrechen*	↓
Familie Landmann	↓	Aufenthalt
Hubers	verlängern	↓
↓	sich informieren	umfangreich*, Freizeitangebot
Urlauber *(Pl.)*	nützen*	↓
↓	zufrieden sein	'Unterbringung*
Meiers	sich beklagen	↓
↓	sich wenden	Reiseleiter
↓	sich beschweren*	↓
einige	↓	schlecht, Verpflegung*
↓	vorziehen*	*Halbpension**

Der Bus näherte sich der Grenze.

Herr Wacker kam an die / zur Grenze.

Herr Wacker wartete an der Grenze.

Herr Wacker wies seinen Reisepass vor.

Der Grenzbeamte kontrollierte den Reisepass.

Der Grenzbeamte stempelte den Reisepass.

Die Fahrerin steckte den Reisepass ein.

Die Fahrerin öffnete den Kofferraum.

Der Zollbeamte untersuchte den Kofferraum.

Der Zollbeamte fragte nach dem Inhalt des Koffers.

Der Zollbeamte entdeckte (die) Zigaretten und Spirituosen.

Der Reisende musste die Zigaretten und Spirituosen verzollen.

Der Reisende musste für die Waren Zoll bezahlen.

Der Reisende wurde an der Grenze aufgehalten.

Die Touristen überquerten die Grenze.

Die Touristen betraten die Wechselstube.

Die Touristen wechselten Dollar in Yen.

Die Touristen kehrten zum Bus zurück.

Die Touristen kamen am/im Hotel an.

Das Ehepaar stand vor dem Hotel.

Das Ehepaar bezog ein Doppelzimmer mit Bad.

Der Professor bezog ein Einzelzimmer mit Dusche.

Der Professor wohnte in einem Einzelzimmer mit Dusche.

Die Schüler wohnten in Zelten.

Die Schüler schlugen die Zelte auf.

Die Schüler brachen die Zelte ab.

Familie Landmann brach ihren Aufenthalt ab.

Hubers verlängerten ihren Aufenthalt.

Hubers informierten sich über das umfangreiche Freizeitangebot.

Die Urlauber nützten/nutzten das umfangreiche Freizeitangebot.

Die Urlauber waren mit der Unterbringung zufrieden.

Meiers beklagten sich über die Unterbringung.

Meiers wandten sich an den Reiseleiter.

Meiers beschwerten sich beim Reiseleiter.

Einige beschwerten sich über die schlechte Verpflegung.

Einige zogen Halbpension vor.

Touristen	befördern* *(Präs./P)*	*Busse*	
↓	einteilen *(P)*	*Gruppen*	
Fremdenführer *(Pl.)*	zur Verfügung stehen	↓↑	
↓	sich kümmern	Touristen	
↓	führen	↓	Denkmäler
↓	erklären	↓	Sehenswürdigkeiten
↓	erzählen	↓	Geschichte (Land)
↓	sich unterhalten	↓	*alles Mögliche*
Tourist	↓	Wirt	*Politik*
↓	kennen lernen	*Einheimische* *(Pl.)*	
↓	↓	historisch, Stätten*	
↓	besichtigen	↓↑	
↓	begeistert sein	alt, Schlösser	
Reisegruppe	↓	Gastfreundlichkeit (Menschen)	
↓	sich freuen	↓	
Kinder	↓	schön, Wetter	
↓	tauchen	*Muscheln*	
↓	bauen	*Sandburgen*	
↓	spielen	Wasser	
Feriengäste	springen	↓	
↓	sich sonnen	Strand	
↓	sich einreiben	*Sonnencreme*	
↓	liegen	Sonne	
Frau Binder	↓	Schatten	
↓	sich erholen	Alltagsstress*	
↓	lösen	*Kreuzworträtsel (Pl.)*	
↓	sich die Zeit vertreiben*	↓	
viele	↓	*Lesen*	
↓	teilnehmen	*Ausflüge;* Umgebung	
Rentner *(Pl.)*	↓	*gesellig*, Abende*	
↓	genießen	↓↑	
Frauen	↓	Schaufensterbummel*	
↓	einen Bummel* machen	Altstadt	
jung, Leute	erkunden*	↓	
↓	per Anhalter* fahren	*Disko*	
Rolf	schwärmen*	↓↑	

Die Touristen werden in/mit Bussen befördert.

Die Touristen werden in Gruppen eingeteilt.

Die Fremdenführer stehen den Gruppen zur Verfügung.

Die Fremdenführer kümmern sich um die Touristen.

Die Fremdenführer führen die Touristen zu den Denkmälern.

Die Fremdenführer erklären den Touristen die Sehenswürdigkeiten.

Die Fremdenführer erzählen den Touristen die Geschichte des Landes.

Die Fremdenführer unterhalten sich mit den Touristen über alles Mögliche.

Der Tourist unterhält sich mit dem Wirt über Politik.

Der Tourist lernt Einheimische kennen.

Der Tourist lernt die historischen Stätten kennen.

Der Tourist besichtigt historische Stätten.

Der Tourist ist von den alten Schlössern begeistert.

Die Reisegruppe ist von der Gastfreundlichkeit der Menschen begeistert.

Die Reisegruppe freut sich über die Gastfreundlichkeit der Menschen.

Die Kinder freuen sich über das schöne Wetter.

Die Kinder tauchen nach Muscheln.

Die Kinder bauen Sandburgen.

Die Kinder spielen im/am Wasser.

Die Feriengäste springen ins Wasser.

Die Feriengäste sonnen sich am Strand.

Die Feriengäste reiben sich mit Sonnencreme ein.

Die Feriengäste liegen in der Sonne.

Frau Binder liegt im Schatten.

Frau Binder erholt sich vom Alltagsstress.

Frau Binder löst Kreuzworträtsel.

Frau Binder vertreibt sich die Zeit mit Kreuzworträtseln / vertreibt sich mit … die Zeit.

Viele vertreiben sich die Zeit mit Lesen / mit Lesen die Zeit.

Viele nehmen an Ausflügen in die Umgebung teil.

Die Rentner nehmen an geselligen Abenden teil.

Die Rentner genießen die geselligen Abende.

Die Frauen genießen den Schaufensterbummel.

Die Frauen machen einen Bummel durch die Altstadt.

Die jungen Leute erkunden die Altstadt.

Die jungen Leute fahren per Anhalter zu einer Disko.

Rolf schwärmt von der Disko.

manche	sich langweilen *(Präs.)*	Urlaub	
↓	denken	beruflich, Pflichten	
↓	suchen	*angenehm, Zeitvertreib**	
gestresst*, Manager (Pl.)	↓	*Abwechslung**	
↓	haben (/)	*Muße**	
↓	Zeit haben (/)	Hobbys	
klug, Leute	pflegen*	↓↑	
↓	sich beschäftigen	↓	
jeder Tourist	↓	*seine Weise*	
Herr Moser	↓	geliebt, Musik	
↓	sich entspannen*	↓	
↓	hören	*Konzert*	
Familie Ritter	besuchen	↓	
Student	↓ *(Prät.)*	*Theatervorstellung*	
↓	gehen	Abendvorstellung	
ich	↓	*Ausstellung (zeitgenössisch*, Kunst)*	
wir	↓	*Spezialitätenlokal*	
↓	sich treffen	↓	
↓	studieren	Speisekarte	
↓	bestellen	Lieblingsgericht	
Gäste	↓	*Speisen + Getränke*	
↓	sitzen	*Tisch; Ecke*	
Touristen	reservieren	↓↑	
Tisch	↓ (=P)	*sechs Personen*	
Gruppe	bestehen	↓	
Mahlzeiten	↓	*drei Gänge*	
↓	servieren *(P)*	Terrasse	
↓	↓ *(P)*	*nett, Bedienung*	
Hotelgast	sich bedanken	↓↑	
↓	geben	Zimmermädchen	*Trinkgeld*
↓	sich verabschieden	Tischnachbar	
Familie Schäfer	↓	Urlaubsbekanntschaften	
↓	packen	Koffer *(Pl.)*	
Dienstpersonal	bringen	↓	Halle
Urlauber *(Pl.)*	↓ *(P)*	Flugplatz	
↓	steigen	Flugzeug	

Manche langweilen sich im Urlaub.

Manche denken an ihre beruflichen Pflichten.

Manche suchen einen angenehmen Zeitvertreib.

Gestresste Manager suchen (nach) Abwechslung.

Gestresste Manager haben keine Muße.

Gestresste Manager haben keine Zeit für Hobbys.

Kluge Leute pflegen ihre Hobbys.

Kluge Leute beschäftigen sich mit ihren Hobbys.

Jeder Tourist beschäftigt sich auf seine Weise.

Herr Moser beschäftigt sich mit seiner geliebten Musik.

Herr Moser entspannt sich bei seiner geliebten Musik.

Herr Moser hört ein Konzert.

Familie Ritter besucht ein Konzert.

Der Student besuchte eine Theatervorstellung.

Der Student ging in die Abendvorstellung.

Ich ging in eine Ausstellung (mit) zeitgenössischer / über zeitgenössische Kunst.

Wir gingen in ein Spezialitätenlokal.

Wir trafen uns in einem Spezialitätenlokal.

Wir studierten die Speisekarte.

Wir bestellten unser Lieblingsgericht.

Die Gäste bestellten Speisen und Getränke.

Die Gäste saßen an einem Tisch in der Ecke.

Die Touristen reservierten den Tisch in der Ecke.

Der Tisch war für sechs Personen reserviert.

Die Gruppe bestand aus sechs Personen.

Die Mahlzeiten bestanden aus drei Gängen.

Die Mahlzeiten wurden auf der Terrasse serviert.

Die Mahlzeiten wurden von einer netten Bedienung serviert.

Der Hotelgast bedankte sich bei der netten Bedienung.

Der Hotelgast gab dem Zimmermädchen (ein) Trinkgeld.

Der Hotelgast verabschiedete sich von seinem Tischnachbarn.

Familie Schäfer verabschiedete sich von ihren Urlaubsbekanntschaften.

Familie Schäfer packte die Koffer.

Das Dienstpersonal brachte die Koffer in die Halle.

Die Urlauber wurden zum Flugplatz gebracht.

Die Urlauber stiegen in das Flugzeug.

1.9 Sport

Mannschaft	teilnehmen *(Prät.)*	Wettbewerbe*
↓	ausschließen *(P)*	Europameisterschaft
Zehnkämpfer	sich qualifizieren	↓
↓	gewinnen	Wettkämpfe*
TSV* Neustadt	↓	*2 : 0*
unser Verein	führen	↓
Spiel	enden	↓
Turnier	↓	*Unentschieden**
↓	dauern	ganz, Woche
Mannschaft	trainieren *(Präs.)*	↓
↓	↓	Leitung (neu, Trainer)
Fußballer *(Pl.)*	↓	neu, Sportplatz
Zuschauer *(Pl.)*	strömen*	↓
↓	verfolgen*	Finale
↓	anfeuern*	Läufer *(Pl.)*
↓	Beifall* klatschen*	↓
↓	jubeln*	Sieg (ihr Verein)
Anhänger* *(Pl.)*	hoffen	↓↑
Leichtathlet	↓ *(Prät.)*	Gewinn (Meisterschaft)
↓	besiegen	Gegner *(Pl.)*
Hochspringer	überlegen* sein	↓
↓	zeigen	*hervorragend*, Leistung*
↓	gewinnen	erster Preis
Mannschaft (Pakistan)	↓	Silbermedaille
↓	verdienen* *(Präs.)*	↓
↓	sich freuen	unerwartet, Erfolg
ungarisch, Ringer*	↓	Goldmedaille
↓	erringen* *(Prät.)*	↓↑
unser Klub	↓	*überwältigend*, Sieg*
↓	bestehen *(Präs.)*	*Amateure**
↓	Geld haben *(/)*	*Profis**
↓	↓ *(/)*	*neu, Turnhalle*
Stadtmeisterschaft	stattfinden	↓↑
Sportfest	↓ *(Prät.)*	Olympiastadion
↓	organisieren *(P)*	national, Sportverband*
↓	anlocken*	*Tausende (Zuschauer)*

Die Mannschaft nahm an den Wettbewerben teil.

Die Mannschaft wurde von der Europameisterschaft ausgeschlossen.

Der Zehnkämpfer qualifizierte sich für die Europameisterschaft.

Der Zehnkämpfer gewann die Wettkämpfe.

Der TSV Neustadt gewann (mit) zwei zu null.

Unser Verein führte (mit) zwei zu null.

Das Spiel endete zwei zu null.

Das Turnier endete mit einem Unentschieden.

Das Turnier dauerte die ganze Woche.

Die Mannschaft trainiert die ganze Woche.

Die Mannschaft trainiert unter (der) Leitung des neuen Trainers.

Die Fußballer trainieren auf dem neuen Sportplatz.

Die Zuschauer strömen zum / zu dem neuen Sportplatz.

Die Zuschauer verfolgen das Finale.

Die Zuschauer feuern die Läufer an.

Die Zuschauer klatschen den Läufern Beifall.

Die Zuschauer jubeln über den Sieg ihres Vereins.

Die Anhänger hoffen auf einen Sieg ihres Vereins.

Der Leichtathlet hoffte auf den Gewinn der Meisterschaft.

Der Leichtathlet besiegte seine Gegner.

Der Hochspringer war seinen Gegnern überlegen.

Der Hochspringer zeigte eine hervorragende Leistung.

Der Hochspringer gewann den ersten Preis.

Die Mannschaft Pakistans gewann die Silbermedaille.

Die Mannschaft Pakistans verdient die Silbermedaille.

Die Mannschaft Pakistans freut sich über den unerwarteten Erfolg.

Der ungarische Ringer freut sich über die Goldmedaille.

Der ungarische Ringer errang eine Goldmedaille.

Unser Klub errang einen überwältigenden Sieg.

Unser Klub besteht aus Amateuren.

Unser Klub hat kein Geld für Profis.

Unser Klub hat kein Geld für eine neue Turnhalle.

Die Stadtmeisterschaft findet in der neuen Turnhalle statt.

Das Sportfest fand im Olympiastadion statt.

Das Sportfest wurde vom nationalen Sportverband organisiert.

Das Sportfest lockte Tausende Zuschauer / von Zuschauern an.

Schiedsrichter*	unter'brechen (Prät.)	Spiel	
Training	↓ (P)	stark, Regen	
Spiel	müssen abbrechen (P)	↓	
↓	behindern (P)	Zuschauerkrawalle*	
Turner*	↓ (=P)	Verletzung	
↓	antreten* (/)	↓	
Sportler	weiterkämpfen	↓↑	
↓	aufgeben	Kampf	
Fechter*	fortsetzen	↓	
↓	angreifen	Gegner	
↓	ausweichen*	↓	
Boxer	k.o. schlagen	↓	
↓	das Handtuch werfen*		
↓	siegen	nach Punkten	
Läuferin	↓	Vorsprung*; 1 Zehntelsekunde	
↓	erreichen	nächste Runde	
Tennisspieler	↓	Viertelfinale	
↓	schlagen	Ball – in, Netz	
↓	ausscheiden*	Halbfinale	
↓	sich verletzen	rechts, Knie	
Fußballer	↓	erste Halbzeit	
↓	auswechseln (P)	50. Minute	
↓	schießen	zwei Tore	
Schütze*	↓	Zielscheibe	
↓	verfehlen*	Ziel	
↓	treffen	↓	
Skilangläufer	ankommen	↓	
↓	über'holen*	Konkurrent	
Schwimmer	einholen*	↓	
Radrennfahrer	↓ (P)	Verfolger (Pl.)	
↓	verteidigen*	Vorsprung*	
↓	bewältigen*	Strecke	Rekordzeit
↓	über'treffen*	alt, Rekord	
↓	aufstellen	neu, Rekord	
Fachwelt*	rechnen	↓	
niemand	↓	Niederlage*	

Der Schiedsrichter unterbrach das Spiel.

Das Training wurde wegen starken Regens / wegen starkem Regen unterbrochen.

Das Spiel musste wegen starken Regens / wegen starkem Regen abgebrochen werden.

Das Spiel wurde durch Zuschauerkrawalle behindert.

Der Turner war durch eine Verletzung behindert.

Der Turner trat wegen einer Verletzung nicht an.

Der Sportler kämpfte trotz seiner/der Verletzung weiter.

Der Sportler gab den Kampf auf.

Der Fechter setzte den Kampf fort.

Der Fechter griff seinen Gegner an.

Der Fechter wich seinem Gegner aus.

Der Boxer schlug seinen Gegner k.o.

Der Boxer warf das Handtuch.

Der Boxer siegte nach Punkten.

Die Läuferin siegte mit einem Vorsprung von einer Zehntelsekunde.

Die Läuferin erreichte die nächste Runde.

Der Tennisspieler erreichte das Viertelfinale.

Der Tennisspieler schlug den Ball ins Netz.

Der Tennisspieler schied im Halbfinale aus.

Der Tennisspieler verletzte sich am rechten Knie.

Der Fußballer verletzte sich in der ersten Halbzeit.

Der Fußballer wurde in der fünfzigsten Minute ausgewechselt.

Der Fußballer schoss zwei Tore.

Der Schütze schoss auf die Zielscheibe.

Der Schütze verfehlte das Ziel.

Der Schütze traf das Ziel.

Der Skilangläufer kam am/im Ziel an.

Der Skilangläufer überholte seinen Konkurrenten.

Der Schwimmer holte seinen Konkurrenten ein.

Der Radrennfahrer wurde von seinen Verfolgern eingeholt.

Der Radrennfahrer verteidigte seinen Vorsprung.

Der Radrennfahrer bewältigte die Strecke in Rekordzeit.

Der Radrennfahrer übertraf den/seinen alten Rekord.

Der Radrennfahrer stellte einen neuen Rekord auf.

Die Fachwelt rechnete mit einem neuen Rekord.

Niemand rechnete mit einer Niederlage.

Worterklärungen

1.1 Familie

abraten (jemandem von etwas) = jemandem raten, etwas nicht zu tun *(Ich rate dir von dem Hotel ab.)*

anfreunden, sich (mit) = Freundschaft schließen *(Michael freundet sich mit Hunden sofort an.)*

ansiedeln, sich = sich einen Wohnort wählen, um dort für immer zu leben *(Viele germanische Stämme siedelten sich in Westeuropa an.)*

auskommen (mit) = sich mit jemandem verstehen; mit jemandem eine gute Beziehung ohne Streit haben *(Er ist ein Mensch, der mit jedem gut auskommt.)*

beibringen (jemandem etwas) = jemandem zeigen, wie man etwas macht *(Mein Vater hat mir das Schwimmen beigebracht.)*

beisetzen = beerdigen, begraben *(Der Tote wurde auf dem Nordfriedhof beigesetzt.)*

betreuen = pflegen, sich um jemanden kümmern *(Während Birgits Krankheit betreute die Oma das Kind.)*

drängen = von jemandem ungeduldig fordern, dass er etwas Bestimmtes tut *(Wir drängten zum Aufbruch. Wir drängten ihn dazu, sich zu entschuldigen.)*

einäschern = eine Leiche verbrennen *(Der Tote wurde eingeäschert.)*

eingehen; *in der Wendung:* eine feste Bindung eingehen = sich an einen Menschen binden; mit ihm eine feste Beziehung beginnen *(Nach dem Tode ihres Mannes wollte sie keine feste Bindung mehr eingehen.)*

erben = das Eigentum einer Person bekommen, wenn diese gestorben ist *(Der Sohn erbte von seinem Vater den Bauernhof.)*

erwägen = überlegen, prüfen, ob man etwas Bestimmtes machen soll *(Wir haben seinen Vorschlag lange erwogen.)*

gedenken (+ Gen.) = sich an jemanden lobend erinnern und diese Erinnerung mündlich oder schriftlich ausdrücken *(In einer Feier gedachte man der Toten des II. Weltkriegs.)*

krabbeln = auf Händen und Füßen kriechen *(Der Kleine krabbelte durchs Zimmer.)*

niederlassen, sich = *siehe:* ansiedeln, sich

scheiden = eine Ehe gesetzlich trennen *(Das Ehepaar hat sich scheiden lassen.)*

schmieden; *in der Wendung:* Pläne schmieden = Pläne für die Zukunft machen *(Den ganzen Winter schmiedeten sie Pläne für den Sommerurlaub.)*

schmücken = durch Blumen, Kränze usw. schöner machen *(Annette schmückte den Balkon mit Blumen.)*

stillen = einen Säugling an der Brust Muttermilch trinken lassen *(In den ersten Lebensmonaten werden Kinder gestillt.)*

taufen = einen Menschen (meist ein Kind) in die christliche Gemeinschaft aufnehmen, indem man seinen Kopf mit Wasser begießt *(Der Junge wurde auf den Namen Karl getauft.)*

trauen = in einer staatlichen oder kirchlichen Zeremonie Mann und Frau ehelich verbinden *(Das Paar wurde von einem Pfarrer getraut.)*

'überführen = an einen anderen Ort bringen (Tote, Kranke usw.) *(Der Patient wurde in eine Spezialklinik über(ge)führt.)*

vererben = als Erbe hinterlassen; nach seinem Tod weitergeben *(Sie vererbte ihren Töchtern den Familienschmuck.)*

verfassen = über etwas nachdenken und das Ergebnis dann aufschreiben *(Mein Großvater verfasste bei vielen Gelegenheiten Gedichte.)*

verleben = verbringen *(Wir verlebten zusammen viele glückliche Stunden.)*

verloben, sich = einander die Heirat versprechen *(Das Pärchen hatte sich heimlich verlobt.)*

vermachen = im Testament bestimmen, dass jemand etwas nach dem Tod als Erbe bekommt *(Er hat seiner zweiten Frau das Haus vermacht.)*

vermissen = traurig sein, weil jemand nicht anwesend, in meiner Nähe ist *(Schade, dass du nicht bei uns bist! Wir vermissen dich sehr.)*

verschicken = an einen größeren Personenkreis schicken *(Zwei Wochen vor seinem Geburtstag verschickte Gerhard die Einladungen.)*

versorgen (den Haushalt) = sich um den Haushalt kümmern *(Während Sigrid in der Klinik lag, versorgte ihre Mutter den Haushalt.)*

verwöhnen = (durch schlechte Erziehung) ein Kind daran gewöhnen, dass seine Wünsche sofort erfüllt werden *(Oft werden Kinder von ihren Großeltern verwöhnt.)*

wiegen, in (den) Schlaf = ein Kind in den Armen oder in einem Schaukelbett (= Wiege) sanft hin- und herbewegen, bis es einschläft *(Die Mutter wiegte das Kind in (den) Schlaf.)*

zusammenziehen = gemeinsam in eine Wohnung ziehen *(Er ist mit seiner Freundin zusammengezogen.)*

———

eAbtreibung, -en = Abbruch der Schwangerschaft

Alimente *(nur Pl.)* = Geld, das der Vater für sein uneheliches Kind der Mutter bezahlt

rAngehörige, -n = naher Verwandter; jemand aus dem engsten Familienkreis

eAussteuer = das, was die Tochter von den Eltern bekommt, wenn sie heiratet und eine Familie gründen will (z.B. Geschirr, Wäsche)

eBraut, ̈e = Frau an ihrem Hochzeitstag

rBräutigam, -e = Mann an seinem Hochzeitstag

Flitterwochen *(Pl.)* = die ersten Wochen nach der Hochzeit

eFreundin; *in der Wendung:* feste Freundin = ständige Partnerin

rGedanke; *in der Wendung:* sich Gedanken machen über = über etwas nachdenken *(„Hast du dir schon Gedanken über deine Zukunft gemacht?", fragte ihn der Vater.)*

eGedenktafel, -n = Platte oder Tafel, auf der etwas geschrieben steht, an das man denken soll (z. B. an eine Person, an ein historisches Ereignis)

rGefallene, -n = Soldat, der im Krieg ums Leben gekommen, d.h. *gefallen* ist

rGeistliche, -n = Priester, Pfarrer

geschieden = vom Ehepartner geschieden; *siehe:* scheiden

eHerkunft; *in der Wendung:* bäuerlicher Herkunft sein = von Bauern abstammen

eInschrift, -en = Schrift auf Stein, Metall oder Holz (z.B. auf einem Grabstein)

rJunggeselle, -n = unverheirateter Mann

r/eJungvermählte, -n = jemand, der gerade geheiratet hat

sKrematorium, -rien = Anlage, in der Leichen verbrannt werden (= zur Feuerbestattung)

rLebensgefährte = Lebenspartner einer Frau, mit dem sie aber nicht verheiratet ist

leiblich = blutsverwandt; direkt von jemandem abstammend

rMalstift, -e = dicker farbiger Stift zum Malen

rMarienplatz = Platz in der Innenstadt von München

minderjährig = noch nicht volljährig; juristisch noch nicht erwachsen; unter 18 Jahren (in Deutschland) *(Bestimmte Videofilme dürfen nicht an Minderjährige abgegeben werden.)*

rNachwuchs = Kind oder Kinder *(umg., scherzhaft)* *(Die junge Familie erwartet schon wieder Nachwuchs.)*

rPfarrer, - = Geistlicher, der einer christlichen Gemeinde vorsteht *(Der alte Pfarrer traute* das Paar.)*

rSarg, ⸚e = länglicher Kasten mit Deckel, in den ein Toter gelegt wird

sStandesamt, ⸚er = Behörde, die Geburten, Eheschließungen, Todesfälle usw. registriert

eStille; *in der Wendung:* in aller Stille = im engsten Familien- oder Freundeskreis; ohne Beteiligung der Öffentlichkeit

eToleranz; Substantiv zu *tolerant* = bereit, auch andere Meinungen, Gewohnheiten gelten zu lassen

rTrauschein, -e = Urkunde über die Eheschließung

rTrauzeuge, -n = jemand, der bei einer Trauung als Zeuge anwesend ist

r'Unterhalt = Zahlung für ein uneheliches oder eheliches (nach Scheidung der Eltern) Kind, für einen geschiedenen Ehepartner usw.

sVerhältnis, -se = *hier:* länger dauernde intime Beziehung

sVermögen = Geld *(Der Fabrikant hat bei seinem Tod ein riesiges Vermögen hinterlassen.)*

rVorfahre, -n = Mensch aus einer früheren Generation (m)einer Familie

rVormund = Person, die einen Minderjährigen* rechtlich vertritt (an Stelle der Eltern)

sWaisenkind, -er = Kind, das keine Eltern mehr hat

eWindel, -n = Tuch, das um den Unterkörper eines Säuglings gelegt wird, um dessen Ausscheidungen aufzunehmen

eWitwe, -n = Frau, deren Ehemann gestorben ist

rWitwer, - = Mann, dessen Ehefrau gestorben ist

rZuschuss, ⸚e = Geldbetrag, mit dem man jemandem hilft, damit er etwas finanzieren kann

1.2 Gefühle

gestehen = *hier:* Gefühle offen aussprechen *(Sie gestanden sich gegenseitig ihre Liebe.)*

leiden; *in der Wendung:* jemanden nicht leiden können = nicht gern haben, nicht erträglich finden *(Sonja kann diesen Typen nicht leiden.)*

schwärmen = 1) für jemanden oder etwas = sehr gern mögen, verehren* *(Meine Nachbarin schwärmt für Tenöre. Kai schwärmt für Mozartopern.)* 2) von jemandem oder etwas = begeistert reden von *(Noch heute schwärmt sie von dieser Geburtstagsfeier.)*

verehren = hochschätzen, bewundern und zugleich auch lieben *(Die Musikfreunde verehren diesen großen Dirigenten.)*

versöhnen, sich (mit) = wieder Frieden schließen; sich nach einem Streit wieder vertragen *(Die zerstrittenen Freundinnen haben sich wieder versöhnt.)*

werben (um ein Mädchen) = versuchen, dieses Mädchen zur Frau für sich zu gewinnen *(Ein Jahr warb der Prinz um die schöne Prinzessin.)*

―――――

Fressen; *in der Wendung:* zum Fressen gern haben = sehr gern haben *(Ich habe meinen kleinen Neffen zum Fressen gern.)*

heiß und innig; *in der Wendung:* heiß und innig lieben = sehr stark lieben

rKorb; *in der Wendung:* (einem Mann) einen Korb geben = eine ablehnende Antwort geben, einen Vorschlag ablehnen *(Er wollte mit ihr tanzen, doch sie gab ihm einen Korb.)*

launisch = sich plötzlich, unerwartet ändernd; ein launischer Mensch ist ein Mensch, bei dem die Stimmungen rasch wechseln; das Wort leitet sich von „luna" (Mond) ab, der Mond ändert auch ständig sein Aussehen

1.3 Gesundheit und Krankheit

abgewöhnen, sich (etwas) = sich von einer schlechten Gewohnheit befreien; sich dazu bringen, eine schlechte Gewohnheit abzulegen *(Alkoholiker versuchen oft vergeblich sich das Trinken abzugewöhnen.)*

angewöhnen, sich (etwas) = sich etwas zur Gewohnheit machen *(Er hat es sich angewöhnt, jeden Tag um sechs Uhr aufzustehen.)*

anregen = in Bewegung bringen, in Tätigkeit setzen, beschleunigen *(Ein Aperitif vor dem Essen regt den Appetit an.)*

anschwellen = dick werden, sich weiten (z.B. Körperteil, Fluss) *(Nach dem Wespenstich schwoll die Hand an.)*

anstecken, sich = durch Kontakt mit einem anderen Menschen eine Krankheit bekommen *(Sie hat sich bei ihm mit Schnupfen angesteckt.)*

aufrichten, sich = aus liegender Haltung zum Sitzen kommen *(Der Patient richtete sich langsam auf und blickte sich im Zimmer um.)*

aufsuchen = zu jemandem oder an einen bestimmten Ort gehen *(Sie wusste sich nicht mehr zu helfen und suchte ein Krankenhaus auf.)*

auslösen = eine Wirkung haben; verursachen, bewirken; zur Folge haben *(Von vielen synthetischen Stoffen weiß man, dass sie Krebs auslösen.)*

beeinträchtigen = in seiner Funktion stören *(Alkohol beeinträchtigt das Reaktionsvermögen.)*

belasten = 1) anstrengen *(Schwer verdauliche Stoffe belasten den Organismus.)* 2) Gewicht auf etwas legen. *(Der Arzt sagte: „Sie dürfen keine schweren Sachen tragen, sonst wird der Fuß zu sehr belastet.")*

beschlagnahmen = mit offizieller Erlaubnis Privateigentum wegnehmen; konfiszieren *(Das Vermögen des Rauschgifthändlers wurde beschlagnahmt.)*

betreuen = sich um jemanden kümmern, der Hilfe braucht; pflegen *(Die Heimbewohner werden von Sozialarbeitern betreut.)*

bewirken = *siehe: auslösen*

einsetzen (etwas/jemanden) = planmäßig für eine bestimmte Aufgabe verwenden *(Zur Kräftigung des Organismus setzte der Arzt Naturheilmittel ein.)*

entzünden, sich = (als Reaktion auf eine Infektion) rot werden und krankhaft anschwellen* (von Körperstellen) *(Die Körperstelle hat sich entzündet.)*

erliegen (+ Dat.) = sterben an etwas *(Er erlag seiner schweren Rauchvergiftung.)*

fördern = gut, günstig sein für jemanden oder etwas; in seiner Funktion helfen *(Bestimmte Teesorten fördern die Reinigung des Blutes.)*

gewinnen = aus einem Naturprodukt herstellen *(Dieses Salz wird aus Meerwasser gewonnen.)*

impfen = Stoffe in den Organismus bringen um ihn gegen Krankheiten immun zu machen *(Vor seiner Afrikareise ließ sich der Tourist gegen Malaria impfen.)*

krankschreiben = (ärztlich) bestätigen, dass jemand krank ist und nicht arbeiten kann *(Der Arzt hat die Lehrerin für eine Woche krankgeschrieben.)*

lindern = vermindern, erträglich machen (Not, Schmerz, Beschwerden*) *(Diese Tabletten lindern die Schmerzen.)*

neigen (zu etwas) = eine Vorliebe, einen Hang für etwas haben; sich einer Sache zuwenden; empfänglich für etwas sein *(Unser Kind neigt zu Erkältungen.)*

schienen = durch längere Metall- oder Holzstücke (= eSchiene, -n) einen Knochenbruch ruhig stellen *(Der gebrochene Arm musste geschient werden.)*

schmuggeln = illegal über die Grenze bringen; ohne Erlaubnis ein- oder ausführen *(Die Bande stahl Ikonen und schmuggelte sie ins Ausland.)*

schnupfen = durch kräftiges Einatmen in die Nase einziehen *(Statt Tabak zu rauchen, schnupft er ihn jetzt.)*

schonen, sich = sich nicht zu sehr anstrengen, seine Kräfte einteilen *(Nach der Operation muss sich der Patient noch mehrere Wochen schonen.)*

schütteln = kurz und schnell hin und her bewegen *(Wenn du frische Äpfel haben willst, musst du den Baum schütteln.)*

spritzen = eine Injektion geben, injizieren *(Die Ärztin spritzte ihm ein Beruhigungsmittel.)*

stillen (eine Blutung) = eine Blutung stoppen *(Dem Arzt gelang es, die Blutung zu stillen.)*

stützen = jemanden halten, damit er nicht umfällt *(Der Patient war von der Operation geschwächt und musste beim Gehen gestützt werden.)*

über'geben, sich = das, was sich im Magen befindet, durch den Mund wieder von sich geben *(Der Patient übergab sich.)*

verdauen = aufgenommene Nahrung in Stoffe umwandeln, die der Körper verwerten kann *(Der Magen kann große Fleischstücke nur langsam verdauen.)*

verhüten = etwas Unerwünschtes verhindern, vermeiden (Gefahren, Krankheiten, Schaden) *(Durch eine Senkung der Geschwindigkeit ließen sich viele Unfälle verhüten.)*

versagen = plötzlich aufhören zu funktionieren *(Er konnte das Auto nicht stoppen, weil die Bremsen versagten.)*

vorbeugen *(+ Dat.)* = etwas tun, um Krankheiten zu verhindern; prophylaktisch handeln *(Durch gesunde Lebensweise kann man vielen Krankheiten vorbeugen.)*

zusammenschließen, sich = sich zu einer Gruppe oder Organisation verbinden *(Die Nationalisten schlossen sich zu einer Partei zusammen.)*

———

aufputschend = Partizip zu *aufputschen:* durch starke Mittel (z.B. Kaffee, Drogen usw.) den Menschen in Erregung bringen, seine Leistungsfähigkeit erhöhen

sBefinden = Zustand des Organismus; körperlicher Zustand

eBeschaffungskriminalität = kriminelle Handlungen, durch die Süchtige Geld beschaffen, um Drogen kaufen zu können

Beschwerden *(Pl.)* = Schmerzen, körperliches Leiden *(Der Arzt fragt den Patienten: „Welche Beschwerden haben Sie?")*

eDosis, -en = bestimmte Menge eines Medikaments

rEingriff, -e = Operation (vor allem an inneren Organen)

eEmpfängnisverhütung = Maßnahmen, die verhindern, dass eine Frau schwanger wird

eEntziehungskur, -en = Kur, durch die ein Alkoholiker oder Drogensüchtiger geheilt werden soll

eEntzündung, -en = *siehe:* sich entzünden

erheblich = sehr viel

euphorisch = Zustand eines übermäßigen Glücksgefühls (z. B. nach Genuss von Drogen)

eHebamme, -n = ausgebildete Geburtshelferin

rHeilpraktiker, - = jemand, der mit staatlicher Erlaubnis als Arzt arbeitet, aber keine abgeschlossene ärztliche Ausbildung hat

sHerzversagen = *siehe:* versagen

rKettenraucher, - = jemand, der ständig raucht

sKrebsleiden = *siehe:* Leiden

rKreislauf = Blutkreislauf; Zirkulation des Blutes im Körper

sLeiden, - = lang andauernde oder chronische Krankheit

nüchtern; *in der Wendung:* auf nüchternen Magen = ohne etwas gegessen zu haben, mit leerem Magen *(Die Tabletten müssen auf nüchternen Magen eingenommen werden.)*

ePille = Antibabypille; empfängnisverhütendes* Medikament

eSalbe, -n = medizinische Creme

rSpürhund, -e = Hund, der auch kleine Mengen eines Stoffes riechen kann und bei Polizei oder beim Zoll „arbeitet"

eSucht, -en = krankhafte Abhängigkeit von Genuss- oder Rauschmitteln (Alkohol, Nikotin, Drogen, Medikamente)

r'Umschlag, ¨e = feuchtes warmes oder kaltes Tuch, das um einen kranken Körperteil gelegt wird

eVerdauungsstörung = *siehe:* verdauen

eVerfassung = *hier:* Zustand, Befinden *(Der Kranke ist in guter körperlicher Verfassung.)*

1.4 Wohnen

aufkommen (für) = den Schaden bezahlen, ersetzen, haften* *(Für Schäden beim Umzug kommt die Transportfirma auf.)*

ausstatten = einrichten *(Die Wohnung war mit modernen Möbeln ausgestattet.)*

befestigen = einen Gegenstand an einem anderen Gegenstand festmachen *(Er befestigte das Namensschild an der Tür.)*

beziehen = *hier:* in eine Wohnung, ein Haus usw. einziehen *(Sie können das Häuschen erst beziehen, wenn es renoviert ist.)*

bügeln = gewaschene und getrocknete Kleidung/Wäsche mit einem heißen Bügeleisen glätten *(Junggesellen* bügeln ihre Hemden selbst.)*

decken = *hier*: finanziell absichern; aufkommen* für etwas *(Der Schaden ist durch die Versicherung gedeckt.)*

haften = finanziell verantwortlich sein; bei Verlust usw. den Schaden bezahlen müssen *(Für Schäden durch spielende Kinder haften die Eltern.)*

instand setzen = reparieren, ausbessern, wiederherstellen *(Vor unserem Einzug wurde die defekte Heizung instand gesetzt.)*

kehren = mit einem Besen vom Schmutz befreien; fegen *(Nach dem Auszug wurde die ganze Wohnung gekehrt.)*

kündigen = schriftlich oder mündlich erklären, dass ein Vertrag (Mietvertrag, Arbeitsvertrag usw.) beendet ist *(Dem Arbeiter wurde zum 30.6. gekündigt.)*

lehnen = schräg auf dem Boden stehen und dabei z.B. die Wand oder Mauer berühren *(Das Fahrrad lehnte an der Mauer. Er lehnte das Fahrrad an/gegen die Mauer.)*

rücken = über eine kleine Strecke schieben oder ziehen *(Er rückte den Schrank nach links.)*

schmücken = mit schönen Dingen verschönern *(Die Kinder hatten das Zimmer mit bunten Ballons geschmückt.)*

spülen = *hier:* mit Wasser von Speiseresten befreien (Teller, Tassen usw.) *(Jeden Tag gab es Streit, wer das Geschirr spülen sollte.)*

stapeln = viele Gegenstände aufeinander legen *(Da im Zimmer kein Platz war, stapelte er die Kisten im Flur*.)*

vermitteln = dafür sorgen, dass jemand das bekommt, was er sucht (z.B. eine Wohnung, eine Stelle) *(Die Schülerin fragte ihren Onkel, ob er ihr einen Ferienjob vermitteln könnte.)*

---

eAnleitung, -en = schriftliche Beschreibung, wie man etwas tun muss (z.B. wie man eine Maschine bedienen muss, wie man einen Schrank zusammenbaut usw.)

rAnorak, -s = Windjacke mit Kapuze

sBrett, -er = flaches, langes Holzstück, das aus einem Baum geschnitten ist

rDachboden, ¨ = Stockwerk unter dem Dach, in dem man Gegenstände lagert

erschwinglich = nicht zu teuer; bezahlbar

sErdgeschoss, -e = unterstes Stockwerk eines Hauses; Parterre

erschwinglich; ein erschwinglicher Preis ist ein Preis, der nicht zu hoch, also bezahlbar ist

rFlur, -e = langer Raum in einem Haus, von dem aus man in verschiedene Räume gehen kann

eHaftpflichtversicherung, -en = Versicherung, die die Schäden bezahlt, die ihr Mitglied (= rVersicherungsnehmer) verursacht hat (z.B. ein Autofahrer) (Jeder Autofahrer muss eine Haftpflichtversicherung abschließen.)

rHagel = gefrorene Regentropfen, Eisregen

rJunggeselle, -n = unverheirateter Mann

eKaution, -en = Geldsumme, die man beim Mieten einer Wohnung oder eines Hauses dem Vermieter als Sicherheit bezahlt (Die Kaution beträgt meist zwei Monatsmieten.)

eKommode, -n = kastenförmiges Möbelstück mit mehreren Schubladen*

eLokalzeitung, -en = Zeitung für die Bewohner einer Stadt, eines Landkreises

rMakler, - = jemand, der Wohnungen, Häuser usw. an Leute vermittelt*, die sie mieten oder kaufen wollen (Wir haben unsere Wohnung über einen Makler bekommen.)

eProvision, -en = Geldsumme, die man für die Vermittlung einer Wohnung usw. dem Makler bezahlt (Der Makler verlangt eine hohe Provision.)

sReihenhaus, ⸚er = einzelnes Haus als Teil einer Häuserreihe

eSchublade, -n = Fach, das sich herausziehen lässt, in einem Möbelstück (in einer Kommode* oder einem Schrank).

sSofa, -s = Sitzmöbel mit Polstern, auf dem mehrere Personen Platz haben

eSozialwohnung, -en = vom Staat gebaute Wohnung für Mieter, die wenig Geld haben

eTruhe, -n = kastenförmiges Möbelstück, das mit einem Deckel verschlossen ist (zum Aufbewahren von Kleidung, Schmuck, Dokumenten usw.)

e'Unterkunft, ⸚e = Wohnung oder Raum, wo man als Gast für kurze Zeit wohnt

eWohngemeinschaft, -en = Gruppe von Personen, die eine Wohnung oder ein Haus zusammen bewohnen und sich die Miete teilen

rZaun, ⸚e = Abgrenzung („Mauer") aus Holz- oder Metallstäben um ein Grundstück, einen Garten usw.

1.5 Kleidung

bevorzugen = etwas lieber haben, lieber tragen als etwas anderes; vorziehen* (Seit seinem Urlaub bevorzugt Herr W. türkischen Tee.)

schlüpfen (in etwas) = etwas rasch und ohne Unterbrechung anziehen (Sie schlüpfte in ihre Schuhe und begann zu tanzen.)

schnüren = mit einer Schnur zubinden (Wegen seines Rheumas kann er sich kaum die Schuhe schnüren.)

sitzen = hier: passen, anliegen (von Kleidungsstücken) (Nachdem der Schneider die Jacke geändert hatte, saß sie perfekt.)

vorziehen = eine Sache oder Person lieber haben als eine andere; bevorzugen* (Immer wurde sein älterer Bruder ihm vorgezogen.)

─────

angegossen; in der Wendung: wie angegossen sitzen = genau passen (Der blaue Pullover saß mir wie angegossen.)

ausgefallen = ungewöhnlich, nicht alltäglich (Er hat ein ausgefallenes Hobby: er sammelt Fahrradklingeln.)

gemustert = mit einem Muster versehen (z.B. kariert, liniert, mit einer Zeichnung usw.)

sKostüm, -e = zweiteiliges Kleidungsstück für Frauen, das aus Rock und Jacke besteht

lässig = nicht formell, ungezwungen, etwas unordentlich *(Junge Leute kleiden sich gern lässig.)*
mollig = vollschlank, rundlich (von Frauenfiguren)
rReißverschluss, ¨e = Vorrichtung an Kleidungsstücken oder Taschen; wenn man daran zieht, öffnet, bzw. schließt sich die Sache
seiden = aus Seide (z.B. seidene Vorhänge, Handschuhe)
rStiefel, - = höhere Schuhe, die bei Regen oder Kälte getragen werden
rStöckelschuh, -e = Damenschuh mit hohem Absatz

1.6 Essen und Trinken

aufbewahren = etwas an einem passenden Platz lagern, damit es nicht verloren geht oder verdirbt *(Die Dokumente werden in einem Safe aufbewahrt.)*
bestreuen = Zucker, Salz usw. (durch leichtes Werfen) über eine Fläche verteilen *(Im Winter werden die Straßen manchmal mit Sand bestreut.)*
bewirten (jemanden) = einem Gast zu essen und zu trinken geben *(Wir bewirteten unsere Gäste mit belegten Broten und Bier.)*
decken; *in der Wendung:* den Tisch decken = den Tisch zur Mahlzeit vorbereiten; alles auf den Tisch stellen, was für eine Mahlzeit notwendig ist, z.B. Tischtuch, Geschirr, Besteck *(Der Tisch war für sechs Personen gedeckt.)*
dünsten = Lebensmittel mit Dampf kochen *(Das Gemüse darf nicht gekocht werden; du musst es vorsichtig dünsten.)*
einschenken = Gläser, Tassen usw. füllen *(Der Gastgeber schenkte uns Rotwein ein.)*
garnieren = Speisen schmücken; Platten, auf denen sich Speisen befinden, dekorieren *(Die Wurstplatte wurde mit verschiedenen Kräutern garniert.)*
kneten = eine weiche Masse bearbeiten, indem man sie immer wieder mit den Händen zusammendrückt *(Vor dem Backen muss der Kuchenteig gut geknetet werden.)*
kosten (etwas/von etwas) = prüfen, wie etwas schmeckt *(Zuerst kostete ich den Wein.)*
löschen; *in der Wendung:* den Durst löschen = so lange trinken, bis man keinen Durst mehr hat *(Erst in der Oase konnten die Reisenden ihren Durst löschen.)*
nehmen, zu sich = etwas essen oder trinken *(Der Kranke hat nichts zu sich genommen.)*
reichen = genügen *(Da das Geld nicht reichte, lieh er sich von einem Freund 50 Euro.)*
schälen = die Schale oder Haut entfernen *(Soll ich die Kartoffeln schälen?)*
stillen; *in der Wendung:* den Hunger stillen = so lange essen, bis man keinen Hunger mehr hat *(Nachdem der Reiter seinen Hunger gestillt hatte, begann er zu erzählen.)*
stürzen, sich (auf etwas) = *hier:* mit großem Appetit sofort zu essen beginnen *(Die Gäste stürzten sich auf die Salate.)*
(um-)rühren = eine Flüssigkeit mit einem Löffel im Kreis bewegen *(Rühre die Suppe um, damit sie nicht anbrennt!)*
wälzen = langsam rollen *(Wir wälzten den großen Stein von der Straße.)*
würzen = durch Gewürze (z.B. Salz, Pfeffer, Paprika) den Geschmack des Essens verbessern *(Speisen zu würzen ist eine große Kunst.)*
zergehen = schmelzen *(Schokolade zergeht auf der Zunge.)*

———

eBackröhre, -n = Raum im Elektroherd oder Gasherd, wo man Fleisch brät oder grillt, Brot oder Kuchen bäckt usw.
sEiweiß = heller Bestandteil des Eies (im Gegensatz zum *Eigelb*)
rImbiss, -e = kleine, meist kalte Mahlzeit

rKnoblauch = Pflanze, deren Wurzel als Gewürz und Heilmittel verwendet wird und die einen sehr starken Geschmack und Geruch hat

rKrug, ″e = Behälter aus Keramik, Glas oder Porzellan für Getränke; Krüge haben eine zylindrische oder bauchige Form

rLaib, -e = runde oder oval geformte Masse von Brot

ePfanne, -n = flaches Gefäß mit langem Stiel, das auf die heiße Herdplatte gestellt und zum Braten verwendet wird

eRosine, -n = getrocknete Weinbeere

eScheibe, -n = dünnes, einzelnes Stück, das von einem größeren Stück abgeschnitten wird (z.B. von Brot oder Wurst)

rTeig, -e = Masse aus Mehl, Wasser, Milch usw., aus der Brot, Kuchen usw. hergestellt werden

eTiefkühltruhe, -n = Kühlschrank, in dem bei tiefen Temperaturen Lebensmittel durch Gefrieren konserviert werden; Gefriertruhe

rWürfel, - = geometrischer Körper mit sechs quadratischen Flächen; Kubus

1.7 Einkäufe

anstellen, sich = sich in eine Reihe von Leuten stellen, die vor einem Ort warten (Am Schalter stand eine Schlange, sodass wir uns anstellen mussten.)

leisten, sich (eine Sache) = genug Geld haben, um sich etwas zu kaufen; etwas kaufen, obwohl es eigentlich zu teuer ist (Heute habe ich mir eine Lederjacke geleistet.)

über'legen, sich (eine Sache) = nachdenken, ob man etwas Bestimmtes machen soll (Er hatte sich diese Entscheidung lange überlegt.)

'umsehen, sich = 1) schauen, was es an einem Ort gibt (Ich möchte mich in dem Geschäft einmal umsehen.) 2) versuchen, etwas Bestimmtes zu sehen, zu finden (Die Touristen schauten sich nach billigen Souvenirs um.)

verfügen (über) = haben, besitzen (Das neue Bürohaus verfügt über eine geräumige Tiefgarage.)

verführen (zu etwas) = jemanden dazu bringen, etwas Unkluges oder Verbotenes zu tun (Die niedrigen Preise verführten uns zum Kauf.)

zurücklegen = hier: eine Ware nicht verkaufen, sondern für einen Kunden aufbewahren, bis er sie im Geschäft abholt und bezahlt (Können Sie den Mantel bitte bis Freitag zurücklegen?)

———

eAnzahlung, -en = Zahlung des ersten Teilbetrags einer Kaufsumme

eAuslage, -n = Raum hinter dem Schaufenster eines Geschäfts

eBedenkzeit = Zeit, um nachzudenken, ob man sich so oder so entscheiden soll

eReklamation, -en = Beschwerde, Mitteilung an eine Firma, dass die gekaufte Ware nicht in Ordnung ist

1.8 Urlaub und Reisen

abbrechen, ein Zelt = ein Zelt abbauen; siehe: Zelt (Innerhalb von fünf Minuten hatten wir das Zelt abgebrochen und verpackt.)

aufschlagen, ein Zelt = ein Zelt aufstellen, aufbauen; Ggs: ein Zelt abbrechen (Am Ufer des Flusses schlugen wir das Zelt auf.)

befördern (jemanden/etwas) = mit einem Transportmittel von einem Ort zum anderen bringen (Busse beförderten die Sportler zum Stadion.)

beschweren, sich = sich über etwas Unangenehmes beklagen (bei dem Menschen, der daran schuld ist oder der es ändern kann) *(Herr Lechner beschwerte sich beim Nachbarn über die laute nächtliche Musik.)*

beziehen (etwas) = in ein Zimmer, eine Wohnung oder ein Haus einziehen *(Nächste Woche wird Familie Engelhardt das neue Haus beziehen.)*

buchen (eine Reise usw.) = vorher bestellen oder reservieren lassen *(Die Touristen buchten einen Flug nach Sankt Petersburg.)*

einstecken = etwas in die Tasche stecken, um es bei sich zu haben *(Gott sei Dank hatte sie den Schlüssel eingesteckt.)*

entspannen, sich = sich von seelischen oder körperlichen Spannungen, Belastungen usw. befreien; sich locker machen *(Viele Menschen entspannen sich mit Hilfe von Yoga-Übungen.)*

erkunden = erforschen; durch Nachforschen kennen lernen *(Nach ihrer Landung begannen die Matrosen, das Innere der Insel zu erkunden.)*

locken = durch Versprechungen usw. jemanden bewegen, sich zu nähern *(Das schöne Wetter lockte die Menschen ins Freie.)*

nützen, nutzen = von einer Möglichkeit Gebrauch machen *(Wir nutzten das Wochenende zu einer Fahrradtour.)*

pflegen, ein Hobby = sich mit einem Hobby beschäftigen *(Viele Leute hätten gern mehr Zeit, ihre Hobbys zu pflegen.)*

schwärmen (von) = begeistert sein; sich mit Begeisterung erinnern an jemanden/etwas *(Noch heute schwärmt sie vom Abiturfest.)*

stornieren = einen Auftrag, eine Bestellung usw. rückgängig machen *(Wegen der schlechten Qualität der Ware stornierte die Firma alle weiteren Aufträge.)*

um'fassen = enthalten *(Das Werk des Künstlers umfasst Gemälde und Grafiken.)*

'unterbringen = für jemanden einen Platz finden, wo er vorübergehend wohnen kann *(Ich habe einen Teil der Gäste im Haus meiner Eltern untergebracht.)*

vertreiben; *in der Wendung:* sich die Zeit mit etwas vertreiben = etwas tun, damit die Zeit (schneller) vergeht; sich mit etwas beschäftigen *(Um sich die Zeit zu vertreiben, begann das Kind, die Autos zu zählen.)*

verzollen = für etwas Zoll bezahlen; *siehe:* Zollbeamter *(Bestimmte Waren müssen an der Grenze verzollt werden.)*

vorweisen = vorzeigen; einer offiziellen Person ein Dokument zeigen *(Am Eingang musste jeder Besucher die offizielle Einladung vorweisen.)*

vorziehen = etwas lieber machen als etwas anderes; bevorzugen *(Ziehen Sie Wein oder Bier vor? Er zog dem Fernsehabend einen Theaterbesuch vor.)*

zelten = in einem Zelt wohnen; *siehe:* Zelt *(Meistens zelteten die Touristen auf Campingplätzen.)*

––––––––

eAbwechslung = andere, neue Erlebnisse, Eindrücke *(Wenn man lange Zeit das Gleiche machen muss, sehnt man sich nach Abwechslung.)*

rAlltagsstress = tägliche Belastung von Körper und Seele durch Arbeit, Probleme, Nervosität

Anhalter; *in der Wendung:* per Anhalter fahren = trampen; per Autostopp fahren; Autos anhalten, um sich mitnehmen zu lassen

ausfindig; *in der Wendung:* ausfindig machen = lange suchen und schließlich finden *(Zuerst müssen wir seine neue Adresse ausfindig machen.)*

rBummel, - = Spaziergang ohne bestimmtes Ziel in einer Stadt

rEinheimische, -n = jemand, der an einem bestimmten Ort oder in einem bestimmten Land geboren ist und dort lebt

geselliger Abend = fröhlicher, unterhaltsamer Abend, den man in einer Gemeinschaft verbringt gestresst = unter Stress leidend; *siehe:* Alltagsstress

eHalbpension = Übernachtung in einem Hotel mit Frühstück und einer warmen Mahlzeit (Ggs: Vollpension, die zwei warme Mahlzeiten umfasst)

eJugendherberge, -n = Haus, in dem Jugendliche, die auf Reisen sind, billig übernachten können

eKreuzfahrt, -en = Urlaubsseereise auf einem Luxusschiff, das von Hafen zu Hafen fährt

eMuße = freie Zeit und Ruhe, die man braucht, um sich mit etwas Schönem, Interessantem usw. zu beschäftigen

ePauschalreise, -n = Reise, die vom Reisebüro vermittelt wird; Pauschalreisen haben einen festen Preis (= *Pauschalpreis);* Fahrt, Hotel usw. werden nicht getrennt berechnet

ePension, -en = kleines preiswertes Hotel mit privater Atmosphäre

rSchaufensterbummel, - = Spaziergang in einer Geschäftsstraße einer Stadt, bei dem man die Auslagen der Geschäfte betrachtet

Spirituosen *(Pl.)* = Getränke, die mindestens 20% Alkohol enthalten

eStätte, -n = Ort, Platz, der eine besondere Bedeutung hat

umfangreich = sehr groß

e'Unterbringung = *siehe:* unterbringen

e'Unterkunft, "e = Platz, Wohnung, wo man (als Gast) vorübergehend wohnen kann

verlockend = so schön, billig, gut usw., dass man nicht Nein sagen kann *(ein verlockendes Angebot, eine verlockende Einladung)*

verlängert; *in der Wendung:* verlängertes Wochenende = Wochenende mit zusätzlichen Feiertagen oder arbeitsfreien Tagen

eVerpflegung = Essen und Trinken, das der (Hotel-)Gast bekommt

eWechselstube, -n = Stelle, wo man Geld in eine andere Währung umtauschen kann

zeitgenössisch = modern; in der Gegenwart lebend, existierend

rZeitvertreib = Beschäftigung, bei der die Zeit (angenehm) vergeht

sZelt, -e = hausähnliche Konstruktion aus Stangen und Stoff; man kann dieses „Haus" schnell aufstellen und wieder abbauen (z.B. bei Reisen, auf einem Campingplatz)

rZollbeamte, -n = Beamter an einer Grenze, der darauf achtet, dass nichts illegal über die Grenze gebracht wird

1.9 Sport

anfeuern = durch laute Zurufe, Schreien usw. einen Sportler antreiben; zu guten Leistungen ermutigen *(Obwohl die Fußballer lautstark angefeuert wurden, verloren sie das Spiel.)*

anlocken = zu sich locken; so schön, interessant usw. sein, dass jemand näher kommt *(Die Musik hatte viele Zuhörer angelockt.)*

antreten = zum Wettkampf* erscheinen *(Die deutschen Fußballer traten gegen Brasilien an.)*

ausscheiden = an einem Spiel oder Wettkampf* nicht mehr teilnehmen können *(Nach einem Sturz schied der Radrennfahrer aus.)*

ausweichen = sich schnell seitwärts bewegen, um von etwas nicht getroffen zu werden *(Der Polizist wich dem Schlag des Gangsters aus.)*

bewältigen = mit etwas Schwierigem fertig werden; schaffen *(Sie bewältigt alle Probleme mit Charme und Geduld.)*

einholen = jemandem nachlaufen, nachfahren, nachschwimmen usw. und ihn erreichen *(Er lief so schnell, dass wir ihn nicht einholen konnten.)*

erringen = durch Anstrengung, Kampf usw. etwas für sich bekommen; etwas erkämpfen *(Der bulgarische Gewichtheber errang den ersten Platz.)*

jubeln = sich sehr laut freuen; vor Begeisterung laut rufen *(Die Zuschauer jubelten über den Olympiasieg ihres Sportlers.)*

klatschen; *in der Wendung:* Beifall* klatschen = die Hände immer wieder gegeneinander schlagen, um zu zeigen, dass einem etwas gefallen hat; applaudieren *(Die Zuschauer klatschten minutenlang Beifall.)*

strömen = sich in Massen in eine bestimmte Richtung bewegen *(Die Massen strömten zum Fußballstadion.)*

über'holen = jemanden einholen und durch höhere Geschwindigkeit an ihm vorbeilaufen, vorbeifahren usw. *(Wann darf ein Autofahrer ein anderes Fahrzeug rechts überholen?)*

über'treffen = über etwas hinausgehen; größer, besser sein als jemand/etwas anderes *(Das Ergebnis übertraf die Erwartungen des Trainers.)*

verdienen = *hier:* zu Recht etwas bekommen *(Unsere Mannschaft hat so gut gespielt, dass sie den Sieg verdient hat.)*

verfehlen = nicht treffen, nicht ganz erreichen *(Der Ball verfehlte das Tor um einen Meter.)*

verfolgen = *hier:* die Entwicklung, den Verlauf, ein Geschehen aufmerksam beobachten *(Gespannt verfolgten die Studenten die Diskussion.)*

verteidigen, den Vorsprung = den Vorsprung* halten; mit Erfolg versuchen, den Vorsprung nicht zu verlieren *(Der Läufer verteidigte seinen Vorsprung bis zum Ziel.)*

werfen; *in der Wendung:* das Handtuch werfen = den Kampf aufgeben (beim Boxen) *(In der achten Runde warf der Boxer das Handtuch.)*

------

rAmateur, -e = jemand, für den Sport ein Hobby ist

rAnhänger, - = *hier:* jemand, für den ein Sportverein das Wichtigste im Leben ist; der den Verein bei allen Sportveranstaltungen begleitet

rBeifall = Applaus; Zustimmung durch Händeklatschen, lautes Rufen

eFachwelt = alle Fachleute zusammen

rFechter, - = jemand, der ficht; zu *fechten* = mit Degen, Florett oder Säbel kämpfen

hervorragend = sehr gut *(ein hervorragender Wissenschaftler/Kommentar/Sportler)*

eNiederlage, -n = Ggs: Sieg *(Unser Klub hat eine schwere Niederlage erlitten.)*

rProfi, -s = jemand, für den Sport ein Beruf ist; Berufssportler

rRinger, - = Schwerathlet, der im Kampf versucht, seinen Gegner auf die Schultern zu legen

rSchiedsrichter, - = Leiter eines (Fuß-)Ballspiels

rSchütze, -n = jemand, der schießt

rSportverband, ⸚e = Organisation, die aus vielen Sportvereinen besteht und die das Ziel hat, gemeinsame Interessen durchzusetzen

rTSV = Abkürzung für *Turn- und Sportverein*

rTurner, - = Sportler, der an besonderen Geräten (Reck, Ringe, Bodenmatten usw.) Sport treibt

überlegen sein (an + Dat.) = besser sein als andere (an Intelligenz, Schnelligkeit, Stärke usw.) *(Der Boxer war seinem Gegner an Schnelligkeit weit überlegen.)*

überwältigend = sehr groß, deutlich *(eine überwältigende Zahl, mit überwältigender Mehrheit)*

sUnentschieden, - = Ergebnis, bei dem es weder Sieger noch Verlierer gibt (z.B. 2 : 2)

rVorsprung = Abstand vor einem Verfolger *(Im Ziel betrug sein Vorsprung zwei Meter.)*

rWettbewerb, -e = Veranstaltung, an der man teilnimmt, um besser als alle anderen zu sein (z.B. sportliche, musikalische Wettbewerbe)

rWettkampf, ⸚e = im Sport: Kampf um die beste Leistung

Zuschauerkrawalle *(Pl.)* = Tumult, Tätlichkeiten, ungesetzliche Handlungen der Zuschauer (z.B. Werfen von Steinen, Flaschen)

Bildung und Ausbildung

2.1 Sprachenlernen

Hans	lernen (Präs.)	Italienisch	Abendkurse
unser Nachbar	fließend sprechen	↓	
↓	beherrschen*	mehrere Fremdsprachen	
↓	können, sich verständigen*	↓	
alt, Dame	↓	Spanisch	
↓	pflegen*	Spanischkenntnisse	
Ingenieur	erweitern	↓	
Studentin	↓	Wortschatz	
↓	sich einprägen*	Briefformulierungen	
Kursteilnehmer (Pl.)	üben	↓	
↓	bilden	Sätze	
Schülerin	'umformen	↓↑	
↓	ergänzen*	Adjektivendungen	
Pedro	Probleme haben	↓	
viele	↓	Rechtschreibung	
Ausländer	sich vertraut* machen	↓	
ich	↓	grammatikalisch, Regeln	
↓	verstehen	gesprochen, Sprache	
geschrieben, Sprache	sich unterscheiden	↓	
Lehrbücher	↓	Ansprüche*	
↓	enthalten	Texte + Übungen	
Satz	↓	unbekannt, Wort	
Schüler	buchstabieren	↓↑	
↓	nachschlagen*	Ausdruck	Wörterbuch
↓	übersetzen	↓	Muttersprache
Dolmetscher*	↓	Rede	Englisch ⇒ Deutsch
↓	zusammenfassen*	↓	wenig, Worte
Schüler (Pl.)	↓	Artikel	200 Wörter
↓	schreiben	Diktat	↓
Lehrer	↓	Sprichwort*	Tafel
↓	erklären	Redewendung*	Beispiel
↓	um'schreiben*	↓	andere Worte

Hans lernt Italienisch in Abendkursen / lernt in Abendkursen Italienisch.

Unser Nachbar spricht fließend Italienisch.

Unser Nachbar beherrscht mehrere Fremdsprachen.

Unser Nachbar kann sich in mehreren Fremdsprachen verständigen.

Die alte Dame kann sich auf/in Spanisch verständigen.

Die alte Dame pflegt ihre Spanischkenntnisse.

Der Ingenieur erweitert seine Spanischkenntnisse.

Die Studentin erweitert ihren Wortschatz.

Die Studentin prägt sich Briefformulierungen ein.

Die Kursteilnehmer üben Briefformulierungen.

Die Kursteilnehmer bilden Sätze.

Die Schülerin formt die Sätze um.

Die Schülerin ergänzt die Adjektivendungen.

Pedro hat Probleme mit den Adjektivendungen.

Viele haben Probleme mit der Rechtschreibung.

Der Ausländer macht sich mit der Rechtschreibung vertraut.

Ich mache mich mit den grammatikalischen Regeln vertraut.

Ich verstehe die gesprochene Sprache.

Die geschriebene Sprache unterscheidet sich von der gesprochenen Sprache.

Die Lehrbücher unterscheiden sich nach/in ihren Ansprüchen.

Die Lehrbücher enthalten Texte und Übungen.

Der Satz enthält ein unbekanntes Wort.

Der Schüler buchstabiert das unbekannte Wort.

Der Schüler schlägt den Ausdruck im Wörterbuch nach.

Der Schüler übersetzt den Ausdruck in seine Muttersprache.

Der Dolmetscher übersetzt die Rede aus dem Englischen ins Deutsche.

Der Dolmetscher fasst die Rede in/mit wenigen Worten zusammen.

Die Schüler fassen den Artikel in zweihundert Wörtern zusammen.

Die Schüler schreiben ein Diktat mit/von zweihundert Wörtern.

Der Lehrer schreibt das Sprichwort an die Tafel.

Der Lehrer erklärt die Redewendung an einem Beispiel.

Der Lehrer umschreibt die Redewendung mit anderen Worten.

2.2 Schule

Kinder	schulpflichtig* sein *(Präs.)*	*ab sechs Jahren*
↓	können besuchen	*verschieden, Schulen*
↓	↓ wählen	*verschieden, Schultypen*
↓	lernen	*verschieden, Fächer*
↓	unter'richten *(P)*	*zwölf Fächer*
Schüler *(Pl.)*	↓	*fünf- oder sechsmal wöchentlich*
↓	zur Schule gehen	*fünf oder sechs Tage*
↓	treten	Klassenzimmer
Lehrer	betreten	↓
↓	über'prüfen* *(Prät.)*	Hausaufgaben
↓	aufgeben*	Stoff *(Lektion XIII)*
Lehrerin	abfragen*	↓
↓	kontrollieren	Heft
Schüler	aufschlagen*	↓
Stefan	↓	Atlas
↓	blättern*	↓
↓	gelten* *(Präs.)*	*Musterschüler**
Carola	↓	*begabt*, Schülerin*
↓	haben	*ausgezeichnet, Zeugnis*
↓	aufrufen *(P)*	Religionslehrer
Schülerin	antworten	↓
↓	↓ *(Prät.)*	Fragen (Lehrer)
Gymnasiast	beantworten	↓
↓	sich Zeit nehmen	Lösung (Matheaufgabe)
↓	nachdenken	↓
Pädagogen	↓	*Änderung (Lehrplan*)*
↓	entwickeln	*neu, Methode*
Fachlehrer	erproben	↓↑
↓	prüfen *(Präs.)*	Schüler *(Pl.)*
↓	bewerten*	Leistungen (Schüler, *Pl.*)
Englischlehrerin	↓	Grammatiktest
↓	korrigieren	↓
↓	achten	Aussprache (Schüler, *Pl.*)
Klassenlehrer	↓	*gut, Betragen**
↓	benoten *(Prät.)*	Diktat
↓	besprechen*	Aufsätze

Die Kinder sind ab sechs Jahren schulpflichtig.

Die Kinder können verschiedene Schulen besuchen.

Die Kinder können zwischen/unter verschiedenen Schultypen wählen.

Die Kinder lernen verschiedene Fächer.

Die Kinder werden in zwölf Fächern unterrichtet.

Die Schüler werden fünf- oder sechsmal wöchentlich unterrichtet.

Die Schüler gehen an fünf oder sechs Tagen zur Schule.

Die Schüler treten in das / ins Klassenzimmer.

Der Lehrer betritt das Klassenzimmer.

Der Lehrer überprüfte die Hausaufgaben.

Der Lehrer gab den Stoff von Lektion dreizehn auf.

Die Lehrerin fragte den Stoff von Lektion dreizehn ab.

Die Lehrerin kontrollierte das Heft.

Der Schüler schlug das Heft auf.

Stefan schlug den Atlas auf.

Stefan blätterte im Atlas.

Stefan gilt als Musterschüler.

Carola gilt als (eine) begabte Schülerin.

Carola hat ein ausgezeichnetes Zeugnis.

Carola wird vom Religionslehrer aufgerufen.

Die Schülerin antwortet dem Religionslehrer.

Die Schülerin antwortete auf die Fragen des Lehrers.

Der Gymnasiast beantwortete die Fragen des Lehrers.

Der Gymnasiast nahm sich Zeit für die Lösung der Matheaufgabe.

Der Gymnasiast dachte über die Lösung der Matheaufgabe nach.

Die Pädagogen dachten über eine Änderung des Lehrplans nach.

Die Pädagogen entwickelten eine neue Methode.

Der Fachlehrer erprobte die neue Methode.

Der Fachlehrer prüft die Schüler.

Der Fachlehrer bewertet die Leistungen der Schüler.

Die Englischlehrerin bewertet den Grammatiktest.

Die Englischlehrerin korrigiert den Grammatiktest.

Die Englischlehrerin achtet auf die Aussprache der Schüler.

Der Klassenlehrer achtet auf gutes Betragen.

Der Klassenlehrer benotete das Diktat.

Der Klassenlehrer besprach die Aufsätze.

Schüler	eintragen (Präs.)	Sätze	Vokabelheft*
↓	verbinden	↓	Konjunktionen
↓	schreiben	Wort	Großbuchstaben
↓	suchen	Ort	Landkarte
Erdkundelehrer	zeigen	↓	Europakarte
↓	↓	Schüler (Pl.)	Dias; Japanreise
Mathelehrer	erklären	↓	Formel
Lehrerin	unter'richten	↓	Französisch
↓	vorlesen	↓	Gedichte
Lehrer (Pl.)	geben	↓	Zensuren
↓	vermitteln*	↓	Allgemeinbildung
Klassenlehrerin	ermahnen*	↓	größer, Fleiß
↓	erwarten	↓	↓
Eltern	↓	Lehrer (Pl.)	Fachkompetenz*
↓	danken	↓	Engagement
↓	sich erkundigen	Lehrerin	Zusatzunterricht*
Student	geben	Schüler	↓
↓	↓	Nachhilfe; Physik + Mathematik	
Schülerin	angewiesen* sein	↓	
↓	sein	7. Klasse	
Schüler	besuchen	↓	
↓	sich vorbereiten	Unterricht	
↓(Pl.)	sich beteiligen	↓	
↓	aufpassen	↓	
↓	mitschreiben	↓	
manche Schüler	mitkommen* (/)	↓	
↓	fehlen	↓	
Deutschlehrerin	vorbereiten	↓	
↓	behandeln*	„Faust"* (Goethe)	
↓	'durchnehmen	Barocklyrik	
↓	gehören	beliebtest-, Lehrerinnen	
↓	sein	↓	
Informatik	↓	beliebt, Wahlfach	
↓	unter'richten (P)	Gymnasien	
Schüler (Pl.)	↓ (P)	zwei Fremdsprachen	
↓	↓ (P)	auch, ausländisch, Lehrkräfte*	

Der Schüler trägt die Sätze ins / in das Vokabelheft ein.

Der Schüler verbindet die Sätze mit Konjunktionen.

Der Schüler schreibt das Wort in/mit Großbuchstaben.

Der Schüler sucht den Ort auf der Landkarte.

Der Erdkundelehrer zeigt den Ort auf einer Europakarte.

Der Erdkundelehrer zeigt den Schülern Dias von einer Japanreise.

Der Mathelehrer erklärt den Schülern eine Formel.

Die Lehrerin unterrichtet die Schüler in Französisch.

Die Lehrerin liest den Schülern Gedichte vor.

Die Lehrer geben den Schülern Zensuren.

Die Lehrer vermitteln den Schülern (eine) Allgemeinbildung.

Die Klassenlehrerin ermahnt die Schüler zu größerem Fleiß.

Die Klassenlehrerin erwartet von den Schülern größeren Fleiß.

Die Eltern erwarten von den Lehrern Fachkompetenz.

Die Eltern danken den Lehrern für ihr Engagement.

Die Eltern erkundigen sich bei der Lehrerin nach Zusatzunterricht.

Der Student gibt dem Schüler Zusatzunterricht.

Der Student gibt Nachhilfe in Physik und Mathematik.

Die Schülerin ist auf Nachhilfe in Physik und Mathematik angewiesen.

Die Schülerin ist in der sieb(en)ten Klasse.

Der Schüler besucht die sieb(en)te Klasse.

Der Schüler bereitet sich auf den Unterricht vor.

Die Schüler beteiligen sich am Unterricht.

Die Schüler passen im Unterricht auf.

Die Schüler schreiben im Unterricht mit.

Manche Schüler kommen im Unterricht nicht mit.

Manche Schüler fehlen im Unterricht.

Die Deutschlehrerin bereitet den Unterricht vor.

Die Deutschlehrerin behandelt Goethes „Faust".

Die Deutschlehrerin nimmt Barocklyrik durch.

Die Deutschlehrerin gehört zu den beliebtesten Lehrerinnen.

Die Deutschlehrerin ist die beliebteste Lehrerin / eine der beliebtesten Lehrerinnen.

Informatik ist ein beliebtes Wahlfach.

Informatik wird an Gymnasien unterrichtet.

Die Schüler werden in zwei Fremdsprachen unterrichtet.

Die Schüler werden auch von ausländischen Lehrkräften unterrichtet.

2.3 Arbeit und Beruf

Mädchen	wollen werden *(Präs.)*	berühmt, Filmschauspielerin
Moritz	↓	Tischler
↓	eine Lehre machen	bei, ↓
↓	erlernen	Handwerk
Barbara	↓	praktisch, Beruf
↓	sich eignen*	dieser Beruf
manche	wollen ergreifen*	↓
↓	ablegen*	Meisterprüfung
↓	sich selbstständig machen	nach, Ausbildung
Markus	↓ *(Prät.)*	mit, 32 Jahre
↓	eröffnen	Architekturbüro
↓	arbeiten *(Präs.)*	frei, Architekt
↓	von Beruf sein	↓
Isabel	↓	Bankkauffrau
↓	erfolgreich sein	Beruf
Herr Horn	↓	Rechtsanwalt
↓	Karriere machen	↓
Karl	werden	↓
↓	einschlagen*	juristisch, Laufbahn*
↓	sich entscheiden *(Perf.)*	↓
Thomas	↓	Tätigkeit; Staat
↓	sich bewerben	Ausbildungsplatz
Gisela	↓ *(Prät.)*	Stelle; Sekretärin
↓	annehmen	↓
Hanna	suchen *(Präs.)*	↓; Arzthelferin
↓	↓	Halbtagsbeschäftigung
Ferdinand	↓ *(Prät.)*	abwechslungsreich, Tätigkeit
↓	ein Inserat aufgeben	Süddeutsche Zeitung
↓	sich vorstellen	verschieden, Betriebe
↓	in Aussicht* haben	Teilzeitbeschäftigung
↓	lesen	Stellenanzeigen
Gymnasiast	↓ *(Präs.)*	Stellenangebote
↓	auf der Suche sein	Ferienjob
↓	schreiben	Lebenslauf*
↓	einreichen*	Bewerbungsunterlagen*
↓	verschicken* *(Prät.)*	zahlreich, Bewerbungen

Das Mädchen will eine berühmte Filmschauspielerin werden.

Moritz will (ein) Tischler werden.

Moritz macht eine Lehre bei einem Tischler.

Moritz erlernt ein Handwerk.

Barbara erlernt einen praktischen Beruf.

Barbara eignet sich für diesen Beruf.

Manche wollen diesen Beruf ergreifen.

Manche legen die Meisterprüfung ab.

Manche machen sich nach der Ausbildung selbstständig.

Markus machte sich mit 32 Jahren selbstständig.

Markus eröffnete ein Architekturbüro.

Markus arbeitet als freier Architekt.

Markus ist von Beruf freier Architekt / ist freier Architekt von Beruf.

Isabel ist von Beruf Bankkauffrau / ist Bankkauffrau von Beruf.

Isabel ist erfolgreich in ihrem Beruf / ist in ihrem Beruf erfolgreich.

Herr Horn ist als Rechtsanwalt erfolgreich.

Herr Horn macht Karriere als Rechtsanwalt / macht als Rechtsanwalt Karriere.

Karl wird Rechtsanwalt.

Karl schlägt die juristische Laufbahn ein.

Karl hat sich für die juristische Laufbahn entschieden.

Thomas hat sich für eine Tätigkeit beim Staat entschieden.

Thomas hat sich um einen Ausbildungsplatz beworben.

Gisela bewarb sich um eine Stelle als Sekretärin.

Gisela nahm eine Stelle als Sekretärin an.

Hanna sucht (sich) eine Stelle als Arzthelferin.

Hanna sucht eine Halbtagsbeschäftigung.

Ferdinand suchte eine abwechslungsreiche Tätigkeit.

Ferdinand gab ein Inserat in der Süddeutschen Zeitung auf / gab in … ein Inserat auf.

Ferdinand stellte sich in/bei verschiedenen Betrieben vor.

Ferdinand hatte eine Teilzeitbeschäftigung in Aussicht.

Ferdinand las die Stellenanzeigen.

Der Gymnasiast liest die Stellenangebote.

Der Gymnasiast ist auf der Suche nach einem Ferienjob.

Der Gymnasiast schreibt seinen Lebenslauf.

Der Gymnasiast reicht die Bewerbungsunterlagen ein.

Der Gymnasiast verschickte zahlreiche Bewerbungen.

Firma	erhalten *(Prät.)*	Bewerbungen; ganz Europa	
↓	angewiesen* sein *(Präs.)*	geschult*, Personal	
↓	klagen	Mangel*; Fachkräfte	
↓	ausschreiben*	offen, Stellen	
Arbeitsamt	bekanntgeben	↓	
↓	bezahlen	Umschulungen*	
↓	geben	fachmännisch, Rat	
↓	beraten	Arbeitslose *(Pl.)*	
Betrieb	beschäftigen	↓	
↓	ausbilden	Feinmechaniker *(Pl.)*	
↓	einführen* *(Perf.)*	Schichtarbeit*	
↓	arbeiten *(Präs.)*	drei Schichten	
↓	kündigen* *(Prät.)*	Drittel (Belegschaft*)	
↓	entlassen	↓	
Arbeiter	↓ *(P)*	nach, 3 Jahre	
Lehrzeit	enden *(Präs.)*	↓	
↓	abschließen *(=P)*	↓	
↓	dauern	drei Jahre	
Bewerber	sich verpflichten*	↓	
↓	Interesse haben	Fortbildungskurse	
Betrieb	'durchführen	↓	
Berufstätige *(Pl.)*	teilnehmen	↓	
↓	nachholen*	Abitur	
↓ ↑	sich wenden	Berufsberater	
Frau Kaiser	↓ *(Prät.)*	Arbeitsamt	Halbtagsstelle
↓	sich erkundigen	↓	↓
Bewerberin	↓	↓	beruflich, Aussichten
↓	fragen	Personalchef	Verdienst
Bewerber	bitten	↓	Gesprächstermin
↓	vereinbaren	↓	↓
Personalchef	vorschlagen	Bewerber	↓
↓	einladen	↓	Vorstellungsgespräch
↓	fragen	↓	beruflich, Werdegang*
↓	↓	Bewerberin	Gehaltsvorstellungen*
↓	besprechen	↓	Arbeitsbedingungen
↓	sich einigen*	↓	Arbeitszeit

Die Firma erhielt Bewerbungen aus ganz Europa.

Die Firma ist auf geschultes Personal angewiesen.

Die Firma klagt über (einen) Mangel an Fachkräften.

Die Firma schreibt offene Stellen aus.

Das Arbeitsamt gibt offene Stellen bekannt.

Das Arbeitsamt bezahlt Umschulungen.

Das Arbeitsamt gibt fachmännischen Rat.

Das Arbeitsamt berät Arbeitslose.

Der Betrieb beschäftigt Arbeitslose.

Der Betrieb bildet Feinmechaniker aus.

Der Betrieb hat Schichtarbeit eingeführt.

Der Betrieb arbeitet in drei Schichten.

Der Betrieb kündigte einem Drittel der Belegschaft.

Der Betrieb entließ ein Drittel der Belegschaft.

Der Arbeiter wurde nach drei Jahren entlassen.

Die Lehrzeit endet nach drei Jahren.

Die Lehrzeit ist nach drei Jahren abgeschlossen.

Die Lehrzeit dauert drei Jahre.

Der Bewerber verpflichtet sich für drei Jahre.

Der Bewerber hat Interesse an Fortbildungskursen.

Der Betrieb führt Fortbildungskurse durch.

Die Berufstätigen nehmen an Fortbildungskursen teil.

Die Berufstätigen holen das Abitur nach.

Berufstätige wenden sich an einen Berufsberater.

Frau Kaiser wandte sich an das Arbeitsamt wegen einer Halbtagsstelle.

Frau Kaiser erkundigte sich beim Arbeitsamt nach einer Halbtagsstelle.

Die Bewerberin erkundigte sich beim Arbeitsamt nach ihren beruflichen Aussichten.

Die Bewerberin fragte den Personalchef nach ihrem/dem Verdienst.

Der Bewerber bat den Personalchef um einen Gesprächstermin.

Der Bewerber vereinbarte mit dem Personalchef einen Gesprächstermin.

Der Personalchef schlug dem Bewerber einen Gesprächstermin vor.

Der Personalchef lud den Bewerber zu einem Vorstellungsgespräch ein.

Der Personalchef fragte den Bewerber nach seinem beruflichen Werdegang.

Der Personalchef fragte die Bewerberin nach ihren Gehaltsvorstellungen.

Der Personalchef besprach mit der Bewerberin die Arbeitsbedingungen.

Der Personalchef einigte sich mit der Bewerberin auf/über die Arbeitszeit.

Student	abschließen (Präs.)	Firma	befristet*, Vertrag
↓	erwarten	↓	gut, Stundenlohn
Unternehmen	bezahlen	Studentin	↓
↓	↓	Arbeiter	1850 Euro
Lohn*	betragen*	monatlich	↓
↓	reichen	Lebensunterhalt*	
↓	sich erhöhen	3,2 %	
Gehalt*	↓	2300,– => 2400,– € netto	
↓	anpassen* (P)	Inflationsrate*	
↓	entsprechen*	Qualifikation (rAngestellte)	
Tätigkeit	↓	Interessen	
Firma	berücksichtigen*	↓	
↓	einstellen (Prät.)	Behinderte* (Pl.)	
rBeamte	↓ (P)	zum 1.6.*	
↓	versetzen* (P)	Ruhestand*	
Herr Scholz	↓	Bremen	
↓	aufnehmen*	neu, Tätigkeit	
↓	in Anspruch* nehmen (P)	↓	
↓	über'nehmen	Posten (Vorgänger*)	
↓	bitten (P)	Überstunden machen	
↓	befördern* (P)	Abteilungsleiter	
Herr Lang	ernennen (P)	↓	
↓	leiten (Präs.)	Auslandsstelle	
↓	verfügen*	langjährig, Berufserfahrung	
↓	in Rente gehen	65 Jahre	
Beamte (Pl.)	in Pension* gehen	↓	
↓	angestellt sein	Staat	
Frau Schön	↓ (Prät.)	Verkäuferin	
↓	berufstätig sein	seit, 18. Lebensjahr	
↓	erwerbstätig* sein	bis, hohes Alter	
↓	kündigen*	Stelle	
↓	aufgeben	alt, Beruf	
↓	an den Nagel* hängen	↓	
Frau Eberle	arbeiten (Präs.)	↓	
↓	nebenberuflich ↓	Kosmetikerin	
↓	Feierabend* machen	16.30 Uhr	

Der Student schließt mit der Firma einen befristeten Vertrag ab.

Der Student erwartet von der Firma einen guten Stundenlohn.

Das Unternehmen bezahlt der Studentin einen guten Stundenlohn.

Das Unternehmen bezahlt dem Arbeiter 1850 Euro.

Der Lohn beträgt monatlich 1850 Euro.

Der Lohn reicht für den Lebensunterhalt.

Der Lohn erhöht sich um drei Komma zwei Prozent.

Das Gehalt erhöht sich von 2300 auf 2400 Euro netto.

Das Gehalt wird der Inflationsrate angepasst.

Das Gehalt entspricht der Qualifikation eines Angestellten.

Die Tätigkeit entspricht seinen Interessen.

Die Firma berücksichtigt seine Interessen.

Die Firma stellte Behinderte ein.

Der Beamte wurde zum ersten Sechsten eingestellt.

Der Beamte wurde in den Ruhestand versetzt.

Herr Scholz wurde nach Bremen versetzt.

Herr Scholz nahm seine neue Tätigkeit auf.

Herr Scholz wurde von seiner neuen Tätigkeit in Anspruch genommen.

Herr Scholz übernahm den Posten seines Vorgängers.

Herr Scholz wurde gebeten Überstunden zu machen.

Herr Scholz wurde zum Abteilungsleiter befördert.

Herr Lang wurde zum Abteilungsleiter ernannt.

Herr Lang leitet die Auslandsstelle.

Herr Lang verfügt über (eine) langjährige Berufserfahrung.

Herr Lang geht mit 65 Jahren in Rente.

Beamte gehen mit 65 Jahren in Pension.

Beamte sind beim Staat angestellt.

Frau Schön war als Verkäuferin angestellt.

Frau Schön war seit ihrem/dem achtzehnten Lebensjahr berufstätig.

Frau Schön war bis ins hohe Alter erwerbstätig.

Frau Schön kündigte ihre Stelle.

Frau Schön gab ihren alten Beruf auf.

Frau Schön hängte ihren alten Beruf an den Nagel.

Frau Eberle arbeitet in ihrem alten Beruf.

Frau Eberle arbeitet nebenberuflich als Kosmetikerin.

Frau Eberle macht um 16 Uhr 30 Feierabend.

2.4 Universität

Abitur	berechtigen *(Präs.)*	Studium
↓	eine Voraussetzung* sein	↓
viel, Abiturienten	sich entscheiden	↓↑
Student	↓ *(Prät.)*	*Auslandsstudium*
↓	sich informieren	↓
Studenten	↓	*Studienberater*
↓	in Anspruch* nehmen	Berufsberatung
↓	sich wenden	↓
ausländisch, Studenten	↓ *(Präs.)*	DAAD*
Stipendien	vergeben* *(P)*	↓
↓	zur Verfügung* stellen *(P)*	*ausländisch, Studenten*
↓	zur Verfügung* stehen	↓
Studienberatung	↓	*alle Studenten*
↓	informieren	Aufbau (jeweilig, Studiengang)
Studienberater	↓	Berufsaussichten; *für, Studenten*
Studentenheim	↓	*Wohnplätze*
Studienbewerber *(Pl.)*	sich erkundigen	↓; Studentenheim
↓	↓	*Stipendium*
↓	Aussichten* haben	↓
↓	vorlegen*	Bildungsabschlüsse*
Hochschulen	müssen anerkennen	↓
↓	verlangen	*ausreichend, Deutschkenntnisse*
ausländisch, Student	müssen nachweisen	↓
viele	verfügen*	↓
Studium	voraussetzen*	↓
Sprachkurs	vermitteln*	↓
Deutschkenntnisse	↓ *(P)*	*Sprachkurse*
Universität	'durchführen	↓
Hochschule	↓	*Studienkolleg**
koreanisch, Studentin	besuchen *(Prät.)*	↓↑
↓	teilnehmen	*Deutschkurs*
↓	aufnehmen*	Studium
norwegisch, Student	zulassen* *(P)*	↓
↓	bekommen	*Studienplatz*
Abiturient	sich bewerben	↓
↓	sich immatrikulieren*	Universität

Das Abitur berechtigt zum Studium.

Das Abitur ist eine Voraussetzung für das / zum Studium.

Viele Abiturienten entscheiden sich für ein Studium.

Der Student entschied sich für ein Auslandsstudium.

Der Student informierte sich über ein Auslandsstudium.

Die Studenten informierten sich bei einem Studienberater.

Die Studenten nahmen die Berufsberatung in Anspruch.

Die Studenten wandten sich an die Berufsberatung.

Ausländische Studenten wenden sich an den DAAD.

Stipendien werden vom DAAD vergeben.

Stipendien werden ausländischen Studenten zur Verfügung gestellt.

Stipendien stehen ausländischen Studenten zur Verfügung.

Die Studienberatung steht allen Studenten zur Verfügung.

Die Studienberatung informiert über den Aufbau des jeweiligen Studiengangs.

Der Studienberater informiert über die Berufsaussichten für Studenten.

Das Studentenheim informiert über Wohnplätze.

Die Studienbewerber erkundigen sich nach Wohnplätzen im Studentenheim.

Die Studienbewerber erkundigen sich nach einem Stipendium.

Die Studienbewerber haben Aussichten auf ein Stipendium.

Die Studienbewerber legen ihre Bildungsabschlüsse vor.

Die Hochschulen müssen die Bildungsabschlüsse anerkennen.

Die Hochschulen verlangen ausreichende Deutschkenntnisse.

Ein ausländischer Student muss ausreichende Deutschkenntnisse nachweisen.

Viele verfügen über ausreichende Deutschkenntnisse.

Das Studium setzt ausreichende Deutschkenntnisse voraus.

Der Sprachkurs vermittelt ausreichende Deutschkenntnisse.

Deutschkenntnisse werden in Sprachkursen vermittelt.

Die Universität führt Sprachkurse durch.

Die Hochschule führt ein Studienkolleg durch.

Die koreanische Studentin besuchte das Studienkolleg.

Die koreanische Studentin nahm an einem Deutschkurs teil.

Die koreanische Studentin nahm das Studium auf.

Der norwegische Student wurde zum Studium zugelassen.

Der norwegische Student bekam einen Studienplatz.

Der Abiturient bewarb sich um einen Studienplatz.

Der Abiturient immatrikulierte sich an der Universität.

Abiturientin	sich interessieren *(Präs.)*	*Geisteswissenschaften**
Abiturient	↓	*Naturwissenschaften*
↓	sich einschreiben *(Prät.)*	technische Hochschule
Student	studieren	↓
Mädchen	↓	Hauptfach* · · · · · · · · · *Germanistik*
↓	↓	philosophisch, Fakultät
↓	belegen*	*Vorlesungen*
↓	beantragen*	*Stipendium*
Student	einen Antrag stellen	↓
Studentin	erhalten	↓
↓	unter'brechen	Studium
Doktorand*	abschließen	↓ · · · · · · · · · Promotion
mancher	abbrechen *(Präs.)*	↓
jung, Mann	finanzieren *(Prät.)*	↓ · · · · · · · · · *Jobs*
↓	sich beklagen	hoch, Lebenshaltungskosten*
↓	arbeiten	*Werkstudent**
viel, Studenten	↓ *(Präs.)*	Semesterferien
↓	leben	BAFÖG*
↓	angewiesen* sein	↓
Universitäten	↓	*öffentlich, Mittel* (Pl.)*
↓	anordnen	*Zulassungsbeschränkungen**
↓	beschränken	Zulassung*
Zulassung*	↓ *(P)*	Numerus clausus*
↓	↓ *(P)*	*nur, bestimmt, Fächer*
Numerus clausus*	gelten	↓
↓	kritisieren *(P)*	Studentenorganisationen
Hochschulen	diskutieren	mit, ↓
↓	einführen* *(Perf.)*	*Regelstudienzeiten*
viele	über'schreiten* *(Präs.)*	↓↑
Regelstudienzeit	↓ *(P)*	*viele*
↓	betragen*	*8–12 Semester*
Studiendauer	↓	*mehrere Jahre*
↓	verschieden sein	*von Fach zu Fach*
↓	sollen verkürzen *(P)*	*geeignet*, Maßnahmen**
Universitäten	sollen ergreifen*	↓
↓	fordern	Einführung *(Studiengebühren*)*

Die Abiturientin interessiert sich für Geisteswissenschaften.

Der Abiturient interessiert sich für Naturwissenschaften.

Der Abiturient schrieb sich an der technischen Hochschule ein.

Der Student studierte an der technischen Hochschule.

Das Mädchen studierte im Hauptfach Germanistik.

Das Mädchen studierte an der philosophischen Fakultät.

Das Mädchen belegte Vorlesungen.

Das Mädchen beantragte ein Stipendium.

Der Student stellte einen Antrag auf ein Stipendium.

Die Studentin erhielt ein Stipendium.

Die Studentin unterbrach das/ihr Studium.

Der Doktorand schloss das/sein Studium mit der Promotion ab.

Mancher bricht das/sein Studium ab.

Der junge Mann finanzierte (sich) das/sein Studium mit/durch Jobs.

Der junge Mann beklagte sich über die hohen Lebenshaltungskosten.

Der junge Mann arbeitete als Werkstudent.

Viele Studenten arbeiten in den Semesterferien.

Viele Studenten leben vom/von BAFÖG.

Viele Studenten sind auf (das) BAFÖG angewiesen.

Die Universitäten sind auf öffentliche Mittel angewiesen.

Die Universitäten ordnen Zulassungsbeschränkungen an.

Die Universitäten beschränken die Zulassung.

Die Zulassung wird durch den Numerus clausus beschränkt.

Die Zulassung wird nur in bestimmten Fächern beschränkt.

Der Numerus clausus gilt nur für bestimmte Fächer.

Der Numerus clausus wird von den Studentenorganisationen kritisiert.

Die Hochschulen diskutieren mit den Studentenorganisationen.

Die Hochschulen haben Regelstudienzeiten eingeführt.

Viele überschreiten die Regelstudienzeiten.

Die Regelstudienzeit wird von vielen überschritten.

Die Regelstudienzeit beträgt 8 bis 12 Semester.

Die Studiendauer beträgt mehrere Jahre.

Die Studiendauer ist von Fach zu Fach verschieden.

Die Studiendauer soll durch geeignete Maßnahmen verkürzt werden.

Die Universitäten sollen geeignete Maßnahmen ergreifen.

Die Universitäten fordern die Einführung von Studiengebühren.

Dozent*	Vorlesungen halten *(Präs.)*	*zeitgenössisch*, Architektur
↓	stellen	*hoch, Anforderungen*
↓	vorbereiten	Seminar
Studenten	sich Notizen* machen	↓
↓	benötigen	*Scheine*
↓	stehen	*Leistungsdruck*
↓	sich vorbereiten	Kolloquium*
Studentin	↓ *(Prät.)*	mündlich, Prüfung
↓	sich unterhalten	*Kommilitone*
↓	ableisten*	*sozialwissenschaftlich, Praktikum*
↓	sitzen	*Referat*
Psychologiestudent	↓	Diplomarbeit
↓	'umschreiben	↓
Assistent	↓ *(Präs.)*	Dissertation*
↓	wollen erwerben*	*akademisch, Grad*
↓	tippen	Doktorarbeit*
↓	abliefern*	↓
Student	↓ *(Prät.)*	Seminararbeit
Professor	'durchlesen	↓
↓	verlängern	Abgabefrist
Student	versäumen*	↓
↓	sich anmelden	Staatsexamen
Studentin	ablegen*	↓
↓	bestehen	Zwischenprüfung
↓	schaffen*	↓
einige	'durchfallen	↓
↓	wiederholen	gesamt, Prüfungsstoff
Skripten*	enthalten *(Präs.)*	↓
↓	erscheinen	Universitätsverlag
Skriptum*	herausgeben *(P)*	↓
↓	ausliegen*	juristisch, Fakultät
↓	sich eignen*	Vorbereitung; Klausuren*
Seminar	↓	*Studienanfänger (Pl.)*
↓	planen *(=P)*	kommend, Wintersemester
Einführungskurs	stattfinden	↓
Gastvorlesung*	↓	groß, Aula*

Der Dozent hält Vorlesungen über zeitgenössische Architektur.

Der Dozent stellt hohe Anforderungen.

Der Dozent bereitet das Seminar vor.

Die Studenten machen sich im Seminar Notizen.

Die Studenten benötigen Scheine.

Die Studenten stehen unter Leistungsdruck.

Die Studenten bereiten sich auf das Kolloquium vor.

Die Studentin bereitete sich auf die mündliche Prüfung vor.

Die Studentin unterhielt sich mit einem Kommilitonen.

Die Studentin leistete ein sozialwissenschaftliches Praktikum ab.

Die Studentin saß an/über einem Referat.

Der Psychologiestudent saß an seiner Diplomarbeit.

Der Psychologiestudent schrieb seine Diplomarbeit um.

Der Assistent schreibt seine Dissertation um.

Der Assistent will einen akademischen Grad erwerben.

Der Assistent tippt seine/die Doktorarbeit.

Der Assistent liefert seine/die Doktorarbeit ab.

Der Student lieferte seine Seminararbeit ab.

Der Professor las die Seminararbeit durch.

Der Professor verlängerte die Abgabefrist.

Der Student versäumte die Abgabefrist.

Der Student meldete sich zum Staatsexamen an.

Die Studentin legte das Staatsexamen ab.

Die Studentin bestand die Zwischenprüfung.

Die Studentin schaffte die Zwischenprüfung.

Einige fielen bei/in der Zwischenprüfung durch.

Einige wiederholten den gesamten Prüfungsstoff.

Die Skripten enthalten den gesamten Prüfungsstoff.

Die Skripten erscheinen im Universitätsverlag.

Das Skriptum wird vom/im Universitätsverlag herausgegeben.

Das Skriptum liegt in der juristischen Fakultät aus.

Das Skriptum eignet sich zur Vorbereitung auf die Klausuren.

Das Seminar eignet sich für Studienanfänger.

Das Seminar ist für das kommende Wintersemester geplant.

Der Einführungskurs findet im kommenden Wintersemester statt.

Die Gastvorlesung findet in der großen Aula statt.

Studenten	müssen, sich halten* *(Präs.)*	Prüfungsbestimmungen
Professor	erläutern*	↓
↓	↓ *(Prät.)*	Forschungsvorhaben
↓	einen Überblick geben	Fachgebiet
↓	innehaben*	Lehrstuhl*; *deutsche Geschichte*
↓	behandeln*	*Entwicklungen* (jüngste Geschichte)
↓	sich interessieren	Berufsziele (Studenten)
↓	berufen* *(P)*	Lehrstuhl*; *Physik*
rGelehrte*	↓ *(P)*	Universität Heidelberg
↓	erforschen* *(Präs.)*	Ursachen *(Krebs)*
↓	sich spezialisieren	Erforschung *(Krebsursachen)*
↓	sich widmen*	Lehre + Forschung*
↓	machen *(Prät.)*	*wichtig, Entdeckung*
↓	zusammenfassen*	Ergebnisse (Forschungen*)
Professorin	veröffentlichen	↓
↓	lehren*	Musikhochschule
Studentin	wechseln	↓
↓	↓	Studienfach
↓	streben* *(Präs.)*	*baldig, Studienabschluss*
↓	sich konzentrieren	Magisterarbeit*
↓	arbeiten	↓
Student	verfassen* *(Prät.)*	↓↑
Professor	↓	*Abhandlung*; Augendiagnostik**
Student	sich vertiefen	↓↑
↓	promovieren*	Fach *Medizin*
Jurastudent	↓	*Thema;* Völkerrecht
↓	benutzen *(Präs.)*	Bibliothek
↓	nachschlagen*	Katalog
Bibliothekar	ergänzen*	↓
Bibliothek	↓	Bestände*
↓	um'fassen*	*halbe Million, Bände*
↓	öffnen *(=P)*	*Werktage*, 20 Uhr
Mensa*	↓ *(P)*	auch, Semesterferien
↓	sich befinden	Universitätsgelände
Hörsaal 214*	↓	zweiter Stock
Dekanat*	↓	Hauptgebäude

Die Studenten müssen sich an die Prüfungsbestimmungen halten.

Der Professor erläutert die Prüfungsbestimmungen.

Der Professor erläuterte das/sein Forschungsvorhaben.

Der Professor gab einen Überblick über das/sein Fachgebiet.

Der Professor hatte den Lehrstuhl für deutsche Geschichte inne.

Der Professor behandelte Entwicklungen der jüngsten Geschichte.

Der Professor interessierte sich für die Berufsziele der Studenten.

Der Professor wurde an den Lehrstuhl für Physik berufen.

Der Gelehrte wurde an die Universität Heidelberg berufen.

Der Gelehrte erforscht die Ursachen von Krebs.

Der Gelehrte spezialisiert sich auf die Erforschung von Krebsursachen.

Der Gelehrte widmet sich der Lehre und (der) Forschung.

Der Gelehrte machte eine wichtige Entdeckung.

Der Gelehrte fasste die Ergebnisse seiner/der Forschungen zusammen.

Die Professorin veröffentlichte die Ergebnisse ihrer Forschungen.

Die Professorin lehrte an der Musikhochschule.

Die Studentin wechselte an die Musikhochschule.

Die Studentin wechselte das Studienfach.

Die Studentin strebt nach einem baldigen Studienabschluss.

Die Studentin konzentriert sich auf die/ihre Magisterarbeit.

Die Studentin arbeitet an ihrer/der Magisterarbeit.

Der Student verfasste eine Magisterarbeit.

Der Professor verfasste eine Abhandlung über Augendiagnostik.

Der Student vertiefte sich in die Abhandlung über Augendiagnostik.

Der Student promovierte im Fach Medizin.

Der Jurastudent promovierte über ein Thema aus dem Völkerrecht.

Der Jurastudent benutzt die Bibliothek.

Der Jurastudent schlägt im Katalog nach.

Der Bibliothekar ergänzt den Katalog.

Die Bibliothek ergänzt ihre/die Bestände.

Die Bibliothek umfasst eine halbe Million Bände.

Die Bibliothek ist an Werktagen bis zwanzig Uhr geöffnet.

Die Mensa ist auch in den / während der Semesterferien geöffnet.

Die Mensa befindet sich auf dem Universitätsgelände.

Hörsaal 214 befindet sich im zweiten Stock.

Das Dekanat befindet sich im Hauptgebäude.

Worterklärungen

2.1 Sprachenlernen

beherrschen = perfekt können *(Luigi beherrscht die deutsche Grammatik.)*

einprägen (sich etwas) = so lernen, dass man es nicht mehr vergisst *(Um später niemanden zu verwechseln, prägte sie sich die Gesichter noch einmal ein.)*

ergänzen = etwas Fehlendes dazutun; vollständig machen *(Jeder Philatelist versucht seine Sammlung zu ergänzen.)*

nachschlagen (etwas in einem Buch) = in einem Buch suchen, um sich zu informieren *(Wir schlugen das Fremdwort im Lexikon nach.)*

pflegen = *hier:* sich mit etwas beschäftigen; sich um etwas kümmern, um es nicht zu vergessen; Ggs: *vernachlässigen (Kristina pflegte die Kontakte zu den Nachbarn.)*

um'schreiben = etwas mit anderen Worten ausdrücken (sagen oder schreiben) *(Da sie das Wort vor ihren Eltern nicht verwenden wollte, umschrieb sie es.)*

verständigen, sich = so mit jemandem sprechen, sich unterhalten, Zeichen geben, dass der andere versteht, was man meint *(Bevor er die Sprache des Landes erlernte, konnte er sich mit den Bewohnern nur durch Zeichen verständigen.)*

zusammenfassen (etwas) = einen Text in eine kurze Form bringen *(Die Schüler mussten den langen Text in 150 Wörtern zusammenfassen.)*

---

rAnspruch, ¨e = Forderung, Erwartung *(Wenn ein Lehrer erwartet, dass seine Schüler nur Einsen schreiben, stellt er bestimmt zu hohe Ansprüche.)*

rDolmetscher, - = mündlicher Übersetzer

eRedewendung, -en = feste Verbindung mehrerer Wörter, die zusammen eine bestimmte Bedeutung haben (z.B. idiomatische Ausdrücke)

sSprichwort, ¨er = kurzer Satz, der eine praktische Lebensweisheit enthält

vertraut*; in der Wendung:* sich mit etwas vertraut machen = erlernen; sich mit etwas beschäftigen, um es gut kennen zu lernen; sich einprägen* *(Zunächst machten sich die Touristen mit der Umgebung ihres Hotels vertraut.)*

2.2 Schule

abfragen = jemandem Fragen zu einem bestimmten Fachgebiet stellen, um seine Kenntnisse zu überprüfen* *(Der Lehrer fragte mich die unregelmäßigen Verben ab.)*

aufgeben = den Schülern als Hausaufgabe geben *(Die Lehrerin gab uns ein Gedicht auf.)*

aufschlagen = öffnen (Buch, Heft) *(Oma schlägt das Fotoalbum auf.)*

behandeln = *hier:* sich im Unterricht mit etwas beschäftigen; im Unterricht durchnehmen *(In der Geschichtsstunde behandelte der Lehrer die Revolution von 1848.)*

besprechen = gemeinsam über eine Sache sprechen; die Sache erörtern *(Ich muss den Plan zuerst mit meinem Kollegen besprechen.)*

bewerten = den Wert, die Qualität beurteilen, eine Note für etwas geben *(Sylvias Aufsatz wurde mit der Note „Gut" bewertet.)*

blättern = in einem Buch die Seiten wenden *(Der Rechtsanwalt blätterte in den Akten.)*

ermahnen (zu etwas) = jemanden eindringlich daran erinnern, dass er bestimmte Pflichten hat, dass er sich anders verhalten muss usw. *(Der Bergführer ermahnte die Touristen zur Vorsicht.)*

gelten (als) = einen bestimmten Ruf haben; in bestimmter Weise eingeschätzt werden *(Diese Methode gilt als effektiv. Diese Lehrerin gilt als sehr streng.)*

mitkommen = *hier:* alles verstehen, was im Unterricht behandelt wird *(Ein Lehrer muss darauf achten, dass alle Schüler im Unterricht mitkommen.)*

über'prüfen = kontrollieren; prüfen, ob es richtig ist *(Der Kursleiter überprüfte die Liste.)*

vermitteln = an jemanden weitergeben *(Ein guter Pädagoge ist, wer sein Wissen anderen Menschen vermitteln kann.)*

---

angewiesen; *in der Wendung:* auf etwas oder jemanden angewiesen sein = etwas oder jemanden unbedingt brauchen; von etwas oder jemandem abhängen *(Da er die Landessprache nicht verstand, war er auf einen Dolmetscher angewiesen.)*

begabt = talentiert

sBetragen = Benehmen, Verhalten *(In Betragen bekam Fritzchen eine schlechte Note.)*

eFachkompetenz = Wissen auf einem bestimmten Gebiet

r „Faust" = wichtigstes Werk von J. W. Goethe (1749 - 1832)

eLehrkraft, ¨e = offizielles Wort für *Lehrer*

rLehrplan, ¨e = Plan, in dem steht, welchen Stoff der Fachlehrer innerhalb des Schuljahres im Unterricht durchnehmen muss

rMusterschüler, - = vorbildlicher, sehr guter Schüler

schulpflichtig = so alt, dass man die Schule besuchen muss *(In Deutschland sind die Kinder mit sechs oder sieben Jahren schulpflichtig.)*

sVokabelheft, -e = Heft, in das beim Erlernen einer fremden Sprache die neuen Wörter und ihre Bedeutung eingetragen werden

rZusatzunterricht = Unterricht, der den normalen Unterricht ergänzt (2.1*) oder erweitert

2.3 Arbeit und Beruf

ablegen = machen, absolvieren, leisten *(Mit 19 Jahren legte Roland die Gesellenprüfung ab.)*

anpassen = etwas so verändern, dass es zu einer anderen Sache passt *(Die alten Gesetze müssen der neuen politischen Situation angepasst werden.)*

aufnehmen (eine Tätigkeit, Arbeit) = beginnen *(Die Delegationen Syriens und der Türkei haben ihre Verhandlungen aufgenommen.)*

ausschreiben = öffentlich und schriftlich für mögliche Interessenten, Teilnehmer, Bewerber usw. bekannt geben *(Die Stelle des Abteilungsleiters wurde ausgeschrieben.)*

befördern = *hier:* jemandem eine höhere Stellung geben *(Nach zehn Jahren wurde der Studienrat zum Oberstudienrat befördert.)*

berücksichtigen = beachten, nicht vernachlässigen, als wichtig betrachten *(Anträge, die nach dem 31. Dezember gestellt werden, können leider nicht mehr berücksichtigt werden.)*

betragen = eine bestimmte Summe, Höhe erreichen *(Die Kosten betragen 250 Euro.)*

eignen, sich = passend oder brauchbar sein für eine Person oder einen Zweck *(Der Bewerber eignet sich für diesen Posten.)*

einführen = etwas Neues in Gebrauch nehmen *(In den europäischen Ländern hat man die Sommerzeit eingeführt.)*

einigen, sich = zu einer Meinung kommen; einen Kompromiss finden *(Die Delegierten einigten sich auf einen neuen Konferenztermin.)*

einreichen = offiziell abgeben, übergeben (einer Firma, einem Amt usw.) *(Herr Altmann reichte den Antrag beim Finanzamt ein.)*

einschlagen = einen bestimmten Weg wählen, in eine bestimmte Richtung gehen *(Plötzlich war der Weg zu Ende und sie wussten nicht, welche Richtung sie einschlagen sollten.)*

entsprechen = passen zu; einer Sache ähnlich sein *(Der Kurs entsprach ihren Erwartungen.)*

ergreifen; *in der Wendung:* einen Beruf ergreifen = einen Beruf wählen, sich für einen Beruf entscheiden *(Felix wusste schon als Kind, welchen Beruf er später ergreifen würde.)*

kündigen = 1) erklären, dass ein Vertrag ab einem bestimmten Termin nicht mehr gültig ist *(Wir haben den Mietvertrag zum 31.12. gekündigt.)* 2) einem Mitarbeiter mitteilen, dass sein Arbeitsverhältnis zu einem bestimmten Termin endet *(Als die Geschäfte der Firma immer schlechter gingen, kündigte der Chef mehreren Mitarbeitern.)*

nachholen = später machen, was man früher hätte machen sollen oder können *(Wer den Termin versäumt hat, kann die Prüfung im Juli nachholen.)*

verfügen (über + Akk.) = haben, besitzen *(Er verfügt über fundierte historische Kenntnisse.)*

verpflichten, sich = *hier:* in einem Arbeitsvertrag versprechen, eine bestimmte Zeit in einer Firma zu arbeiten *(Der Sänger hat sich für vier Jahre an die Wiener Oper verpflichtet.)*

verschicken = in größerer Zahl versenden (z.B. Briefe, Prospekte) *(Dieter hat mindestens 60 Bewerbungen verschickt.)*

versetzen = (einen Beamten) an eine andere Dienststelle schicken *(Der Beamte wurde von Bonn nach Berlin versetzt.)*

---

angewiesen; *in der Wendung:* angewiesen sein (auf + Akk.) = unbedingt brauchen; abhängen von *(Die alte Frau ist auf die Hilfe ihrer Nachbarn angewiesen.)*

rAnspruch; *in der Wendung:* in Anspruch nehmen = jemanden zwingen, viel zu arbeiten; viel Leistung fordern *(Er hat keine freie Minute, denn der Beruf nimmt ihn voll in Anspruch.)*

eAussicht; *in der Wendung:* in Aussicht haben = damit rechnen können, dass man etwas bekommt *(Gabriele hat eine Stelle bei der Stadtverwaltung in Aussicht.)*

eBelegschaft, -en = alle Beschäftigten in einem Betrieb

befristet = zeitlich begrenzt; nur für eine bestimmte Zeit geltend

rBehinderte, -n = Person, bei der geistige oder körperliche Funktionen gestört sind

Bewerbungsunterlagen *(Pl.)* = Dokumente, die für eine Bewerbung nötig sind

erwerbstätig = in einem Beruf arbeitend, berufstätig

rFeierabend; *in der Wendung:* Feierabend machen = seinen Arbeitstag beenden *(Am Freitag machen viele Firmen schon um 14 Uhr Feierabend.)*

sGehalt, ¨er = regelmäßige monatliche Bezahlung eines Angestellten oder Beamten

eGehaltsvorstellung, -en = Summe, die ein Bewerber als Gehalt von einer Firma erwartet

geschult = (auf einem bestimmten Gebiet) gut ausgebildet

eInflationsrate, -n = Prozentsatz, der angibt, wie viel eine Währung an Wert verliert *(Die Inflationsrate in Deutschland betrug im vergangenen Jahr 2,8 %.)*

eLaufbahn, -en = Aufstieg in einem Beruf; Karriere

rLebenslauf, ¨e = schriftliche Darstellung des eigenen Lebens, die ein Bewerber für eine Firma schreibt; es gibt handgeschriebene und tabellarische Lebensläufe

rLebensunterhalt = Kosten, die man für Ernährung, Kleidung, Wohnen usw. aufbringen muss

rLohn, ¨e = Bezahlung für eine geleistete Arbeit (für einen Arbeiter)

rMangel, ¨ = das Fehlen von etwas, was man braucht; ungenügende Menge von etwas *(Es herrscht Mangel an qualifiziertem Personal, an Medikamenten usw.)*

rNagel; *in der Wendung:* einen Beruf an den Nagel hängen = diesen Beruf aufgeben, nicht mehr in diesem Beruf arbeiten *(Mit 40 Jahren hängte er seinen Beruf an den Nagel.)*

ePension; *in der Wendung:* in Pension gehen = (von Beamten) die Berufstätigkeit beenden *(Er liebte seinen Beruf so sehr, dass er keine Lust hatte, mit 65 in Pension zu gehen.)*

rRuhestand = Status eines Menschen, der nicht mehr im Berufsleben steht

eSchichtarbeit = (in Betrieben, die rund um die Uhr arbeiten) Aufteilung des Arbeitstags in drei Teile (= eSchicht, -en) *(Die Nachtschicht dauert von 22 Uhr bis 6 Uhr.)*

e'Umschulung, -en = Ausbildung für einen anderen Beruf

rVorgänger, - = jemand, der eine Arbeitsstelle vor einem anderen hatte

rWerdegang = Karriere, berufliche Entwicklung, Laufbahn*

zum 1.6. = beginnend am 1.6.

2.4 Universität

ablegen = leisten, machen *(Im Mai müssen die Gymnasiasten die Abiturprüfungen ablegen.)*

ableisten = absolvieren, bis zum Ende leisten *(Er leistet seinen Wehrdienst bei der Marine ab.)*

abliefern = dort abgeben, wo man verpflichtet ist, es abzugeben *(Gefundenes Geld muss man bei der Polizei oder beim Fundamt abliefern.)*

aufnehmen = *hier:* beginnen *(Die Kommission nahm ihre Arbeit auf.)*

ausliegen = hingelegt sein, damit man es ansehen oder mitnehmen kann *(Die Zeitschriften liegen in der Bibliothek aus.)*

beantragen = schriftlich verlangen, dass man etwas bekommt, auf das man ein Recht hat *(Er ging zum Chef und beantragte eine Woche Sonderurlaub.)*

behandeln = *hier:* besprechen, wissenschaftlich analysieren *(In seinem neuesten Werk behandelt der Politologe die deutsch-englischen Beziehungen.)*

belegen = sich einschreiben, seine Teilnahme anmelden (an der Universität) *(Die Studentin belegte vier Vorlesungen und zwei Seminare.)*

berufen = in ein hohes Amt einsetzen *(Christoph H. wurde zum Leiter der Bibliothek berufen.)*

betragen = eine bestimmte Menge, Summe usw. ausmachen *(Das Gewicht beträgt ein Kilo.)*

eignen, sich = passend oder brauchbar sein für eine Person oder einen Zweck *(Das Mädchen eignet sich für eine künstlerische Tätigkeit.)*

einführen = etwas Neues verwenden, in Gebrauch nehmen *(An vielen Schulen hat man das Fach Informatik eingeführt.)*

erforschen = genau untersuchen, um wissenschaftliche Erkenntnisse zu gewinnen *(Der Wissenschaftler erforscht die Wirkung von Magnetstrahlen auf den Organismus.)*

ergänzen = etwas vollständig machen; das, was fehlt, dazutun *(Die Adressenliste ist unvollständig; sie muss ergänzt werden.)*

ergreifen; *in der Wendung:* Maßnahmen ergreifen = etwas tun, um eine gewünschte Wirkung zu erreichen *(Der Staat ergreift Maßnahmen gegen die steigende Arbeitslosigkeit.)*

erläutern = durch Beispiele verständlich machen, erklären *(Er erläuterte seine Thesen.)*

erwerben = (durch Arbeit) in seinen Besitz bringen *(Nach siebenjährigem Studium hat er den Doktorgrad erworben.)*

halten, sich (an etwas) = etwas befolgen; so handeln, wie es in der Vorschrift usw. steht *(Wer mitspielt, muss sich an die Spielregeln halten.)*

immatrikulieren, sich = sich an einer Hochschule einschreiben *(Harald M. immatrikulierte sich an der Universität Jena.)*

innehaben = eine bestimmte Stellung, Position besitzen *(Konrad Adenauer hatte das Amt des Bundeskanzlers von 1949 bis 1963 inne.)*

lehren = an einer Hochschule Vorlesungen halten *(Prof. Clemen lehrte Anglistik an der Universität München.)*

promovieren = 1) über ein Thema eine Dissertation schreiben, um den Grad eines Doktors zu erreichen *(Mechthild W. promovierte über die italienische Nachkriegsliteratur.)* 2) in einem Studienfach die Doktorwürde erlangen *(Er promovierte in Architektur.)*

schaffen = *hier:* bestehen *(Der Student hat die Prüfung geschafft.)*

streben (nach) = (mit aller Kraft) versuchen, etwas zu erreichen (Macht, Erfolg usw.) *(Alle Menschen streben nach Glück.)*

über'schreiten = mehr tun als erlaubt ist; sich nicht an das halten*, was vorgeschrieben ist *(Der Autofahrer hatte die vorgeschriebene Geschwindigkeit überschritten.)*

um'fassen = enthalten, in sich schließen *(Das Kursprogramm umfasst Sprachunterricht, Besuche kultureller Veranstaltungen sowie Begegnungen mit einheimischen Studenten.)*

verfassen = in Gedanken ausarbeiten und dann aufschreiben *(Die Studentin verfasste eine Diplomarbeit in Psychologie.)*

verfügen (über + Akk.) = haben, besitzen *(Die Klinik verfügt über modernste Apparaturen.)*

vergeben = *hier:* aus einem Angebot heraus jemandem etwas geben *(An der Kasse sind noch zehn Eintrittskarten zu vergeben.)*

vermitteln = *hier:* an jemanden weitergeben *(Die Reportage vermittelte ein anschauliches Bild der aktuellen politischen Lage.)*

versäumen = verpassen; nicht einhalten *(Leider haben Sie den Termin versäumt.)*

voraussetzen = als notwendige Vorbedingung haben; nicht möglich sein ohne etwas *(Die Arbeit an dieser Schule setzt langjährige pädagogische Erfahrung voraus.)*

vorlegen = (offiziell) jemandem etwas zeigen *(An der Grenze mussten die Touristen ihre Reisedokumente vorlegen.)*

widmen, sich = sich intensiv mit etwas oder jemandem beschäftigen *(Nach seiner Pensionierung widmete er sich der Beobachtung von Vögeln.)*

zulassen = offiziell erlauben, amtlich genehmigen *(Nicht jeder wird zum Studium zugelassen.)*

zusammenfassen = einen Text stark kürzen; das Wichtigste eines Textes mit wenigen Worten sagen *(Der Politiker fasste seinen Plan mit wenigen Worten zusammen.)*

_____

eAbhandlung, -en = wissenschaftliche Darstellung; längerer wissenschaftlicher Aufsatz

eAnforderung, -en; *in der Wendung:* Anforderungen stellen = fordern, dass jemand viel leistet *(Der Kursleiter stellt an die Teilnehmer hohe Anforderungen.)*

angewiesen; *in der Wendung:* angewiesen sein (auf jemanden oder etwas) = unbedingt brauchen, abhängig sein *(Menschenkinder sind länger auf ihre Eltern angewiesen als Tierjunge.)*

rAnspruch; *in der Wendung:* in Anspruch nehmen (jemanden oder etwas) = benutzen, von etwas Gebrauch machen *(Der Informationsdienst des Autoklubs wird von Touristen häufig in Anspruch genommen.)*

eAugendiagnostik = Methode, durch Augenuntersuchungen Krankheiten zu erkennen

eAula, -len, -s = größerer Raum in einer Universität, in dem Veranstaltungen (mit vielen Teilnehmern) stattfinden

eAussicht, -en; *in der Wendung:* Aussichten (auf etwas) haben = damit rechnen können, dass man etwas bekommt *(Der Übersetzer hat Aussichten auf eine Stelle beim Europarat.)*

BAFÖG = Abkürzung für ein Stipendium der Bundesrepublik Deutschland an Studenten (nach dem **B**undes**A**usbildungs**FÖ**rderungs**G**esetz)

rBestand, ⁼e = vorhandene Menge

rBildungsabschluss, ⁼e = Abschlusszeugnis einer Bildungseinrichtung (z.B. Schule, Universität)

rDAAD = Abkürzung für **D**eutscher **A**kademischer **A**ustausch**d**ienst

sDekanat, -e = Verwaltung einer Fakultät oder eines Fachbereichs an der Universität

eDissertation, -en = schriftliche wissenschaftliche Arbeit, um den akademischen Grad eines Doktors zu bekommen; Doktorarbeit rDoktorand, -en = jemand, der an einer Dissertation* schreibt

eDoktorarbeit, -en; *siehe:* Dissertation

rDozent, -en = Lehrer an einer Hochschule, der noch nicht Professor ist

eForschung, -en = Arbeiten an wissenschaftlichen Erkenntnissen; Untersuchung eines wissenschaftlichen Problems

eGastvorlesung, -en = Vorlesung, die von einem Gastdozenten gehalten wird; *siehe:* Dozent

geeignet (für) = passend für einen bestimmten Zweck; *siehe:* sich eignen

Geisteswissenschaften *(Pl.)* = Studienfächer im Bereich der Kultur (z.B. Philologie, Kunst); Ggs: *Naturwissenschaften*

rGelehrte, -n = Wissenschaftler, Forscher

sHauptfach, ⸚er = wichtigstes Studienfach; Fach, in dem man ein Vollstudium absolviert; Ggs: *Nebenfach*

rHörsaal, -säle = Raum in einer Universität, in dem Vorlesungen gehalten werden

eKlausur, -en = wissenschaftliche Prüfungsarbeit, die unter Aufsicht geschrieben und bewertet wird

sKolloquium, -quien = *hier:* kleine mündliche oder schriftliche Prüfung an einer Universität

rKommilitone, -n = jemand, mit dem man zusammen studiert; Studienkollege

Lebenshaltungskosten *(Pl.)* = Kosten, für die der Mensch aufkommen muss, um normal zu leben (z.B. Kosten für Wohnung, Essen, Kleidung)

rLehrstuhl, ⸚e = Stelle eines Professors an einer Universität

rLeistungsdruck = psychischer Druck, weil man gezwungen ist, viel zu leisten *(An Gymnasien stehen die Schüler unter hohem Leistungsdruck.)*

eMagisterarbeit, -en = schriftliche Arbeit, um den akademischen Grad eines *Magister artium* zu erlangen (bei Geisteswissenschaftlern*)

eMaßnahme, -n; *siehe:* ergreifen

eMensa = Restaurant in der Universität, wo Studenten billiger essen können

Mittel *(Pl.)* = *hier:* Geldmittel, Gelder, Kapital; *öffentliche Mittel* = Geld des Staates

eNotiz, -en = kurze Mitschrift, Stichpunkte *(Mach dir bei dem Vortrag ein paar Notizen!)*

rNumerus clausus = Beschränkung der Zahl der Studienplätze, d.h. nur eine bestimmte Anzahl von Studenten wird aufgenommen; *siehe:* Zulassungsbeschränkung

rSchein, -e = *hier:* Bestätigung, dass man an einem Seminar teilgenommen hat; Seminarschein

sSkriptum, -ten = Nachschrift oder schriftliche Ausarbeitung einer Vorlesung; Skript

eStudiengebühr, -en = Geld, das Studenten an die Universität bezahlen müssen, damit sie studieren dürfen

sStudienkolleg = Vorbereitungskurs an einer Universität für ausländische Studenten

eVerfügung; *in den Wendungen:* 1) zur Verfügung stellen = jemandem etwas zur Benutzung geben, überlassen (z.B. Zimmer, Fahrrad, Klavier) *(Für den Transport stellte man uns ein Auto zur Verfügung.)* 2) zur Verfügung stehen = etwas ist vorhanden, über das jemand verfügen* oder es benutzen kann *(Während der Ferien steht Ihnen das Zimmer zur Verfügung.)*

eVoraussetzung, -en = etwas, was nötig ist, um etwas Bestimmtes zu erreichen; Vorbedingung *(Voraussetzung für das Studium an der Fachschule ist das Bestehen der Aufnahmeprüfung.)* *siehe:* voraussetzen

rWerkstudent, -en = Student, der sich neben seinem Studium Geld verdient

zeitgenössisch = gegenwärtig, heutig, modern

eZulassung; *siehe:* zulassen

eZulassungsbeschränkung, -en = Beschränkung der Aufnahme in die Universität; d.h. nicht jeder, der studieren will, erhält einen Studienplatz

Staat und Gesellschaft

3.1 Verwaltung

rJugendliche	beantragen* *(Präs.)*	*Personalausweis*
↓	erhalten	*Formular*
Antragsteller	'durchlesen	↓↑
↓	eintragen	*Geburtstag + Geburtsort*
Frau Hofmann	↓	Mädchenname*
Familienstand*	↓ *(P)*	*Spalte* 4*
Rentner	ausfüllen	↓
↓	stellen	*Antrag**
Sozialamt	bearbeiten	↓↑
↓	ausstellen*	*Bescheinigungen*
Standesamt	↓	*Geburts-, Sterbe-, Heiratsurkunden*
↓	registrieren	*Geburten + Todesfälle*
Eheschließungen	↓ *(P)*	Standesämter
Heiratswillige (Pl.)*	sich melden	↓
Geburtenregister *(Pl.)*	sich befinden	↓
Fundamt*	↓	Gebäude (Stadtverwaltung)
↓	erteilen*	*Auskünfte; Fundsachen*
Ausländeramt	↓	*Aufenthaltsgenehmigungen*
↓	zuständig* sein	↓
Baubehörde	↓	*Baugenehmigungen*
↓	genehmigen* *(Prät.)*	Baugesuch*
Behörde	↓	Antrag
↓	entscheiden	↓
Amt	↓	Verlängerung (Frist)
↓	ablehnen	↓
↓	↓	verlängern - Frist
↓	verweigern*	Genehmigung*
Gemeinderat*	widerrufen*	↓
↓	zögern*	Zustimmung
Bürgermeister	↓	Entscheidung
↓	treffen*	↓↑
Stadtrat*	↓	*Reihe (Maßnahmen*)*

Der Jugendliche beantragt einen Personalausweis.

Der Jugendliche erhält ein Formular.

Der Antragsteller liest das Formular durch.

Der Antragsteller trägt Geburtstag und Geburtsort ein.

Frau Hofmann trägt ihren Mädchennamen ein.

Der Familienstand wird in Spalte 4 eingetragen.

Der Rentner füllt (die) Spalte 4 aus.

Der Rentner stellt einen Antrag.

Das Sozialamt bearbeitet den Antrag.

Das Sozialamt stellt Bescheinigungen aus.

Das Standesamt stellt Geburts-, Sterbe- und Heiratsurkunden aus.

Das Standesamt registriert (die) Geburten und (die) Todesfälle.

Eheschließungen werden von/bei den Standesämtern registriert.

Heiratswillige melden sich bei den Standesämtern.

Die Geburtenregister befinden sich auf/bei den Standesämtern.

Das Fundamt befindet sich im Gebäude der Stadtverwaltung.

Das Fundamt erteilt Auskünfte über Fundsachen.

Das Ausländeramt erteilt Aufenthaltsgenehmigungen.

Das Ausländeramt ist für Aufenthaltsgenehmigungen zuständig.

Die Baubehörde ist für Baugenehmigungen zuständig.

Die Baubehörde genehmigte das Baugesuch.

Die Behörde genehmigte den Antrag.

Die Behörde entschied über den Antrag.

Das Amt entschied über die Verlängerung der Frist.

Das Amt lehnte die Verlängerung der Frist ab.

Das Amt lehnte es ab, die Frist zu verlängern.

Das Amt verweigerte die Genehmigung.

Der Gemeinderat widerrief die Genehmigung.

Der Gemeinderat zögerte mit der Zustimmung.

Der Bürgermeister zögerte mit der Entscheidung.

Der Bürgermeister traf eine Entscheidung.

Der Stadtrat traf eine Reihe von Maßnahmen.

Straßenbauamt	befürworten* *(Präs.)*	Bau *(Umgehungsstraße)*
Reihe (Bürger)	sich wehren*	↓
↓	einverstanden sein *(/)*	↓
Grundstückseigentümer	↓ *(Prät.) (/)*	Pläne (Gemeinde)
↓	unter'richten* *(P)*	Gemeinde
Anlieger* *(Pl.)*	befragen *(P)*	↓
↓	sich wenden	↓
rArbeitslose	↓	Arbeitsamt
↓	gemeldet* sein	↓
↓	sich melden*	↓
rObdachlose*	↓	Sozialamt
↓↑	Anspruch* haben *(Präs.)*	*staatlich, Hilfe*
Arme (Pl.)	↓	*Sozialhilfe*
Sozialamt	bewilligen*	↓
mittellos, Familien	angewiesen* sein	↓
bedürftig, Familien*	↓	*finanziell, Unterstützung*
Staat	↓	*Steuereinnahmen*
↓	benötigen	↓↑
Steuergelder	↓ *(P)*	Finanzierung *(öffentlich, Aufgaben)*
Minister	erläutern*	↓
↓	versprechen	Förderung (Gesundheitswesen*)
Staat	verpflichten *(=P)*	↓
Finanzamt	↓	*Auskünfte*
↓	prüfen	Steuererklärungen*
Steuererklärungen	↓ *(P)*	Finanzamt
↓	einreichen* *(P)*	↓
↓	müssen ↓ *(P)*	*bestimmt, Frist*
Antragsteller	↓ einhalten*	↓
↓	↓ aufbewahren*	Unterlagen*
Unterlagen	↓ *(P)*	Archiv
↓	Aufschluss* geben	Personendaten*
Computer	speichern*	↓
Personendaten	↓ *(P)*	Computer
↓	laufend ergänzen* *(P)*	rBeamte
Gemeinde	einstellen	↓↑
↓	erheben*	*Gebühren*

Das Straßenbauamt befürwortet den Bau einer Umgehungsstraße.

Eine Reihe von Bürgern wehrt sich gegen den Bau einer Umgehungsstraße.

Eine Reihe von Bürgern ist mit dem Bau einer Umgehungsstraße nicht einverstanden.

Der Grundstückseigentümer war mit den Plänen der Gemeinde nicht einverstanden.

Der Grundstückseigentümer wurde von der Gemeinde unterrichtet.

Die Anlieger wurden von der Gemeinde befragt.

Die Anlieger wandten sich an die Gemeinde.

Der Arbeitslose wandte sich an das Arbeitsamt.

Der Arbeitslose war beim Arbeitsamt gemeldet.

Der Arbeitslose meldete sich beim Arbeitsamt.

Der Obdachlose meldete sich beim Sozialamt.

Ein Obdachloser hat Anspruch auf staatliche Hilfe.

Arme haben Anspruch auf Sozialhilfe.

Das Sozialamt bewilligt Sozialhilfe.

Mittellose Familien sind auf Sozialhilfe angewiesen.

Bedürftige Familien sind auf finanzielle Unterstützung angewiesen.

Der Staat ist auf Steuereinnahmen angewiesen.

Der Staat benötigt die Steuereinnahmen.

Die Steuergelder werden zur Finanzierung öffentlicher / von öffentlichen Aufgaben benötigt.

Der Minister erläutert die Finanzierung öffentlicher Aufgaben.

Der Minister verspricht die Förderung des Gesundheitswesens.

Der Staat ist zur Förderung des Gesundheitswesens verpflichtet.

Das Finanzamt ist zu Auskünften verpflichtet.

Das Finanzamt prüft die Steuererklärungen.

Die Steuererklärungen werden vom Finanzamt geprüft.

Die Steuererklärungen werden beim Finanzamt eingereicht.

Die Steuererklärungen müssen innerhalb einer bestimmten Frist eingereicht werden.

Der Antragsteller muss eine bestimmte Frist einhalten.

Der Antragsteller muss die Unterlagen aufbewahren.

Die Unterlagen müssen im Archiv aufbewahrt werden.

Die Unterlagen geben Aufschluss über die Personendaten.

Der Computer speichert die Personendaten.

Die Personendaten werden im/vom Computer gespeichert.

Die Personendaten werden von dem Beamten laufend ergänzt.

Die Gemeinde stellt einen Beamten ein.

Die Gemeinde erhebt Gebühren.

3.2 Politik

Bundespräsident	sein *(Präs.)*	Staatsoberhaupt* (Bundesrepublik)
↓	nach außen vertreten*	Bundesrepublik Deutschland
↓	wählen *(P)*	*Mitglieder* (beide Parlamente)
Parlament	↓ *(P)*	*alle vier Jahre*
↓	bestehen	*Bundestag + Bundesrat*
Bundesrat	↓	*Vertreter (Pl.)* (Bundesländer)
Bundestag	↓	*> 600 Abgeordnete**
↓	↓	*Vertreter (Pl.)* (Parteien)
↓	können auflösen* *(P)*	*nur, Ausnahmefälle*
↓	mitwirken*	Gesetzgebung
Bundesrat	Einfluss haben	↓
Parlament	↓	Politik (Regierung)
Bundestag	kontrollieren	↓
Regierung	↓ *(P)*	Parlament
↓	verantwortlich* sein	↓
↓	können stürzen* *(P)*	↓
Bundeskanzler	↓ *(P)*	Bundestag
↓	wählen *(P)*	*geheim, Wahl*
↓	bestimmen	Richtlinien* (Politik)
↓	↓	Bundesminister *(Pl.)*
Bundesminister *(Pl.)*	↓ *(P)*	Bundeskanzler
↓	ernennen *(P)*	Bundespräsident
↓	bilden	Kabinett
↓	unter'stützen *(P)*	*Staatssekretäre*
Arbeit (Parlament)	↓ *(P)*	*Sachverständige* (Pl.)*
Ausschüsse*	befragen	↓
↓	sich zusammensetzen*	*Vertreter (Pl.) (alle Parteien)*
↓	Stellung* nehmen	*Gesetzentwürfe**
Bundesrat	können ablehnen	↓
*Gesetzesvorlagen**	↓ *(P)*	Bundesrat
↓	behandeln *(P)*	in, Ausschüsse*
Gesetze	ausarbeiten *(P)*	↓
↓	verabschieden* *(P)*	Bundestag
↓	in Kraft* treten	*festgelegt, Tag*
Grundgesetz	↓ *(Prät.)*	8. Mai 1949
↓	enthalten *(Präs.)*	Verfassung (Bundesrepublik)

Der Bundespräsident ist das Staatsoberhaupt der Bundesrepublik.

Der Bundespräsident vertritt die Bundesrepublik Deutschland nach außen.

Der Bundespräsident wird von Mitgliedern der beiden Parlamente gewählt.

Das Parlament wird alle vier Jahre gewählt.

Das Parlament besteht aus (dem) Bundestag und (dem) Bundesrat.

Der Bundesrat besteht aus Vertretern der Bundesländer.

Der Bundestag besteht aus mehr als / über sechshundert Abgeordneten.

Der Bundestag besteht aus Vertretern der Parteien.

Der Bundestag kann nur in Ausnahmefällen aufgelöst werden.

Der Bundestag wirkt an/bei der Gesetzgebung mit.

Der Bundesrat hat Einfluss auf die Gesetzgebung.

Das Parlament hat Einfluss auf die Politik der Regierung.

Der Bundestag kontrolliert die Politik der Regierung.

Die Regierung wird vom / durch das Parlament kontrolliert.

Die Regierung ist dem Parlament verantwortlich.

Die Regierung kann vom Parlament gestürzt werden.

Der Bundeskanzler kann vom Bundestag gestürzt werden.

Der Bundeskanzler wird in geheimer Wahl gewählt.

Der Bundeskanzler bestimmt die Richtlinien der Politik.

Der Bundeskanzler bestimmt die Bundesminister.

Die Bundesminister werden vom Bundeskanzler bestimmt.

Die Bundesminister werden vom Bundespräsidenten ernannt.

Die Bundesminister bilden das Kabinett.

Die Bundesminister werden von Staatssekretären unterstützt.

Die Arbeit des Parlaments wird durch Sachverständige unterstützt.

Die Ausschüsse befragen Sachverständige.

Die Ausschüsse setzen sich aus Vertretern aller Parteien zusammen.

Die Ausschüsse nehmen Stellung zu Gesetzentwürfen / nehmen zu … Stellung.

Der Bundesrat kann Gesetzentwürfe ablehnen.

Gesetzesvorlagen können vom/im Bundesrat abgelehnt werden.

Gesetzesvorlagen werden in den Ausschüssen behandelt.

Die Gesetze werden in den Ausschüssen ausgearbeitet.

Die Gesetze werden vom Bundestag verabschiedet.

Die Gesetze treten an einem festgelegten Tag in Kraft.

Das Grundgesetz trat am achten Mai 1949 in Kraft.

Das Grundgesetz enthält die Verfassung der Bundesrepublik.

Abgeordnete *(Pl.)*	diskutieren *(Prät.)*	*neu, Abtreibungsgesetz**
Familienministerin	befürworten*	↓↑
↓	verteidigen*	Vorhaben
Kommission	kritisch sich äußern*	↓
↓	sich befassen*	geplant, Gesetz
↓	erörtern*	Gesetzesänderung
Parlament	abstimmen*	↓
Opposition	wollen verhindern	↓
↓	stimmen gegen	*Neuwahlen*
einige Abgeordnete* ↓ für		↓
↓	fehlen	Abstimmung
↓	sich der Stimme enthalten*	
CDU*	fordern	*Änderung* (Wahlrecht)
Bundestag	beschließen*	↓
Linksparteien	begrüßen*	↓↑
SPD*	↓	Abstimmungsergebnis
Die Grünen*	enttäuscht sein	↓
↓	machen	*neu, Vorschläge*
Parteien	beraten	↓↑
↓	↓	*Zusammenschluss*
↓	sich zusammenschließen*	*Koalition*
Splitterparteien*	↓	*neu, Partei*
↓	verfügen*	*3 Sitze; Parlament*
Regierungskoalition ↓		*knapp, Mehrheit*
↓	einbüßen*	↓↑
↓	erleiden*	*Abstimmungsniederlage*
Innenminister	zurücktreten	↓↑
↓	die Konsequenzen* ziehen	↓
↓	kritisieren	Opposition
Finanzminister	Kritik üben	↓
↓	vorstellen	Haushalt; kommend, Jahr
↓	erläutern*	Pläne; laufend, Jahr
Regierungschef	↓	außenpolitisch, Vorstellungen
↓	teilnehmen	Sitzung
rParteivorsitzende	↓	*Kundgebung**
↓	eine Rede halten	↓↑

Die Abgeordneten diskutierten (über) ein neues Abtreibungsgesetz.

Die Familienministerin befürwortete das neue Abtreibungsgesetz.

Die Familienministerin verteidigte das/ihr Vorhaben.

Die Kommission äußerte sich kritisch zu dem / über das Vorhaben.

Die Kommission befasste sich mit dem geplanten Gesetz.

Die Kommission erörterte die Gesetzesänderung.

Das Parlament stimmte über die Gesetzesänderung ab.

Die Opposition wollte die Gesetzesänderung verhindern.

Die Opposition stimmte gegen Neuwahlen.

Einige Abgeordnete stimmten für Neuwahlen.

Einige Abgeordnete fehlten bei der Abstimmung.

Einige Abgeordnete enthielten sich der Stimme.

Die CDU (Christlich-Demokratischen Union) forderte eine Änderung des Wahlrechts.

Der Bundestag beschloss eine Änderung des Wahlrechts.

Die Linksparteien begrüßten die Änderung des Wahlrechts.

Die SPD (Sozialdemokratische Partei Deutschlands) begrüßte das Abstimmungsergebnis.

Die Grünen waren über das / von dem Abstimmungsergebnis enttäuscht.

Die Grünen machten neue Vorschläge.

Die Parteien berieten über die neuen Vorschläge.

Die Parteien berieten über einen Zusammenschluss.

Die Parteien schlossen sich zu einer Koalition zusammen.

Die Splitterparteien schlossen sich zu einer neuen Partei zusammen.

Die Splitterparteien verfügten über drei Sitze im Parlament.

Die Regierungskoalition verfügte über eine knappe Mehrheit.

Die Regierungskoalition büßte ihre knappe Mehrheit ein.

Die Regierungskoalition erlitt eine Abstimmungsniederlage.

Der Innenminister trat wegen/nach der Abstimmungsniederlage zurück.

Der Innenminister zog die Konsequenzen aus der Abstimmungsniederlage.

Der Innenminister kritisierte die Opposition.

Der Finanzminister übte Kritik an der Opposition / übte an der Opposition Kritik.

Der Finanzminister stellte den Haushalt für das kommende Jahr vor.

Der Finanzminister erläuterte seine Pläne für das laufende Jahr.

Der Regierungschef erläuterte seine außenpolitischen Vorstellungen.

Der Regierungschef nahm an der Sitzung teil.

Der Parteivorsitzende nahm an einer Kundgebung teil.

Der Parteivorsitzende hielt auf der Kundgebung eine Rede.

Deutschland	diplomatisch anerkennen (Prät.)		Neulandien
Indien	aufnehmen	diplomatisch, Beziehungen ↓	
USA	abbrechen	↓↑	↓
↓	↓	Verhandlungen	↓
Russland	fortsetzen	↓	China
↓	führen	Gespräche	Türkei
Neulandien	schließen	Konsulat	↓
↓	eröffnen	Botschaft	Argentinien
↓	ausbauen	Beziehungen	↓
Außenminister	nennen	↓	ausgezeichnet
↓	bezeichnen	Kontakte	nützlich
Präsident	↓	Vertrag	beispielhaft
↓	verlängern	↓	fünf Jahre
Iran	kündigen*	↓	Großbritannien
Philippinen	ratifizieren	↓	↓
↓	unter'zeichnen*	Abkommen*; Rechtshilfe*	
Abkommen*	↓ (P)	alle Mitglieder (Europäische Union)	
↓	gelten (Präs.)	↓	
↓	regeln	international, Schiffsverkehr	
↓	verpflichten	Staaten	Neutralität
UNO	aufrufen*	↓	Solidarität
↓	fordern	Konfliktparteien	Gewaltverzicht*
Europäische Union	↓	Selbstbestimmungsrecht; alle Völker	
↓	bestehen	Durchführung (demokratisch, Wahlen)	
↓	↓	Schutz (national, Minderheiten)	
Vertrag	garantieren	↓	
↓	einhalten* (P)	beide Staaten	
Wahlen	stattfinden	↓	
Verhandlungen	↓ (Prät.)	unbekannt, Ort	
↓	verlaufen	sachlich, Atmosphäre	
↓	scheitern*	kompromisslos, Haltung (Neulandien)	
Pläne (UNO)	↓	Geldmangel	
Vereinte Nationen	klagen (Präs.)	↓	
↓	schlichten*	international, Konflikte	
↓	eingreifen*	↓	
↓	aufnehmen (Prät.)	Neulandien	Mitglied

Deutschland erkannte Neulandien diplomatisch an.

Indien nahm diplomatische Beziehungen zu Neulandien auf.

Die USA brachen die diplomatischen Beziehungen zu Neulandien ab.

Die USA brachen die Verhandlungen mit Neulandien ab.

Russland setzte die Verhandlungen mit China fort.

Russland führte Gespräche mit der Türkei.

Neulandien schloss sein Konsulat in der Türkei.

Neulandien eröffnete eine Botschaft in Argentinien.

Neulandien baute die/seine Beziehungen zu Argentinien aus.

Der Außenminister nannte die Beziehungen ausgezeichnet.

Der Außenminister bezeichnete die Kontakte als nützlich.

Der Präsident bezeichnete den Vertrag als beispielhaft.

Der Präsident verlängerte den Vertrag um fünf Jahre.

Der Iran kündigte den Vertrag mit Großbritannien.

Die Philippinen ratifizierten den Vertrag mit Großbritannien.

Die Philippinen unterzeichneten ein Abkommen über Rechtshilfe.

Das Abkommen wurde von allen Mitgliedern der Europäischen Union unterzeichnet.

Das Abkommen gilt für alle Mitglieder der Europäischen Union.

Das Abkommen regelt den internationalen Schiffsverkehr.

Das Abkommen verpflichtet die Staaten zu Neutralität.

Die UNO ruft die Staaten zu Solidarität auf.

Die UNO fordert von den Konfliktparteien (einen) Gewaltverzicht.

Die Europäische Union fordert das Selbstbestimmungsrecht für alle Völker.

Die Europäische Union besteht auf der Durchführung demokratischer Wahlen.

Die Europäische Union besteht auf dem Schutz nationaler Minderheiten.

Der Vertrag garantiert den Schutz nationaler Minderheiten.

Der Vertrag wird von (den) beiden Staaten eingehalten.

Die Wahlen finden in beiden Staaten statt.

Die Verhandlungen fanden an einem unbekannten Ort statt.

Die Verhandlungen verliefen in sachlicher / in einer sachlichen Atmosphäre.

Die Verhandlungen scheiterten an der kompromisslosen Haltung Neulandiens.

Die Pläne der UNO scheiterten an Geldmangel.

Die Vereinten Nationen klagen über Geldmangel.

Die Vereinten Nationen schlichten internationale Konflikte.

Die Vereinten Nationen greifen in internationale Konflikte ein / bei … Konflikten ein.

Die Vereinten Nationen nahmen Neulandien als Mitglied auf.

Neulandien	bedrohen* (Präs./=P)	Bürgerkrieg
politisch, Beobachter (Pl.)	warnen	↓
Kommentatoren	↓	Umsturz*
Politiker (Pl.)	voraussehen	↓
↓	wollen vermeiden	Blutvergießen
Präsident	↓	Ausweitung (Konflikt)
↓	rechnen	Putsch*
viele	↓ (Prät.)	Generalstreik
Gewerkschaften	ausrufen*	↓↑
öffentlich, Leben	lahmlegen* (P)	↓
Verkehr	↓	Barrikaden
Demonstranten	errichten*	↓
Polizei	entfernen	↓↑
↓	zerstreuen*	Menge
↓	bewerfen (P)	Steine
↓	auflösen*	Demonstration
↓	einsetzen*	Wasserwerfer + Tränengas
Innenminister	↓	Truppen
↓	befürchten*	Sabotageakte
↓	auffordern (P)	Rücktritt
↓	ablehnen	↓
Demonstranten	↓	Kompromissangebot
↓	aufrufen*	Boykott (Wahlen)
↓	blockieren	Verkehr
↓	abhalten*	Kundgebung*
↓	sich versammeln	Universitätsgelände*
Polizisten	um'stellen*	↓
Universität	↓ (P)	bewaffnet, Polizei
↓	durch'suchen (P)	Waffen
↓	schließen (P)	unbestimmt, Zeit
Flugplatz	↓	Bombendrohungen
Polizei	ernstnehmen	↓↑
Bevölkerung	erschrecken (P)	↓
↓	zu leiden haben	Unruhen*
↓	sich halten* (/)	Ausgehverbot
↓	missachten*	↓

Neulandien ist von einem Bürgerkrieg bedroht.

Politische Beobachter warnen vor einem Bürgerkrieg.

Kommentatoren warnen vor einem Umsturz.

Die Politiker sehen einen Umsturz voraus.

Die Politiker wollen (ein) Blutvergießen vermeiden.

Der Präsident will eine Ausweitung des Konflikts vermeiden.

Der Präsident rechnet mit einem Putsch.

Viele rechneten mit einem Generalstreik.

Die Gewerkschaften riefen den Generalstreik aus.

Das öffentliche Leben wurde durch den Generalstreik lahmgelegt.

Der Verkehr wurde durch Barrikaden lahmgelegt.

Die Demonstranten errichteten Barrikaden.

Die Polizei entfernte die Barrikaden.

Die Polizei zerstreute die Menge.

Die Polizei wurde mit Steinen beworfen.

Die Polizei löste die Demonstration auf.

Die Polizei setzte Wasserwerfer und Tränengas ein.

Der Innenminister setzte Truppen ein.

Der Innenminister befürchtete Sabotageakte.

Der Innenminister wurde zum Rücktritt aufgefordert.

Der Innenminister lehnte den/seinen Rücktritt ab.

Die Demonstranten lehnten das Kompromissangebot ab.

Die Demonstranten riefen zum Boykott der Wahlen auf.

Die Demonstranten blockierten den Verkehr.

Die Demonstranten hielten eine Kundgebung ab.

Die Demonstranten versammelten sich auf dem Universitätsgelände.

Die Polizisten umstellten das Universitätsgelände.

Die Universität wurde von bewaffneter Polizei umstellt.

Die Universität wurde nach Waffen durchsucht.

Die Universität wurde für/auf unbestimmte Zeit geschlossen.

Der Flugplatz wurde wegen Bombendrohungen geschlossen.

Die Polizei nahm die Bombendrohungen ernst.

Die Bevölkerung wurde durch die Bombendrohungen erschreckt.

Die Bevölkerung hatte unter den Unruhen zu leiden.

Die Bevölkerung hielt sich nicht an das Ausgehverbot.

Die Bevölkerung missachtete das Ausgehverbot.

Regierung	verhängen* *(Prät.)*	Nachrichtensperre
↓	wieder aufheben*	↓↑
↓	einführen	Zensur
Studenten	protestieren	↓
↓	fordern	Ende *(Diktatur)*
Zeitung	↓	Amnestie *(politisch, Gefangene)*
Regierungschef	erwägen*	↓
↓	↓	Verbot *(politisch, Organisationen)*
Minister	bestehen	↓
↓	verwickelt* sein	Skandal
Geheimagenten	↓	Mordanschlag*
Politiker	entgehen*	↓↑
↓	beschatten* *(P)*	Agenten
↓	führen	mehrere Telefongespräche
Geheimpolizei	abhören	↓
↓	bespitzeln*	Oppositionsparteien
↓	foltern*	politisch, Häftlinge
rGefangene	↓ *(P)*	Geheimpolizei
↓	stundenlang verhören* *(P)*	↓
↓	unter'nehmen	Fluchtversuch
Wachen	verhindern	↓↑
Wachpersonal	↓	Entführung *(Flugzeug)*
↓	vereiteln*	Anschlag*; Polizeichef
Anschlag*	↓ *(P)*	in letzter Minute
↓	planen *(=P)*	von langer Hand
↓	verüben* *(P)*	Mitglieder *(Untergrundbewegung)*
Polizei	festnehmen	↓
Mann	↓ *(P)*	angeblich, Waffenbesitz
Geschäftsmann	↓ *(P)*	Spionage
↓	in den Hungerstreik treten	Protest
↓	freilassen *(P)*	mehrwöchig, Haft
Geisel*	↓	Lösegeld*
Entführer *(Pl.)*	flüchten	↓↑
↓	entkommen	Grenze
Terrorist	fassen *(P)*	↓
↓	ausliefern *(P)*	Schweiz

Die Regierung verhängte eine Nachrichtensperre.

Die Regierung hob die Nachrichtensperre wieder auf.

Die Regierung führte die Zensur ein.

Die Studenten protestierten gegen die Zensur.

Die Studenten forderten ein Ende der Diktatur.

Die Zeitung forderte eine Amnestie politischer Gefangener / für politische Gefangene.

Der Regierungschef erwog eine Amnestie politischer Gefangener.

Der Regierungschef erwog ein Verbot politischer Organisationen.

Der Minister bestand auf einem Verbot politischer Organisationen.

Der Minister war in einen Skandal verwickelt.

Die Geheimagenten waren in einen Mordanschlag verwickelt.

Der Politiker entging dem Mordanschlag.

Der Politiker wurde von Agenten beschattet.

Der Politiker führte mehrere Telefongespräche.

Die Geheimpolizei hörte mehrere Telefongespräche ab.

Die Geheimpolizei bespitzelte die Oppositionsparteien.

Die Geheimpolizei folterte politische Häftlinge.

Der Gefangene wurde von der Geheimpolizei gefoltert.

Der Gefangene wurde von der Geheimpolizei stundenlang verhört.

Der Gefangene unternahm einen Fluchtversuch.

Die Wachen verhinderten den Fluchtversuch.

Das Wachpersonal verhinderte die Entführung eines Flugzeugs.

Das Wachpersonal vereitelte einen Anschlag auf den Polizeichef.

Der Anschlag wurde in letzter Minute vereitelt.

Der Anschlag war von langer Hand geplant.

Der Anschlag wurde von Mitgliedern einer Untergrundbewegung verübt.

Die Polizei nahm Mitglieder einer Untergrundbewegung fest.

Der Mann wurde wegen angeblichen Waffenbesitzes festgenommen.

Der Geschäftsmann wurde wegen Spionage festgenommen.

Der Geschäftsmann trat aus Protest in den Hungerstreik.

Der Geschäftsmann wurde nach mehrwöchiger Haft freigelassen.

Die Geisel wurde gegen (ein) Lösegeld freigelassen.

Die Entführer flüchteten mit dem Lösegeld.

Die Entführer entkamen über die Grenze.

Der Terrorist wurde an der Grenze gefasst.

Der Terrorist wurde an die / von der Schweiz ausgeliefert.

3.3 Krieg und Frieden

Diktator	beschleunigen* *(Prät.)*	Aufrüstung* (Streitkräfte*)
↓	einführen*	allgemein, Wehrpflicht
↓	ständig abhalten	*Militärparaden*
Nachbarstaat	protestieren	↓↑
↓	anordnen	allgemein, Mobilmachung
↓	sich verbünden*	*Neulandien*
↓	in Alarmbereitschaft* versetzen	Flotte
Kriegsminister	inspizieren*	↓
Regime	aufrüsten*	↓
↓	den Krieg erklären	Nachbarstaat
↓	über'fallen	↓
Land	↓ *(P)*	Truppen* (Nachbarstaat)
Stützpunkt*	↓	früh, Morgen
Angriff	erfolgen*	↓
↓	sich richten	*Treibstofflager**
↓	bezeichnen *(P)*	*Vergeltungsaktion**
↓	dauern	*nur, wenig, Stunden*
Krieg	↓	*1939–1945*
↓	sich ausweiten	Norden (Land)
↓	fordern	*unzählig, Opfer**
UNO	↓	Einstellung* (Kämpfe)
↓	verurteilen*	Angriffe
Soldaten	abwehren*	↓
Zivilbevölkerung	zu leiden haben	↓
↓	Schutz suchen	↓
Menschen	↓	Luftschutzräume
↓	flüchten	↓
↓	die Nacht verbringen	↓
Soldaten	↓	Schützengraben*
↓	in Deckung* gehen	*hinter, Hügel**
↓	ausführen	Befehl
↓	sich auszeichnen	*groß, Tapferkeit**
↓	einmarschieren	Dorf
↓	stoßen*	*erbittert, Widerstand*
Einheiten*	leisten	↓
↓	erleiden*	*schwer, Verluste*

Der Diktator beschleunigte die Aufrüstung der Streitkräfte.

Der Diktator führte die allgemeine Wehrpflicht ein.

Der Diktator hielt ständig Militärparaden ab.

Der Nachbarstaat protestierte gegen die Militärparaden.

Der Nachbarstaat ordnete die allgemeine Mobilmachung an.

Der Nachbarstaat verbündete sich mit Neulandien.

Der Nachbarstaat versetzte seine Flotte in Alarmbereitschaft.

Der Kriegsminister inspizierte die Flotte.

Das Regime rüstete die Flotte auf.

Das Regime erklärte dem Nachbarstaat den Krieg.

Das Regime überfiel den Nachbarstaat.

Das Land wurde von den Truppen des Nachbarstaates überfallen.

Der Stützpunkt wurde am frühen Morgen überfallen.

Der Angriff erfolgte am frühen Morgen.

Der Angriff richtete sich gegen ein Treibstofflager.

Der Angriff wurde als Vergeltungsaktion bezeichnet.

Der Angriff dauerte nur wenige Stunden.

Der Krieg dauerte von 1939 bis 1945.

Der Krieg weitete sich auf den Norden des Landes aus.

Der Krieg forderte unzählige Opfer.

Die UNO forderte die Einstellung der Kämpfe.

Die UNO verurteilte die Angriffe.

Die Soldaten wehrten die Angriffe ab.

Die Zivilbevölkerung hatte unter den Angriffen zu leiden.

Die Zivilbevölkerung suchte Schutz vor den Angriffen.

Die Menschen suchten Schutz in den Luftschutzräumen.

Die Menschen flüchteten (sich) in die Luftschutzräume.

Die Menschen verbrachten die Nacht in den Luftschutzräumen.

Die Soldaten verbrachten die Nacht im Schützengraben.

Die Soldaten gingen hinter einem Hügel in Deckung.

Die Soldaten führten den Befehl aus.

Die Soldaten zeichneten sich durch große Tapferkeit aus.

Die Soldaten marschierten in das Dorf ein.

Die Soldaten stießen auf erbitterten Widerstand.

Die Einheiten leisteten erbitterten Widerstand.

Die Einheiten erlitten schwere Verluste.

Ortschaft	um'zingeln* (Prät./P)	Angreifer (Pl.)
↓	einschließen (P)	Panzerverbände*
↓	beschießen (P)	Granaten*
↓	in Schutt und Asche legen*(P)	
↓	verwüsten*(P)	feindlich, Truppen
Nationalarmee	in die Flucht schlagen*	↓
↓	vertreiben*	↓
↓	abziehen	Einheiten
↓	antreten*	Rückzug
Rebellen*	sich befinden	↓
↓	sprengen*	Brücke
↓	legen	Minen
↓	erobern*	Flugplatz
↓	besetzen*	↓
Verteidiger* (Pl.)	räumen*	↓
Soldaten	↓	Rundfunkstation
↓	sich zurückziehen	Stellungen*.
↓	sich ergeben*	Übermacht
Kompanie	↓	nach, tagelang, Kämpfe
↓	ausrüsten* (=P)	schwer, Waffen
Soldaten	↓	MGs*
↓	tarnen*	Fahrzeuge
↓	bewachen	↓
Lager	↓ (P)	Tag und Nacht
↓	schützen (=P)	Stacheldraht*
↓	um'geben (=P)	↓
↓	angreifen (P)	Luft
Hauptquartier*	↓ (P)	Raketen
↓	↓ (P)	Düsenjäger* (Pl.)
↓	in die Luft jagen* (P)	Partisanen
Grenzstation	belagern* (P)	↓
Soldaten	'überlaufen*	↓
↓	verweigern*	Gehorsam
↓	stellen (P)	vor, Kriegsgericht
↓	verurteilen (P)	Meuterei*
Deserteur	↓ (P)	Tod

Die Ortschaft wurde von den Angreifern umzingelt.

Die Ortschaft wurde von Panzerverbänden eingeschlossen.

Die Ortschaft wurde mit Granaten beschossen.

Die Ortschaft wurde in Schutt und Asche gelegt.

Die Ortschaft wurde von den feindlichen Truppen verwüstet.

Die Nationalarmee schlug die feindlichen Truppen in die Flucht.

Die Nationalarmee vertrieb die feindlichen Truppen.

Die Nationalarmee zog Einheiten ab.

Die Nationalarmee trat den Rückzug an.

Die Rebellen befanden sich auf dem Rückzug.

Die Rebellen sprengten eine Brücke.

Die Rebellen legten Minen.

Die Rebellen eroberten den Flugplatz.

Die Rebellen besetzten den Flugplatz.

Die Verteidiger räumten den Flugplatz.

Die Soldaten räumten die Rundfunkstation.

Die Soldaten zogen sich in/hinter ihre Stellungen zurück.

Die Soldaten ergaben sich der Übermacht.

Die Kompanie ergab sich nach tagelangen Kämpfen.

Die Kompanie war mit schweren Waffen ausgerüstet.

Die Soldaten waren mit MGs ausgerüstet.

Die Soldaten tarnten die/ihre Fahrzeuge.

Die Soldaten bewachten die/ihre Fahrzeuge.

Das Lager wurde Tag und Nacht bewacht.

Das Lager war durch Stacheldraht geschützt.

Das Lager war von/mit Stacheldraht umgeben.

Das Lager wurde aus der Luft angegriffen.

Das Hauptquartier wurde mit Raketen angegriffen.

Das Hauptquartier wurde von Düsenjägern angegriffen.

Das Hauptquartier wurde von den Partisanen in die Luft gejagt.

Die Grenzstation wurde von den Partisanen belagert.

Die Soldaten liefen zu den Partisanen über.

Die Soldaten verweigerten den Gehorsam.

Die Soldaten wurden vor ein Kriegsgericht gestellt.

Die Soldaten wurden wegen Meuterei verurteilt.

Der Deserteur wurde zum Tod verurteilt.

Soldaten	verwunden (Prät./P)	Überfall
↓	versorgen* (P)	Sanitäter (Pl.)
Verwundete (Pl.)	↓ (P)	Medikamente
↓	einliefern (P)	Lazarett*
viele	behandeln (P)	↓
↓	fallen*	Angriffe
Soldaten	sich verteidigen*	↓
nur wenige	über'leben	↓
Luftwaffe	verstärken	↓
↓	bombardieren	Nachschubwege*
Militärflugzeuge	↓	Rüstungsbetrieb*
↓	abwerfen	Bomben
↓	zerstören	zahlreich, Panzer
↓	abschießen (P)	Atlantik
↓	versenken*	Flugzeugträger*
Hubschrauber*	landen	↓↑
↓	↓	Nähe (Munitionslager)
Bombe	explodieren	↓
Düsenjäger*	↓	Luft
Flugzeug	auftanken* (P)	↓
↓	verletzen	ägyptisch, Luftraum
↓	eindringen*	↓
U-Boot*	↓	Hoheitsgewässer* (Pl.) (Irak)
Armee	↓	Süden (Land)
↓	über'schreiten*	Grenze
Einheiten*	stationieren (P)	an, ↓
↓	sich beteiligen	Manöver
Rekruten*	ziehen*	↓
↓	ableisten*	Wehrdienst*
↓	ausbilden (P)	Unteroffiziere
↓	teilnehmen	Lehrgänge*
↓	'unterbringen* (=P)	Kasernen*
Fallschirmjäger* (Pl.)	zurückkehren	↓↑
↓	einsetzen* (P)	Eroberung* (Insel)
↓	gefangennehmen (P)	Spezialeinheit
↓	entwaffnen* (P)	Gefangennahme

Die Soldaten wurden bei dem Überfall verwundet.

Die Soldaten wurden von Sanitätern versorgt.

Die Verwundeten wurden mit Medikamenten versorgt.

Die Verwundeten wurden ins / in das Lazarett eingeliefert.

Viele wurden im Lazarett behandelt.

Viele fielen bei den Angriffen.

Die Soldaten verteidigten sich gegen die Angriffe.

Nur wenige überlebten die Angriffe.

Die Luftwaffe verstärkte die/ihre Angriffe.

Die Luftwaffe bombardierte die Nachschubwege.

Die Militärflugzeuge bombardierten einen Rüstungsbetrieb.

Die Militärflugzeuge warfen Bomben ab.

Die Militärflugzeuge zerstörten zahlreiche Panzer.

Die Militärflugzeuge wurden über dem Atlantik abgeschossen.

Die Militärflugzeuge versenkten einen Flugzeugträger.

Der Hubschrauber landete auf dem Flugzeugträger.

Der Hubschrauber landete in der Nähe eines Munitionslagers.

Die Bombe explodierte in der Nähe eines Munitionslagers.

Der Düsenjäger explodierte in der Luft.

Das Flugzeug wurde in der Luft aufgetankt.

Das Flugzeug verletzte den ägyptischen Luftraum.

Das Flugzeug drang in den ägyptischen Luftraum ein.

Das U-Boot drang in die Hoheitsgewässer des Irak(s) ein.

Die Armee drang in den Süden des Landes ein.

Die Armee überschritt die Grenze.

Die Einheiten wurden an der Grenze stationiert.

Die Einheiten beteiligten sich an dem Manöver.

Die Rekruten zogen ins Manöver.

Die Rekruten leisteten ihren Wehrdienst ab.

Die Rekruten wurden von Unteroffizieren ausgebildet.

Die Rekruten nahmen an Lehrgängen teil.

Die Rekruten waren in Kasernen untergebracht.

Die Fallschirmjäger kehrten in die Kasernen zurück.

Die Fallschirmjäger wurden zur / bei der Eroberung der Insel eingesetzt.

Die Fallschirmjäger wurden von einer Spezialeinheit gefangen genommen.

Die Fallschirmjäger wurden bei ihrer Gefangennahme entwaffnet.

Offizier	geraten* *(Prät.)*	*Gefangenschaft*
Kriegsgefangene *(Pl.)*	freilassen *(P)*	↓↑
↓	verrichten*	*Zwangsarbeiten*
↓	behandeln *(P)*	gemäß, Genfer Konvention*
↓	austauschen *(P)*	Vermittlung (Rotes Kreuz)
↓	erschießen *(P)*	*Fluchtversuch*
Partisanen	↓	*Landesverrat*
↓	eröffnen*	Feuer
Belagerer* *(Pl.)*	einstellen*	↓
Kämpfe	↓ *(P)*	*alle, Fronten*
↓	erneut ausbrechen	Nacht; ⇒ Dienstag
↓	fortsetzen *(P)*	trotz, Waffenstillstand
Friedensgespräche	↓	*geheim, Ort*
Oberbefehlshaber* *(Pl.)*	verhandeln*	↓
Verteidigungsminister	↓	Aufständische* *(Pl.)*
↓	ein Ultimatum stellen	↓
↓	drohen	Bombardierung (Hafen)
Kriegsminister	↓	Einsatz *(schwer, Artillerie)*
↓	verhängen*	*Blockade*
↓	aufheben*	Blockade (Stadt)
↓	bestehen	bedingungslos, Kapitulation
General	unter'zeichnen*	↓
↓	warnen	*Militärputsch*
hoch, Offiziere	planen	↓
Rebellen*	↓	*Attentat*; Kommandozentrale
↓	verüben*	↓
↓	plündern*	*Waffenlager*
↓	sich bereit erklären	*Feuerpause*
kämpfend, Parteien	vereinbaren	↓
↓	schließen	*Waffenstillstand*
Truppen (UNO)	über'wachen*	↓↑
Waffenstillstand	↓ *(P)*	*Blauhelm-Soldaten*
↓	mehrmals brechen *(P)*	Kriegsgegner *(Pl.)*
↓	einhalten *(P)*	↓
Unterhändler*	Friedensvorschläge machen	↓
Präsident	zur Versöhnung* aufrufen	↓

Der Offizier geriet in Gefangenschaft.

Die Kriegsgefangenen wurden aus der Gefangenschaft freigelassen.

Die Kriegsgefangenen verrichteten Zwangsarbeiten.

Die Kriegsgefangenen wurden gemäß der Genfer Konvention behandelt.

Die Kriegsgefangenen wurden durch die Vermittlung des Roten Kreuzes ausgetauscht.

Die Kriegsgefangenen wurden bei einem Fluchtversuch erschossen.

Die Partisanen wurden wegen Landesverrats erschossen.

Die Partisanen eröffneten das Feuer.

Die Belagerer stellten das Feuer ein.

Die Kämpfe wurden an allen Fronten eingestellt.

Die Kämpfe brachen in der Nacht zum Dienstag erneut aus.

Die Kämpfe wurden trotz des Waffenstillstands fortgesetzt.

Die Friedensgespräche wurden an einem geheimen Ort fortgesetzt.

Die Oberbefehlshaber verhandelten an einem geheimen Ort.

Der Verteidigungsminister verhandelte mit den Aufständischen.

Der Verteidigungsminister stellte den Aufständischen ein Ultimatum.

Der Verteidigungsminister drohte mit der Bombardierung des Hafens.

Der Kriegsminister drohte mit dem Einsatz schwerer Artillerie.

Der Kriegsminister verhängte eine Blockade.

Der Kriegsminister hob die Blockade der Stadt auf.

Der Kriegsminister bestand auf der bedingungslosen Kapitulation.

Der General unterzeichnete die bedingungslose Kapitulation.

Der General warnte vor einem Militärputsch.

Hohe Offiziere planten einen Militärputsch.

Die Rebellen planten ein Attentat auf die Kommandozentrale.

Die Rebellen verübten ein Attentat auf die Kommandozentrale.

Die Rebellen plünderten ein Waffenlager.

Die Rebellen erklärten sich zu einer Feuerpause bereit.

Die kämpfenden Parteien vereinbarten eine Feuerpause.

Die kämpfenden Parteien schlossen einen Waffenstillstand.

Die Truppen der UNO überwachten den Waffenstillstand.

Der Waffenstillstand wurde von Blauhelm-Soldaten überwacht.

Der Waffenstillstand wurde mehrmals von den Kriegsgegnern gebrochen.

Der Waffenstillstand wurde von den Kriegsgegnern eingehalten.

Der Unterhändler machte den Kriegsgegnern Friedensvorschläge.

Der Präsident rief die Kriegsgegner zur Versöhnung auf.

3.4 Recht

Verbrechen (Pl.)	bestrafen (Präs./P)	Freiheitsstrafen
Vergehen* (Pl.)	↓	Freiheits- oder Geldstrafen
Verbrecher (Pl.)	↓	geltend, Recht
↓	früher ↓ (Prät./P)	Todesstrafe
↓	sollen abschrecken* (P)	↓
Gerichte	häufig verhängen*	↓
manch-, Menschen	befürworten* (Präs.)	↓
↓	wollen einführen*	↓
Parlament	abschaffen* (Prät.)	↓
↓	beschließen* (Präs.)	Gesetze
Bürger (Pl.)	einhalten*	↓↑
↓	sollen befolgen	↓
↓	sich halten*	↓
rKriminelle	↓ (/)	↓
↓	verstoßen*	↓
↓ (Pl.)	begehen*	Straftaten
Mann	↓ (Prät.)	Mord
↓	verüben*	Raubüberfall
Frau	↓	Diebstahl
↓	erwischen* (P)	↓
Bande*	↓ (P)	Einbruch
Männer	ertappen* (P)	↓
Einbrecher	↓ (P)	auf frischer Tat*
↓	flüchten	mit, Beute*
rUnbekannte	↓	offen, Fenster
↓	fliehen	Polizei
↓	sich verstecken	↓
↓	verfolgen (P)	Polizeistreife*
Dieb	↓ (P)	Kaufhausdetektiv
↓	festhalten (P)	Verkaufspersonal
↓	festnehmen (P)	Lokal*
↓	↓	Polizisten
Komplize* (Täter)	können fassen* (P)	↓↑
↓	sich sträuben*	Festnahme
Räuber	Widerstand leisten	bei, ↓
↓	über'wältigen* (P)	rPolizeibeamte

Verbrechen werden mit Freiheitsstrafen bestraft.

Vergehen werden mit Freiheits- oder Geldstrafen bestraft.

Verbrecher werden nach geltendem Recht bestraft.

Verbrecher wurden früher mit der Todesstrafe bestraft.

Verbrecher sollten durch die Todesstrafe abgeschreckt werden.

Die Gerichte verhängten häufig die Todesstrafe.

Manche Menschen befürworten die Todesstrafe.

Manche Menschen wollen die Todesstrafe einführen.

Das Parlament schaffte die Todesstrafe ab.

Das Parlament beschließt Gesetze.

Die Bürger halten die Gesetze ein.

Die Bürger sollen die Gesetze befolgen.

Die Bürger halten sich an die Gesetze.

Ein Krimineller hält sich nicht an die Gesetze.

Ein Krimineller verstößt gegen die Gesetze.

Kriminelle begehen Straftaten.

Der Mann beging einen Mord.

Der Mann verübte einen Raubüberfall.

Die Frau verübte einen Diebstahl.

Die Frau wurde bei einem Diebstahl erwischt.

Die Bande wurde bei einem Einbruch erwischt.

Die Männer wurden bei einem Einbruch ertappt.

Der Einbrecher wurde auf frischer Tat ertappt.

Der Einbrecher flüchtete mit seiner/der Beute.

Der Unbekannte flüchtete durch ein offenes Fenster.

Der Unbekannte floh vor der Polizei.

Der Unbekannte versteckte sich vor der Polizei.

Der Unbekannte wurde von einer Polizeistreife verfolgt.

Der Dieb wurde von einem Kaufhausdetektiv verfolgt.

Der Dieb wurde vom Verkaufspersonal festgehalten.

Der Dieb wurde in einem Lokal festgenommen.

Der Dieb wurde von Polizisten festgenommen.

Der Komplize des Täters konnte von den Polizisten gefasst werden.

Der Komplize des Täters sträubte sich gegen die/seine Festnahme.

Der Räuber leistete bei seiner/der Festnahme Widerstand.

Der Räuber wurde von einem Polizeibeamten überwältigt.

Polizisten	beschlagnahmen* *(Prät.)*	Schmuggelware*
↓	über'prüfen*	Personalien* (rVerhaftete)
↓	entwaffnen*	rUnbekannte
↓	durch'suchen	Wohnung (rVerdächtige*)
Villa	↓ *(P)*	*Kriminalbeamte (Pl.)*
↓	dienen	*Versteck*
Polizei	entdecken	↓↑
↓	↓	*Fingerabdrücke* (Täter)
↓	fahnden*	Räuber *(Pl.)*
Geldtransporter	über'fallen *(P)*	↓↑
↓↑	ausrauben *(P)*	*Unbekannte (Pl.)*
Kind	entführen* *(P)*	↓
↓	ansprechen *(P)*	*ca. 30-jährig, Mann*
Polizei	im Verdacht* haben *(Präs.)*	↓
↓	ermitteln*	↓
↓	verdächtigen*	↓
Mann	↓ *(P)*	Beteiligung; *an, Bankraub*
Hausmeister	↓ *(P)*	Diebstahl
↓	anzeigen* *(Prät./P)*	rBestohlene
Vertreter	↓ *(P)*	*Betrug**
↓	betrügen*	Firma
Firma	↓ *(P)*	*hoch, Geldbetrag*
Kassiererin	unter'schlagen*	↓
↓	verhaften *(P)*	*unter Betrugsverdacht*
↓	vernehmen* *(P)*	*Polizeikommissar*
Häftling*	↓ *(P)*	*mehrere Stunden*
Vernehmung*	dauern	↓
↓	stattfinden	*Anwesenheit (Dolmetscher)*
↓	↓	Polizeiwache
rVerdächtige*	bringen *(P)*	↓
↓	verweigern*	Aussage
↓	sich weigern*	*aussagen*
Autofahrer	↓	verlassen - Fahrzeug
↓	müssen, sich unter'ziehen*	*Blutprobe*
↓	müssen bezahlen	*Bußgeld**
Taschendieb	↓	*Geldstrafe*

Die Polizisten beschlagnahmten die Schmuggelware.

Die Polizisten überprüften die Personalien des Verhafteten.

Die Polizisten entwaffneten den Unbekannten.

Die Polizisten durchsuchten die Wohnung des Verdächtigen.

Die Villa wurde von Kriminalbeamten durchsucht.

Die Villa diente als Versteck.

Die Polizei entdeckte das Versteck.

Die Polizei entdeckte Fingerabdrücke des Täters.

Die Polizei fahndete nach den Räubern.

Ein Geldtransporter wurde von Räubern überfallen.

Der Geldtransporter wurde von Unbekannten ausgeraubt.

Das Kind wurde von Unbekannten entführt.

Das Kind wurde von einem etwa/zirka dreißigjährigen Mann angesprochen.

Die Polizei hat einen etwa dreißigjährigen Mann im Verdacht.

Die Polizei ermittelt gegen einen etwa dreißigjährigen Mann.

Die Polizei verdächtigt einen etwa dreißigjährigen Mann.

Der Mann wird der Beteiligung an einem Bankraub verdächtigt.

Der Hausmeister wird des Diebstahls verdächtigt.

Der Hausmeister wurde von dem Bestohlenen angezeigt.

Der Vertreter wurde wegen Betrugs angezeigt.

Der Vertreter betrog die Firma.

Die Firma wurde um einen hohen Geldbetrag betrogen.

Die Kassiererin unterschlug einen hohen Geldbetrag.

Die Kassiererin wurde unter Betrugsverdacht verhaftet.

Die Kassiererin wurde von einem Polizeikommissar vernommen.

Der Häftling wurde mehrere Stunden vernommen.

Die Vernehmung dauerte mehrere Stunden.

Die Vernehmung fand in Anwesenheit eines Dolmetschers statt.

Die Vernehmung fand auf der Polizeiwache statt.

Der Verdächtige wurde auf die Polizeiwache gebracht.

Der Verdächtige verweigerte die Aussage.

Der Verdächtige weigerte sich auszusagen.

Der Autofahrer weigerte sich sein/das Fahrzeug zu verlassen.

Der Autofahrer musste sich einer Blutprobe unterziehen.

Der Autofahrer musste (ein) Bußgeld bezahlen.

Der Taschendieb musste eine Geldstrafe bezahlen.

Richter	anordnen* *(Prät.)*	*Untersuchungshaft**
Mann	sich befinden	↓
↓	entlassen *(P)*	↓↑
Betrüger*	↓ *(P)*	Gefängnis
Mörder	sitzen *(Präs.)*	↓
↓	verbüßen*	*langjährig, Freiheitsstrafe*
Mann	↓	*Strafe – Körperverletzung*
↓	handeln *(Prät.)*	*in Notwehr**
Täter	↓	*Eifersucht*
↓	vor Gericht stellen *(P)*	*Totschlag**
Mann	↓	*Vergewaltigung**
↓	anklagen* *(P)*	*Drogenhandel*
Frau	↓	*Mord; Ehemann*
↓	freilassen *(P)*	*Mangel; an, Beweise*
rTatverdächtige	↓ *(P)*	*gegen Kaution**
↓	erscheinen	*vor Gericht*
↓	↓	Verhandlung
Richter	eröffnen	↓
↓	Fragen stellen	rAngeklagte
↓	zur Sache befragen	↓
Zeuge	↓ *(P)*	rVorsitzende
↓	aussagen	*unter Eid**
↓	belasten*	eAngeklagte
Zeugin	widersprechen	↓
↓	bestätigen	Aussage (rAngeklagte)
Dolmetscher	übersetzen	↓
Staatsanwalt	für unglaubwürdig halten	↓
↓	beantragen*	Ausschluss (Öffentlichkeit)
↓	anfordern	*Gutachten**
rSachverständige*	erstellen*	↓
↓	verlesen	↓↑
Staatsanwalt	↓	Anklageschrift
↓	bezweifeln	Alibi* (rAngeklagte)
↓	zweifeln	Unschuld (rAngeklagte)
↓	für schuldig halten	rAngeklagte
↓	plädieren*	*streng, Bestrafung*

Der Richter ordnete (eine) Untersuchungshaft an.

Der Mann befand sich in Untersuchungshaft.

Der Mann wurde aus der Untersuchungshaft entlassen.

Der Betrüger wurde aus dem Gefängnis entlassen.

Der Mörder sitzt im Gefängnis.

Der Mörder verbüßt eine langjährige Freiheitsstrafe.

Der Mann verbüßt eine Strafe wegen Körperverletzung.

Der Mann handelte in Notwehr.

Der Täter handelte aus Eifersucht.

Der Täter wurde wegen Totschlags vor Gericht gestellt.

Der Mann wurde wegen Vergewaltigung vor Gericht gestellt.

Der Mann wurde wegen Drogenhandels angeklagt.

Die Frau wurde wegen Mordes an ihrem Ehemann angeklagt.

Die Frau wurde wegen Mangels an Beweisen freigelassen.

Der Tatverdächtige wurde gegen (eine) Kaution freigelassen.

Der Tatverdächtige erschien vor Gericht.

Der Tatverdächtige erschien zur Verhandlung.

Der Richter eröffnete die Verhandlung.

Der Richter stellte dem Angeklagten Fragen.

Der Richter befragte den Angeklagten zur Sache.

Der Zeuge wurde vom Vorsitzenden zur Sache befragt.

Der Zeuge sagte unter Eid aus.

Der Zeuge belastete die Angeklagte.

Die Zeugin widersprach der Angeklagten.

Die Zeugin bestätigte die Aussage des Angeklagten.

Ein Dolmetscher übersetzte die Aussage des Angeklagten.

Der Staatsanwalt hielt die Aussage des Angeklagten für unglaubwürdig.

Der Staatsanwalt beantragte den Ausschluss der Öffentlichkeit.

Der Staatsanwalt forderte ein Gutachten an.

Der Sachverständige erstellte ein Gutachten.

Der Sachverständige verlas das Gutachten.

Der Staatsanwalt verlas die Anklageschrift.

Der Staatsanwalt bezweifelte das Alibi des Angeklagten.

Der Staatsanwalt zweifelte an der Unschuld des Angeklagten.

Der Staatsanwalt hielt den Angeklagten für schuldig.

Der Staatsanwalt plädierte für eine strenge Bestrafung.

Verteidiger	bestehen *(Prät.)*	Vereidigung* (Zeuge)
↓	bezeichnen	rAngeklagte _unschuldig_
↓	fordern	Freispruch (rAngeklagte)
↓	rechnen	↓
rAngeklagte	↓	Einstellung* (Verfahren*)
↓	widerrufen*	Geständnis*
↓	bestreiten*	Bestechung*
↓	leugnen*	Urkundenfälschung
↓	zugeben*	Fahrerflucht*
↓	gestehen*	Brandstiftung*
Mann	verurteilen *(P)*	↓↑
↓	↓	_aufgrund, Indizien*_
↓	↓	_Freiheitsstrafe; 2 Jahre_
↓	freisprechen *(P)*	_erwiesen*, Unschuld_
eAngeklagte	↓ *(P)*	Vorwurf (Erpressung*)
↓	bereuen*	Tat
↓	bitten	_mild, Urteil_
Zuhörer *(Pl.)*	erwarten	↓
↓	gespannt warten	Urteil
Gericht	beraten	über, ↓
↓	sich zurückziehen	zu, Beratung
↓	bestehen	_Richter (Pl.) + Schöffen*_
↓	fällen*	Urteil
Richterin	verkünden*	↓
Täter	annehmen	↓
rVerurteilte	Berufung* einlegen	↓
↓	haben	_Vorstrafen_
Richter	aufzählen	↓↑
↓	anordnen*	Einweisung; _Heilanstalt*_
↓	verlassen	Saal
rVerurteilte	führen *(P)*	aus, ↓
↓	abführen *(P)*	_Handschellen*_
↓	einliefern *(P)*	_Haftanstalt*_
↓	ein Gnadengesuch* stellen	Präsident
↓	begnadigen* *(P)*	↓
↓	auf freien Fuß setzen* *(P)*	

Der Verteidiger bestand auf der Vereidigung des Zeugen.

Der Verteidiger bezeichnete den Angeklagten als unschuldig.

Der Verteidiger forderte den Freispruch des Angeklagten.

Der Verteidiger rechnete mit dem Freispruch des Angeklagten.

Der Angeklagte rechnete mit der Einstellung des Verfahrens.

Der Angeklagte widerrief sein Geständnis.

Der Angeklagte bestritt die Bestechung.

Der Angeklagte leugnete die Urkundenfälschung.

Der Angeklagte gab die Fahrerflucht zu.

Der Angeklagte gestand die Brandstiftung.

Der Mann wurde wegen Brandstiftung verurteilt.

Der Mann wurde aufgrund von Indizien verurteilt.

Der Mann wurde zu einer Freiheitsstrafe von 2 Jahren verurteilt.

Der Mann wurde wegen erwiesener Unschuld freigesprochen.

Die Angeklagte wurde vom Vorwurf der Erpressung freigesprochen.

Die Angeklagte bereute ihre/die Tat.

Die Angeklagte bat um ein mildes Urteil.

Die Zuhörer erwarteten ein mildes Urteil.

Die Zuhörer warteten gespannt auf das Urteil.

Das Gericht beriet über das Urteil.

Das Gericht zog sich zur Beratung zurück.

Das Gericht bestand aus Richtern und Schöffen.

Das Gericht fällte das Urteil.

Die Richterin verkündete das Urteil.

Der Täter nahm das Urteil an.

Der Verurteilte legte Berufung gegen das Urteil ein / legte gegen das Urteil Berufung ein.

Der Verurteilte hatte Vorstrafen.

Der Richter zählte die Vorstrafen auf.

Der Richter ordnete die Einweisung in eine Heilanstalt an.

Der Richter verließ den Saal.

Der Verurteilte wurde aus dem Saal geführt.

Der Verurteilte wurde in Handschellen abgeführt.

Der Verurteilte wurde in eine Haftanstalt eingeliefert.

Der Verurteilte stellte beim Präsidenten ein Gnadengesuch.

Der Verurteilte wurde vom Präsidenten begnadigt.

Der Verurteilte wurde auf freien Fuß gesetzt.

3.5 Wirtschaft und Handel

Schreiner*	herstellen (Präs.)	Tisch
manch-, Spielsachen	↓ (P)	von Hand*
↓	↓ (P)	in Heimarbeit*
Autos	↓ (P)	Fließband*
Kühlschränke	produzieren (P)	↓
dieses Produkt	↓ (P)	Akkordarbeit*
Fernsehgeräte	↓ (P)	zahlreich, Firmen
↓↑	testen (P)	Qualität
Handwerker	achten	↓
Mechaniker	↓ (Prät.)	sorgfältig, Ausführung
↓	benutzen	elektronisch, Prüfgerät
Erfinder	entwickeln	↓
Ingenieur	↓	neuartig, Verfahren*
japanisch, Firma	sich bedienen*	↓
Hersteller	lassen patentieren	↓↑
↓	verwenden (Präs.)	herkömmlich*, Materialien
Schmied	↓	traditionell, Werkzeug
↓	arbeiten	Werkstatt
Fabrik	↓	rund um die Uhr
↓	erzeugen	Eisenwaren
Strom	↓ (P)	Kraftwerke*
↓	antreiben*	Maschinen
Maschine	↓ (P)	elektrisch, Energie
↓	bedienen (P)	mehrere Arbeiter
↓	ersetzen	↓
menschlich, Arbeitskraft	↓ (P)	Maschinen
Computer (Pl.)	steuern*	↓↑
Produktion	↓ (P)	Computer (Pl.)
↓	verlaufen	nach Plan
↓	verlagern* (P)	Ausland
dieses Modell	fertigen* (P)	↓
Bürolampe	↓ (P)	schwedisch, Firma
↓	auf den Markt kommen	Frühjahr
Produktion	planen (=P)	↓
↓	anlaufen*	kommend, Jahr
↓	aufnehmen* (P)	Herbst

Der Schreiner stellt einen Tisch her.

Manche Spielsachen werden von Hand hergestellt.

Manche Spielsachen werden in Heimarbeit hergestellt.

Autos werden am Fließband hergestellt.

Kühlschränke werden am Fließband produziert.

Dieses Produkt wird in Akkordarbeit produziert.

Fernsehgeräte werden von zahlreichen Firmen produziert.

Die Fernsehgeräte werden auf (ihre) Qualität getestet.

Der Handwerker achtet auf Qualität.

Der Mechaniker achtete auf sorgfältige Ausführung.

Der Mechaniker benutzte ein elektronisches Prüfgerät.

Der Erfinder entwickelte ein elektronisches Prüfgerät.

Der Ingenieur entwickelte ein neuartiges Verfahren.

Die japanische Firma bediente sich eines neuartigen Verfahrens.

Der Hersteller ließ das neuartige Verfahren patentieren.

Der Hersteller verwendet herkömmliche Materialien.

Der Schmied verwendet traditionelles Werkzeug.

Der Schmied arbeitet in einer Werkstatt.

Die Fabrik arbeitet rund um die Uhr.

Die Fabrik erzeugt Eisenwaren.

Der Strom wird durch Kraftwerke / in Kraftwerken erzeugt.

Der Strom treibt Maschinen an.

Die Maschine wird durch elektrische Energie angetrieben.

Die Maschine wird von mehreren Arbeitern bedient.

Die Maschine ersetzt mehrere Arbeiter.

Die menschliche Arbeitskraft wird durch/von Maschinen ersetzt.

Computer steuern die Maschinen.

Die Produktion wird durch Computer / von Computern gesteuert.

Die Produktion verläuft nach Plan.

Die Produktion wird ins Ausland verlagert.

Dieses Modell wird im Ausland gefertigt.

Die Bürolampe wird von einer schwedischen Firma gefertigt.

Die Bürolampe kommt im Frühjahr auf den Markt.

Die Produktion ist für das Frühjahr geplant.

Die Produktion läuft im kommenden Jahr an.

Die Produktion wird im Herbst aufgenommen.

Firma	liefern *(Präs.)*	*Waren*	Einzelhandel*
↓	↓	*Maschinen*	USA
↓	gründen *(Prät.)*	*Zweigstelle*	↓
Konzern	schließen	↓↑	*Kostengründe*
↓	↓	Fabrik	*Auftragsmangel**
Chef	bezeichnen	↓	*unrentabel*
↓	↓ *(Präs.)*	Sportgeschäft	*Goldgrube**
Sohn	über'nehmen	↓	Vater
Herr Krone	kaufen	↓	*halb, Million*
Betrieb	↓	*Papier*	*finnisch, Firma*
↓	verkaufen	*Ersatzteile*	↓
Kunde	fragen	↓	Auto
↓	↓	*Zubehör**	↓
Unternehmen	handeln	↓	*EDV-Anlagen**
Unternehmer	↓ *(Prät.)*	*Programme*	↓
↓	sich erkundigen	*Zusatzgeräte*	↓
↓	↓	Chancen	Weltmarkt
↓	absetzen*	Produkte	↓
Händler	↓ *(Präs.)*	↓	*Schleuderpreise**
Firma	ausstellen	↓	Messe*
Modehaus	↓	neuest-, Kollektion	↓
↓	vorstellen	↓	Presse
↓	zeigen	neu, Modelle	Schaufenster
↓	anbieten	↓	*günstig, Preise*
Fa. Hansen A.G.	↓	Erzeugnisse	brasilianisch, Markt
↓	bestellen	Bürobedarf	Großhandel*
↓	lagern	*Waren*	*Halle*
Bank	↓	*Gold*	Tresor
Künstler	verarbeiten	↓	*Schmuck*
Fabrik	↓	*Rohstoffe*	Fertigprodukte
↓	beziehen*	↓	*Osteuropa*
Textilunternehmen	↓	*Seide*	*China*
↓	suchen	*Geschäftspartner (Pl.)*	↓
↓	↓	*Abnehmer* (Pl.)*	Produkte
↓	↓ *(Prät.)*	*Absatzmärkte**	*Übersee**
↓	erzielen*	*Gewinne*	↓

Die Firma liefert Waren an den Einzelhandel.

Die Firma liefert Maschinen in die USA.

Die Firma gründete eine Zweigstelle in den USA.

Der Konzern schloss die Zweigstelle aus Kostengründen.

Der Konzern schloss die Fabrik wegen Auftragsmangels.

Der Chef bezeichnete die Fabrik als unrentabel.

Der Chef bezeichnet das Sportgeschäft als Goldgrube.

Der Sohn übernimmt das Sportgeschäft von seinem Vater / seines Vaters.

Herr Krone kauft das Sportgeschäft für eine halbe Million.

Der Betrieb kauft Papier bei/von einer finnischen Firma.

Der Betrieb verkauft Ersatzteile an eine finnische Firma.

Der Kunde fragt nach Ersatzteilen für sein Auto.

Der Kunde fragt nach Zubehör für sein Auto.

Das Unternehmen handelt mit Zubehör für EDV-Anlagen.

Der Unternehmer handelte mit Programmen für EDV-Anlagen.

Der Unternehmer erkundigte sich nach Zusatzgeräten für EDV-Anlagen.

Der Unternehmer erkundigte sich nach den/seinen Chancen auf dem Weltmarkt.

Der Unternehmer setzte seine Produkte auf dem Weltmarkt ab.

Der Händler setzt seine Produkte zu Schleuderpreisen ab.

Die Firma stellt ihre Produkte auf der Messe aus.

Das Modehaus stellt seine neueste Kollektion auf der Messe aus.

Das Modehaus stellt seine neueste Kollektion der Presse vor.

Das Modehaus zeigt seine neuen Modelle im Schaufenster.

Das Modehaus bietet seine / die neuen Modelle zu günstigen Preisen an.

Fa. Hansen A.G. bietet ihre Erzeugnisse auf dem brasilianischen Markt an.

Fa. Hansen A.G. bestellt ihren Bürobedarf beim/im Großhandel.

Fa. Hansen A.G. lagert Waren in einer Halle.

Die Bank lagert Gold im Tresor.

Der Künstler verarbeitet Gold zu Schmuck.

Die Fabrik verarbeitet Rohstoffe zu Fertigprodukten.

Die Fabrik bezieht Rohstoffe aus Osteuropa.

Das Textilunternehmen bezieht Seide aus China.

Das Textilunternehmen sucht Geschäftspartner in China.

Das Textilunternehmen sucht Abnehmer für seine Produkte.

Das Textilunternehmen suchte Absatzmärkte in Übersee.

Das Textilunternehmen erzielte Gewinne in Übersee.

Deutschland	ausführen *(Präs.)*	*Industrieprodukte*	Niederlande
↓	einführen	*Agrarprodukte*	Dritte Welt
Europäische Union	ausweiten	Handel	↓
↓	steigern	Umsätze*	↓
↓	↓ *(Prät.)*	Warenaustausch	*Israel*
Neulandien	verdoppeln	↓	*Belgien*
↓	verdreifachen*	Ausfuhren	Europäische Union
↓	erhöhen	Importe	↓
↓	beschränken	↓	Vereinigte Staaten
Regierung	verringern	↓	*Hälfte*
Unternehmen	↓	Produktionskosten	*10 %*
↓	senken	↓	*Rationalisierung*
Produktionskosten	↓ *(P)*	*innerhalb, 2 Jahre*	*10 %*
Personalkosten	steigen	↓	*3 %*
Energieverbrauch	sich verringern	*innerhalb, 1 Jahr*	↓
Lieferzeiten	↓	*vergangen, Jahr*	*mehrere Wochen*
↓	schwanken	↓	*3–4 Monate*
Verkaufsleiter	schätzen *(Präs.)*	Lieferzeit	↓
Unternehmer	↓	Mehrkosten	*€ 100.000,–*
↓	liefern	*Waren*	↓
Firma	↓	Campingausrüstung	*frei Haus**
Kunde	bezahlen	↓	im Voraus
↓	beilegen*	Schreiben*	*Scheck*
Händler	↓ *(Prät.)*	Sendung	*Katalog*
Kundin	bitten	Versandhaus*	↓
↓	vereinbaren	Firma	*Liefertermin*
↓	erteilen*	↓	*Auftrag*
Firma	erhalten	Kundin	↓
↓	ausstellen*	Kunde	*Rechnung; 260 Euro*
Autohaus	einladen	↓	*Probefahrt*
↓	senden	↓	*Preisliste*
Kunde	anfordern	Firma	↓
↓	verlangen	↓	*Schadenersatz*
↓	bitten	↓	*Zahlungsaufschub**
Schuldner	↓	Gläubiger*	↓
↓	erinnern *(P)*	↓	*ausstehend*, Betrag*

Deutschland führt Industrieprodukte in die Niederlande aus.

Deutschland führt Agrarprodukte aus der Dritten Welt ein.

Die Europäische Union weitet den Handel mit der Dritten Welt aus.

Die Europäische Union steigert die Umsätze mit/in der Dritten Welt.

Die Europäische Union steigerte den Warenaustausch mit Israel.

Neulandien verdoppelte den Warenaustausch mit Belgien.

Neulandien verdreifachte seine/die Ausfuhren in die Europäische Union.

Neulandien erhöhte seine/die Importe aus der Europäischen Union.

Neulandien beschränkte seine/die Importe aus den Vereinigten Staaten.

Die Regierung verringerte die Importe um die Hälfte.

Das Unternehmen verringerte die Produktionskosten um zehn Prozent.

Das Unternehmen senkte die Produktionskosten durch Rationalisierung.

Die Produktionskosten wurden innerhalb von zwei Jahren um zehn Prozent gesenkt.

Die Personalkosten stiegen innerhalb von zwei Jahren um drei Prozent.

Der Energieverbrauch verringerte sich innerhalb eines Jahres um drei Prozent.

Die Lieferzeiten verringerten sich im vergangenen Jahr um mehrere Wochen.

Die Lieferzeiten schwankten im vergangenen Jahr zwischen drei und vier Monaten.

Der Verkaufsleiter schätzt die Lieferzeit auf drei bis vier Monate.

Der Unternehmer schätzt die Mehrkosten auf 100.000 Euro.

Der Unternehmer liefert Waren für 100.000 Euro.

Die Firma liefert die Campingausrüstung frei Haus.

Der Kunde bezahlt die Campingausrüstung im Voraus.

Der Kunde legt seinem/dem Schreiben einen Scheck bei.

Der Händler legte seiner/der Sendung einen Katalog bei.

Die Kundin bat das Versandhaus um einen Katalog.

Die Kundin vereinbarte mit der Firma einen Liefertermin.

Die Kundin erteilte der Firma einen Auftrag.

Die Firma erhielt von der Kundin einen Auftrag.

Die Firma stellte dem Kunden eine Rechnung über zweihundertsechzig Euro aus.

Das Autohaus lud den Kunden zu einer Probefahrt ein.

Das Autohaus sandte dem Kunden eine Preisliste.

Der Kunde forderte von/bei der Firma eine Preisliste an.

Der Kunde verlangte von der Firma Schadenersatz.

Der Kunde bat die Firma um (einen) Zahlungsaufschub.

Der Schuldner bat den Gläubiger um (einen) Zahlungsaufschub.

Der Schuldner wurde vom / von dem Gläubiger an den ausstehenden Betrag erinnert.

Unternehmer	investieren *(Präs.)*	neu, Maschinen
↓	einschränken *(Prät.)*	Ausgaben; Werbung
Produktion	↓ *(P)*	wegen, fehlend, Aufträge
↓	einstellen* *(P)*	30.6.
↓	begrenzen *(P)*	30 Stück; Tag
Ausstoß*	sich belaufen* *(Präs.)*	↓
Frachtkosten*	↓	€ 322,–
↓	erstatten* *(P)*	in voller Höhe
↓	erhöhen	Rechnungsbetrag
Rabatt*	abziehen *(P)*	↓
Kunde	über'weisen*	↓
Rechnungsbetrag	↓ *(P)*	Konto (Firma)
↓	entsprechen*	Kostenvoranschlag*
Firma	über'senden *(Prät.)*	↓↑
↓	sich verpflichten	einhalten* - Liefertermin
↓	vorlegen*	preiswert, Angebot
Kunde	sich interessieren	↓↑
↓	faxen*	Bestellung
Firma	ausführen	↓↑
Auftrag	↓ *(P)*	Zufriedenheit (Kunde)
↓	streichen* *(P)*	ohne Angabe (Gründe)
↓	↓ *(Präs./P)*	Terminüberschreitung*
↓	vergeben* *(P)*	günstigst-, Anbieter
↓	↓ *(Prät./P)*	britisch, Unternehmen
französisch, Firma	konkurrieren	↓↑
Unternehmen *(Pl.)*	↓ *(Präs.)*	Markt
↓	verdrängen*, sich	↓
Multis*	beherrschen	↓
Billigprodukte	über'schwemmen*	↓
Markt	↓ *(P)*	Billigprodukte
↓	sich regulieren	Angebot + Nachfrage*
↓	profitieren	steigend, Nachfrage
Wirtschaftsfachleute	rechnen	↓↑
↓	↓	allmählich*, Preisverfall
↓	voraussagen	Verschärfung (Wettbewerb*)
Wirtschaftsinstitut	↓	Aufschwung* (Konjunktur*)

Der Unternehmer investiert in neue Maschinen.

Der Unternehmer schränkte die Ausgaben für Werbung ein.

Die Produktion wurde wegen fehlender Aufträge eingeschränkt.

Die Produktion wurde am dreißigsten Sechsten eingestellt.

Die Produktion wurde auf dreißig Stück pro Tag begrenzt.

Der Ausstoß beläuft sich auf dreißig Stück pro Tag.

Die Frachtkosten belaufen sich auf dreihundertzweiundzwanzig Euro.

Die Frachtkosten werden in voller Höhe erstattet.

Die Frachtkosten erhöhen den Rechnungsbetrag.

Der Rabatt wird vom Rechnungsbetrag abgezogen.

Der Kunde überweist den Rechnungsbetrag.

Der Rechnungsbetrag wird auf das Konto der Firma überwiesen.

Der Rechnungsbetrag entspricht dem Kostenvoranschlag.

Die Firma übersandte einen Kostenvoranschlag.

Die Firma verpflichtete sich den Liefertermin einzuhalten.

Die Firma legte ein preiswertes Angebot vor.

Der Kunde interessierte sich für das preiswerte Angebot.

Der Kunde faxte eine Bestellung.

Die Firma führte die Bestellung aus.

Der Auftrag wurde zur Zufriedenheit des Kunden ausgeführt.

Der Auftrag wurde ohne Angabe von Gründen gestrichen.

Der Auftrag wird wegen / bei Terminüberschreitung gestrichen.

Der Auftrag wird an den günstigsten Anbieter vergeben.

Der Auftrag wurde an ein britisches Unternehmen vergeben.

Eine französische Firma konkurrierte mit dem britischen Unternehmen.

Die Unternehmen konkurrieren auf dem Markt.

Die Unternehmen verdrängen sich vom Markt.

Die Multis beherrschen den Markt.

Billigprodukte überschwemmen den Markt.

Der Markt wird von Billigprodukten überschwemmt.

Der Markt reguliert sich durch Angebot und Nachfrage.

Der Markt profitiert von der steigenden Nachfrage.

Die Wirtschaftsfachleute rechnen mit steigender / einer steigenden Nachfrage.

Die Wirtschaftsfachleute rechnen mit allmählichem / einem allmählichen Preisverfall.

Die Wirtschaftsfachleute sagen eine Verschärfung des Wettbewerbs voraus.

Das Wirtschaftsinstitut sagt einen Aufschwung der Konjunktur voraus.

Firmen	beliefern* (Präs.)	Kunden; In- und Ausland
↓	werben	↓
↓	↓	Gunst* (Verbraucher, Pl.)
Verlag	↓	Fernsehen + Presse
Waschmittelkonzern	↓	umweltfreundlich, Produkte
Plakat	↓	Möbel; Dänemark
↓	sollen verführen*	Möbelkauf
Verbraucher (Pl.)	↓ (P)	Kauf (Möbel)
↓	beeinflussen (P)	Reklame
Konzern	verstärken (Prät.)	↓↑
↓	'umsetzen*	Milliarden
↓	erweitern	Auslandsgeschäft
Unternehmen	Verluste machen	↓
↓	gewachsen* sein (/)	Wettbewerb
↓	Bankrott* machen	hoch, Verschuldung
↓	in Konkurs* gehen	↓
↓	klagen	Umsatzeinbußen*
Betrieb	↓ (Präs.)	Mangel; Facharbeiter (Pl.)
↓	beschäftigen	Schwarzarbeiter* (Pl.)
↓	bieten	gut, Aufstiegsmöglichkeiten
↓	bekannt sein	perfekt, Kundendienst
Verbraucher	erwarten	↓↑
Kunden	↓	einwandfrei*, Qualität
Firma	garantieren	↓
↓	↓	prompt*, Lieferung
↓	über'schreiten*	Lieferfrist
Liefertermin	dürfen ↓ (P)	auf keinen Fall
Lieferung	sich verzögern*	↓
Fertigstellung*	↓	Ende (Monat)
Garantie	ablaufen*	↓
Rechnung	begleichen* (P)	↓
↓	fällig* sein	Empfang (Ware)
Kunde	bestätigen (Prät.)	↓
↓	beanstanden*	Qualität (Ware)
↓	feststellen	Mängel*
Kundendienst	beheben*	↓↑

Die Firmen beliefern Kunden im In- und Ausland.

Die Firmen werben um Kunden im In- und Ausland.

Die Firmen werben um die Gunst der Verbraucher.

Der Verlag wirbt in Fernsehen und Presse.

Der Waschmittelkonzern wirbt für umweltfreundliche Produkte.

Das Plakat wirbt für Möbel aus Dänemark.

Das Plakat soll zum Möbelkauf verführen.

Die Verbraucher sollen zum Kauf von Möbeln verführt werden.

Die Verbraucher werden von/durch Reklame beeinflusst.

Der Konzern verstärkte seine Reklame.

Der Konzern setzte Milliarden um.

Der Konzern erweiterte sein/das Auslandsgeschäft.

Das Unternehmen machte Verluste im Auslandsgeschäft / machte … Verluste.

Das Unternehmen war dem Wettbewerb nicht gewachsen.

Das Unternehmen machte wegen/aufgrund hoher Verschuldung Bankrott.

Das Unternehmen ging wegen/aufgrund hoher Verschuldung in Konkurs.

Das Unternehmen klagte über Umsatzeinbußen.

Der Betrieb klagt über den Mangel an Facharbeitern.

Der Betrieb beschäftigt Schwarzarbeiter.

Der Betrieb bietet gute Aufstiegsmöglichkeiten.

Der Betrieb ist für seinen perfekten Kundendienst bekannt.

Der Verbraucher erwartet (einen) perfekten Kundendienst.

Die Kunden erwarten (eine) einwandfreie Qualität.

Die Firma garantiert (eine) einwandfreie Qualität.

Die Firma garantiert (eine) prompte Lieferung.

Die Firma überschreitet die Lieferfrist.

Der Liefertermin darf auf keinen Fall überschritten werden.

Die Lieferung verzögert sich auf keinen Fall.

Die Fertigstellung verzögert sich bis (zum) Ende des Monats.

Die Garantie läuft (am/zum) Ende des Monats ab.

Die Rechnung wird (am) Ende des Monats beglichen.

Die Rechnung ist beim Empfang der Ware fällig.

Der Kunde bestätigte den Empfang der Ware.

Der Kunde beanstandete die Qualität der Ware.

Der Kunde stellte Mängel fest.

Der Kundendienst behob die Mängel.

Herstellungskosten	liegen *(Präs.)*	unter, Verkaufspreis
↓	sich vermindern	Einsatz* *(Industrieroboter, Pl.)*
Gewinne	↓ *(Prät.)*	gestiegen, Lohnkosten
↓	zurückgehen	*Drittel*
Einfuhr *(Baumwolle*)*	↓	zweites Halbjahr
Jahresumsatz	↓	€ 45.000,- ⇒ € 30.000,-
↓	betragen*	€ 30.000,-
↓	über'treffen*	(Jahresumsatz) (Vorjahr)
Erfolg (Unternehmen)	↓ *(Präs.)*	*alle Erwartungen*
↓	gefährden *(=P)*	*Schutzzölle**
Auslandsexpansion	↓ *(Prät. / =P)*	*stark, Konkurrenz*
Unternehmen	zu kämpfen haben *(Prät.)*	↓
↓	sich 'durchsetzen*	↓
↓	↓ *(Präs.)*	asiatisch, Markt
↓	versorgen*	↓
↓	decken*	Bedarf*; *Sportartikel (Pl.)*
Firma	↓	Nachfrage*; *Freizeitkleidung*
↓	führen*	*Freizeitkleidung*
↓	verbilligen *(Prät.)*	*Reihe (Artikel)*
↓	im Rückstand sein	Lieferungen
Werk	↓	Produktion
↓	aufkommen*	Reparaturkosten
Unternehmen	über'nehmen	↓
↓	haften* *(Präs.)*	*Transportschäden*
Verpackung	verhindern	↓
↓	oft beschädigen *(P)*	Umladen
Ware	↓ *(P)*	*Transporte*
↓	können 'umtauschen *(P)*	*Nichtgefallen*
↓	abgeben *(P)*	*karitativ, Organisationen*
Pullover *(Pl.)*	↓ *(P)*	halb, Preis
↓	reißenden Absatz* finden	
↓	vorhanden* sein	*noch, gering, Mengen*
Restexemplare	↓	*noch, verschieden, Größen*
↓	zur Verfügung stellen *(P)*	*unentgeltlich**
Transportfahrzeuge	↓	Kunden
Firma	betreuen*	↓

Die Herstellungskosten liegen unter dem Verkaufspreis.

Die Herstellungskosten vermindern sich durch den Einsatz von Industrierobotern.

Die Gewinne verminderten sich durch die / wegen/infolge der gestiegenen Lohnkosten.

Die Gewinne gingen um ein Drittel zurück.

Die Einfuhr von Baumwolle ging im zweiten Halbjahr zurück.

Der Jahresumsatz ging von 45.000 auf 30.000 Euro zurück.

Der Jahresumsatz betrug 30.000 Euro.

Der Jahresumsatz übertraf den (Jahresumsatz) des Vorjahres.

Der Erfolg des Unternehmens übertrifft alle Erwartungen.

Der Erfolg des Unternehmens ist durch Schutzzölle gefährdet.

Die Auslandsexpansion war durch starke / wegen starker Konkurrenz gefährdet.

Das Unternehmen hatte gegen (eine) starke Konkurrenz zu kämpfen.

Das Unternehmen setzte sich gegen (eine) starke Konkurrenz durch.

Das Unternehmen setzt sich auf dem asiatischen Markt durch.

Das Unternehmen versorgt den asiatischen Markt.

Das Unternehmen deckt den Bedarf an Sportartikeln.

Die Firma deckt die Nachfrage nach Freizeitkleidung.

Die Firma führt Freizeitkleidung.

Die Firma verbilligte eine Reihe von Artikeln.

Die Firma war mit ihren/den Lieferungen im Rückstand.

Das Werk war mit der/seiner Produktion im Rückstand.

Das Werk kam für die Reparaturkosten auf.

Das Unternehmen übernahm die Reparaturkosten.

Das Unternehmen haftet bei/für Transportschäden.

Die Verpackung verhindert Transportschäden.

Die Verpackung wird beim Umladen oft beschädigt.

Die Ware wird bei Transporten / durch Transporte oft beschädigt.

Die Ware kann bei Nichtgefallen umgetauscht werden.

Die Ware wird an karitative Organisationen abgegeben.

Pullover werden zum halben Preis abgegeben.

Pullover finden reißenden Absatz.

Pullover sind noch in geringen Mengen vorhanden.

Restexemplare sind noch in verschiedenen Größen vorhanden.

Restexemplare werden unentgeltlich zur Verfügung gestellt.

Transportfahrzeuge werden den Kunden zur Verfügung gestellt.

Die Firma betreut die Kunden.

Arbeitsbedingungen	regeln *(Präs./P)*	*Tarifverträge**
Gewerkschaft*	kündigen*	↓↑
↓	fordern	Sicherung (Arbeitsplätze)
↓	bestehen	*5%ig, Lohnerhöhung*
Arbeitgeber *(Pl.)*	ablehnen	↓
↓	warnen	*Generalstreik*
Gewerkschaft	ausrufen* *(Prät.)*	↓↑
Arbeitnehmer *(Pl.)*	sich beteiligen	↓
↓	niederlegen	Arbeit
↓	treten*	*unbefristet, Streik*
↓	erwarten	*neu, Lohnangebot*
Arbeitgeber *(Pl.)*	machen	↓
↓	aussperren*	streikend, Arbeiter *(Pl.)*
Gewerkschaft	unter'stützen *(Präs.)*	↓↑
↓	drohen *(Prät.)*	*weiter, Kampfmaßnahmen*
↓	nicht mehr teilnehmen	Tarifverhandlungen*
↓	für gescheitert erklären*	↓
Tarifverhandlungen	↓ *(P)*	*beide Seiten*
↓	begleiten *(P)*	*Warnstreiks**
↓	fortsetzen *(P)*	Wochenende
↓	dauern	tief, Nacht
Tarifpartner* *(Pl.)*	verhandeln*	↓
↓	bestimmen	*Vermittler*
Arbeitskonflikt	sollen schlichten* *(P)*	↓
Gewerkschaften	Gespräche führen	↓↑
↓	aussetzen*	Streik
↓	machen	*Kompromissvorschläge*
Tarifpartner *(Pl.)*	diskutieren	↓↑
Arbeitgeber *(Pl.)*	zustimmen	↓
Gewerkschaft	↓	Kompromiss
Tarifpartner *(Pl.)*	sich einigen	↓↑
↓	beilegen*	Konflikt
Konflikt	↓ *(P)*	*Kompromiss*
Arbeitnehmer *(Pl.)*	abstimmen*	↓↑
Belegschaft*	zufrieden sein	↓
↓	wieder aufnehmen	Arbeit

Die Arbeitsbedingungen werden durch Tarifverträge geregelt.

Die Gewerkschaft kündigt die Tarifverträge.

Die Gewerkschaft fordert die Sicherung der Arbeitsplätze.

Die Gewerkschaft besteht auf einer fünfprozentigen Lohnerhöhung.

Die Arbeitgeber lehnen eine fünfprozentige Lohnerhöhung ab.

Die Arbeitgeber warnen vor einem Generalstreik.

Die Gewerkschaft rief den Generalstreik aus.

Die Arbeitnehmer beteiligten sich am / an dem Generalstreik.

Die Arbeitnehmer legten die Arbeit nieder.

Die Arbeitnehmer traten in einen unbefristeten Streik.

Die Arbeitnehmer erwarteten ein neues Lohnangebot.

Die Arbeitgeber machten ein neues Lohnangebot.

Die Arbeitgeber sperrten die streikenden Arbeiter aus.

Die Gewerkschaft unterstützt streikende Arbeiter.

Die Gewerkschaft drohte mit weiteren Kampfmaßnahmen.

Die Gewerkschaft nahm an den Tarifverhandlungen nicht mehr teil.

Die Gewerkschaft erklärte die Tarifverhandlungen für gescheitert.

Die Tarifverhandlungen wurden von beiden Seiten für gescheitert erklärt.

Die Tarifverhandlungen wurden von Warnstreiks begleitet.

Die Tarifverhandlungen wurden am Wochenende fortgesetzt.

Die Tarifverhandlungen dauerten bis in die tiefe Nacht / bis tief in die Nacht.

Die Tarifpartner verhandelten bis in die tiefe Nacht / bis tief in die Nacht.

Die Tarifpartner bestimmten einen Vermittler.

Der Arbeitskonflikt sollte durch einen Vermittler geschlichtet werden.

Die Gewerkschaften führten Gespräche mit dem Vermittler / mit dem Vermittler Gespräche.

Die Gewerkschaften setzten den Streik aus.

Die Gewerkschaften machten Kompromissvorschläge.

Die Tarifpartner diskutierten über die Kompromissvorschläge.

Die Arbeitgeber stimmten den Kompromissvorschlägen zu.

Die Gewerkschaft stimmte dem Kompromiss zu.

Die Tarifpartner einigten sich auf einen Kompromiss.

Die Tarifpartner legten den Konflikt bei.

Der Konflikt wurde durch einen / mit einem Kompromiss beigelegt.

Die Arbeitnehmer stimmten über den Kompromiss ab.

Die Belegschaft war mit dem Kompromiss zufrieden.

Die Belegschaft nahm die Arbeit wieder auf.

3.6 Geld

Bankkunde	abheben* (Prät.)	250 Euro	Geldautomat
↓	↓	größer, Summe	Girokonto
↓	einzahlen	Betrag	↓
Bank	abbuchen*	↓	↓
die meisten	lassen abbuchen (Präs.)	Telefongebühren*	↓
Familie Kunze	↓	Miete	Erster d.M.*
↓	über'weisen*	↓	Monatsbeginn
Rechnungsbetrag	↓ (P)	innerhalb, 1 Woche	mein Konto
↓	sich belaufen*	€ 74,–	
Zinssatz*	↓	3,8 %	Jahr
↓	sich erhöhen (Prät.)	↓	4,1 %
↓	steigen	innerhalb, 1 Monat	0,3 %
↓	erhöhen (P)	Bank	↓
Kaufmann	schulden	↓	hoch, Betrag
↓	aufnehmen	↓	Kredit
Pächter*	↓	↓	Darlehen*
Bank	gewähren*	Kunde	↓
Gläubiger*	↓	Schuldner	Zahlungsaufschub*
↓	vereinbaren	↓	↓
Firma	↓	Bank	Geschäft*
↓	zurückzahlen	↓	Summe
Geschäftsfrau	↓	Schulden	nach, 1 Jahr
Schulden	↓ (P)	monatlich, Raten*	
Darlehen	tilgen* (P)	↓	
Geschäftsmann	verdoppeln	↓↑	
Bank	↓	Gebühren	Kontoführung
↓	erhöhen	Zinsen	Sparkonten
↓	senken	↓	Girokonten
Kunde	bezeichnen	↓	zu niedrig
↓	↓	Bank	unseriös*
Anwältin	erteilen*	↓	Dauerauftrag*
↓	einreichen*	↓	Scheck
↓	einlösen*	Scheck	Sparkasse
Kundin	ausfüllen	↓	Druckbuchstaben
Bank	gutschreiben*	↓	Kundin
↓	↓	Zinsen*	Konto

Der Bankkunde hob 250 Euro am/beim Geldautomaten ab.

Der Bankkunde hob eine größere Summe vom / von seinem Girokonto ab.

Der Bankkunde zahlte den Betrag auf das/sein Girokonto ein.

Die Bank buchte den Betrag vom Girokonto ab.

Die meisten lassen die Telefongebühren von ihrem / vom Girokonto abbuchen.

Familie Kunze lässt die Miete am Ersten des Monats abbuchen.

Familie Kunze überweist die Miete am Monatsbeginn.

Der Rechnungsbetrag wird innerhalb einer Woche auf mein Konto überwiesen.

Der Rechnungsbetrag beläuft sich auf 74 Euro.

Der Zinssatz beläuft sich auf drei Komma acht Prozent pro Jahr.

Der Zinssatz erhöhte sich von 3,8 auf 4,1 Prozent.

Der Zinssatz stieg innerhalb eines Monats um null Komma drei Prozent.

Der Zinssatz wurde von der Bank um null Komma drei Prozent erhöht.

Der Kaufmann schuldete der Bank einen hohen Betrag.

Der Kaufmann nahm bei der Bank einen Kredit auf.

Der Pächter nahm bei der Bank ein Darlehen auf.

Die Bank gewährte dem Kunden ein Darlehen.

Der Gläubiger gewährte dem Schuldner (einen) Zahlungsaufschub.

Der Gläubiger vereinbarte mit dem Schuldner einen Zahlungsaufschub.

Die Firma vereinbarte mit der Bank ein Geschäft.

Die Firma zahlte der Bank die Summe zurück.

Die Geschäftsfrau zahlte die Schulden nach einem Jahr zurück.

Die Schulden wurden in monatlichen Raten zurückgezahlt.

Das Darlehen wurde in monatlichen Raten getilgt.

Der Geschäftsmann verdoppelte die monatlichen Raten.

Die Bank verdoppelte die Gebühren für die Kontoführung.

Die Bank erhöhte die Zinsen für Sparkonten.

Die Bank senkte die Zinsen für/auf Girokonten.

Der Kunde bezeichnete die Zinsen als zu niedrig.

Der Kunde bezeichnete die Bank als unseriös.

Die Anwältin erteilte der Bank einen Dauerauftrag.

Die Anwältin reichte bei der Bank einen Scheck ein.

Die Anwältin löste den Scheck bei der Sparkasse ein.

Die Kundin füllte den Scheck in/mit Druckbuchstaben aus.

Die Bank schrieb den Scheck der Kundin gut.

Die Bank schrieb die Zinsen dem Konto gut.

Studentin	eröffnen *(Prät.)*	*Konto*	Postbank
↓	lassen sperren*	↓↑	*ab sofort*
Kundin	über'ziehen*	↓	*150 Euro*
↓	auflösen*	↓	Deutsche Bank
↓	abholen	Schalter	Scheckkarte*
rBankangestellte	aushändigen*	Kunde	↓
↓	senden	Kontoauszüge*	neu, Adresse
Kunde	ordnen	↓	Datum
eBankangestellte	↓	Geldscheine	Wert
↓	halten	↓	gegen, Licht
↓	empfehlen	Kaufmann	*Geldanlage**
Vermögensberater*	↓	Geschäftsfrau	*Wertpapiere**
↓	vorschlagen	↓	Kauf *(Aktien*)*
↓	sich informieren	finanziell, Verhältnisse* (Kunde)	
↓	sich erkundigen	Autohändler	Gewinne
ich	↓	Bank	Wechselkurse*
↓	fragen	rBankangestellte	↓
Frau Wimmer	↓	↓	Kontostand*
↓	sich freuen	Guthaben*	Konto
↓	festlegen*	Geld	*ein Jahr*
Geschäftsmann	anlegen*	↓	*Aktien*
↓	leihen	↓↑	Bank
↓	'umtauschen	Münzen	*Scheine*
Touristin	werfen	↓	Automat
↓	wechseln	*Dollar*	*Rubel*
↓	bezahlen	Schmuck	*Scheck*
Geschäftsfrau	↓	Kleinbus	*in Raten*
rUnbekannte	↓	Rechnung	*Falschgeld*
Händler	begleichen*	↓	*in bar*
↓	prüfen	Unterschrift	Scheck
Betrüger	fälschen	↓	↓
Schülerin	bekommen	Onkel	↓↑
↓	füllen	Sparbüchse	*Kleingeld*
↓	sparen *(Präs.)*	*Geld*	*Fahrrad*
Unternehmer	aufbewahren*	↓↑	Tresor
Großmutter	verstecken	↓	unter, Matratze

Die Studentin eröffnete ein Konto bei der Postbank.

Die Studentin ließ das Konto ab sofort sperren.

Die Kundin überzog ihr Konto um 150 Euro.

Die Kundin löste ihr Konto bei der Deutschen Bank auf.

Die Kundin holte am Schalter die Scheckkarte ab / die Scheckkarte am Schalter ab.

Der Bankangestellte händigte dem Kunden die Scheckkarte aus.

Der Bankangestellte sandte die Kontoauszüge an die neue Adresse.

Der Kunde ordnete die Kontoauszüge nach dem/ihrem Datum.

Die Bankangestellte ordnete die Geldscheine nach ihrem Wert.

Die Bankangestellte hielt die Geldscheine gegen das Licht.

Die Bankangestellte empfahl dem Kaufmann eine Geldanlage.

Der Vermögensberater empfahl der Geschäftsfrau Wertpapiere.

Der Vermögensberater schlug der Geschäftsfrau den Kauf von Aktien vor.

Der Vermögensberater informierte sich über die finanziellen Verhältnisse des Kunden.

Der Vermögensberater erkundigte sich bei dem Autohändler nach den Gewinnen.

Ich erkundigte mich bei der Bank nach den Wechselkursen.

Ich fragte den Bankangestellten nach den Wechselkursen.

Frau Wimmer fragte den Bankangestellten nach dem/ihrem Kontostand.

Frau Wimmer freute sich über das Guthaben auf ihrem Konto.

Frau Wimmer legte das Geld auf/für ein Jahr fest.

Der Geschäftsmann legte das Geld in Aktien an.

Der Geschäftsmann lieh (sich) Geld von der Bank.

Der Geschäftsmann tauschte die Münzen in Scheine um.

Die Touristin warf die Münzen in den Automaten.

Die Touristin wechselte Dollar in Rubel.

Die Touristin bezahlte den Schmuck mit einem Scheck.

Die Geschäftsfrau bezahlte den Kleinbus in Raten.

Der Unbekannte bezahlte die Rechnung mit Falschgeld.

Der Händler beglich die Rechnung in bar.

Der Händler prüfte die Unterschrift auf dem Scheck.

Der Betrüger fälschte die Unterschrift auf dem Scheck.

Die Schülerin bekam von ihrem Onkel einen Scheck.

Die Schülerin füllte ihre Sparbüchse mit Kleingeld.

Die Schülerin spart Geld für ein Fahrrad.

Der Unternehmer bewahrt das Geld im Tresor auf.

Die Großmutter versteckt das Geld unter der Matratze.

3.7 Post und Telefon

Frau Wittmann	schreiben *(Prät.)*	*Brief*	ZDF*
↓	falten*	↓↑	*zweimal*
Mann	beilegen*	↓	*Foto*
↓	stecken	↓	*Umschlag*
Junge	kleben*	*Sondermarken*	↓↑
↓	kaufen	20 ↓	*1 Euro*
↓	fragen	Schalter	*neu, Briefmarken*
↓	↓	rBeamte	Postleitzahl*
Mädchen	↓	eAngestellte	*postlagernd*, Brief*
↓	einwerfen*	Postkarte	
Briefträger	werfen	↓	*unser Briefkasten*
↓	verlangen	Empfänger	*Nachgebühr**
Empfänger	bezahlen	Postbote	↓↑
↓	verweigern*	Annahme (Postsendung)	
↓	bestätigen	Erhalt (Päckchen)	
ePostangestellte	↓	Einzahlung	
↓	nachwiegen*	Päckchen	
↓	über'prüfen*	Gewicht (Päckchen)	
↓	berechnen	Porto*; Paket	
↓	stempeln	Brief	
Absender	schicken	↓	*mit Luftpost*
Geschäftsmann	↓	Rechnung	*per Einschreiben**
↓	aufgeben*	Post	*Telegramm*
↓	mieten	↓	*Postfach**
rAngestellte	legen *(Präs.)*	*Briefe*	↓↑
Post	senden	↓↑	*neu, Anschrift**
Firma	↓	↓	*durch Eilboten**
↓	↓	Waren	*per Nachnahme**
↓	verschicken*	*Prospekte*	*als Massendrucksache**
Post	befördern*	↓	*ermäßigt*, Preise*
↓	↓	*Pakete, bis 20 kg*	
↓	↓ (/)	*gefährlich, Güter**	
↓	leeren	Briefkasten	*auch, Sonntage*
↓	zustellen*	*Eilsendungen*	↓
Eilsendungen	↓ (P)	*6 Uhr – 22 Uhr*	
↓	aushändigen* (P)	*auch, Angehörige (Pl.) (Empfänger)*	

Frau Wittmann schrieb einen Brief an das ZDF.

Frau Wittmann faltete den Brief zweimal.

Der Mann legte dem Brief ein Foto bei.

Der Mann steckte den Brief in einen Umschlag.

Der Junge klebte Sondermarken auf den Umschlag.

Der Junge kaufte zwanzig Sondermarken zu einem Euro.

Der Junge fragte am Schalter nach neuen Briefmarken.

Der Junge fragte den Beamten nach der Postleitzahl.

Das Mädchen fragte die Angestellte nach einem postlagernden Brief.

Das Mädchen warf die Postkarte ein.

Der Briefträger warf die Postkarte in unseren Briefkasten.

Der Briefträger verlangte vom Empfänger eine Nachgebühr.

Der Empfänger bezahlte dem Postboten die Nachgebühr.

Der Empfänger verweigerte die Annahme der Postsendung.

Der Empfänger bestätigte den Erhalt des Päckchens.

Die Postangestellte bestätigte die Einzahlung.

Die Postangestellte wog das Päckchen nach.

Die Postangestellte überprüfte das Gewicht des Päckchens.

Die Postangestellte berechnete das Porto für das Paket.

Die Postangestellte stempelte den Brief.

Der Absender schickte den Brief mit Luftpost.

Der Geschäftsmann schickte die Rechnung per Einschreiben.

Der Geschäftsmann gab bei/auf der Post ein Telegramm auf.

Der Geschäftsmann mietete bei der Post ein Postfach.

Der Angestellte legt Briefe ins / in das Postfach.

Die Post sendet die Briefe an die neue Anschrift.

Die Firma sendet die Briefe durch Eilboten.

Die Firma sendet die Waren per Nachnahme.

Die Firma verschickt Prospekte als Massendrucksache.

Die Post befördert Prospekte zu ermäßigten Preisen.

Die Post befördert Pakete bis zu 20 kg.

Die Post befördert keine gefährlichen Güter.

Die Post leert den Briefkasten auch an Sonntagen.

Die Post stellt Eilsendungen auch an Sonntagen zu.

Eilsendungen werden zwischen 6 Uhr und 22 Uhr / von 6 Uhr bis 22 Uhr zugestellt.

Eilsendungen werden auch Angehörigen / an Angehörige des Empfängers ausgehändigt.

Herr Sedlmaier	sich anstellen *(Prät.)*	Telefonzelle
↓	aufschlagen*	Telefonbuch
↓	nachschlagen*	Vorwahlnummer
↓	wählen	angegeben, Nummer
↓	hören	Besetztzeichen
Frau Hofer	↓ läuten	Telefon
↓	anrufen *(P)*	*Freundin*
Vermieter	↓	*Wohnungssuchende (Pl.)*
↓	telefonieren	Wohnungsamt
↓	sich verwählen*	*zweimal*
↓	sich entschuldigen	Irrtum
↓	lassen, sich verbinden	Bürgermeister
↓	sich melden	Name
↓	haben *(Präs.)*	*automatisch, Anrufbeantworter*
Firma	verfügen*	↓
↓	↓	*Faxgerät*
↓	zu erreichen sein	Nr. 311574
Direktor	↓	vormittags, Büro
↓	auflegen *(Prät.)*	Hörer
Sekretärin	abnehmen	↓
↓	führen	*Ortsgespräche*
Post	verteuern	↓↑
↓	vermitteln *(Präs.)*	*Ferngespräche*
↓	verbilligen	↓↑
↓	verkaufen	*Telefonkarten*
Telefonkarten	↓ *(P)*	*jedes Postamt*
↓	erhältlich sein	↓
↓	sammeln *(P)*	*viel, Menschen*
Telefonauskunft	in Anspruch* nehmen *(P)*	↓
↓	zur Verfügung stehen	*alle Telefonkunden*
Telefonbuch	↓	Mitarbeiter *(Pl.)*
↓	enthalten	*Namen + Rufnummern**
Branchentelefonbuch*	↓	*Verzeichnis (Privatfirmen)*
↓	haben	*gelb, Seiten*
↓	ordnen *(=P)*	*Wirtschaftszweige**
Namen (Firmen)	↓ *(=P)*	Alphabet

Herr Sedlmaier stellte sich an/vor der Telefonzelle an.

Herr Sedlmaier schlug das Telefonbuch auf.

Herr Sedlmaier schlug die Vorwahlnummer nach.

Herr Sedlmaier wählte die angegebene Nummer.

Herr Sedlmaier hörte das Besetztzeichen.

Frau Hofer hörte das Telefon läuten.

Frau Hofer wurde von einer Freundin angerufen.

Der Vermieter wurde von Wohnungssuchenden angerufen.

Der Vermieter telefonierte mit dem Wohnungsamt.

Der Vermieter verwählte sich zweimal.

Der Vermieter entschuldigte sich für seinen/den Irrtum.

Der Vermieter ließ sich mit dem Bürgermeister verbinden.

Der Vermieter meldete sich mit seinem Namen.

Der Vermieter hat einen automatischen Anrufbeantworter.

Die Firma verfügt über einen automatischen Anrufbeantworter.

Die Firma verfügt über ein Faxgerät.

Die Firma ist unter der Nummer 311574 zu erreichen.

Der Direktor ist vormittags im / in seinem Büro zu erreichen.

Der Direktor legte den Hörer auf.

Die Sekretärin nahm den Hörer ab.

Die Sekretärin führte Ortsgespräche.

Die Post verteuerte die Ortsgespräche.

Die Post vermittelt Ferngespräche.

Die Post verbilligt die Ferngespräche.

Die Post verkauft Telefonkarten.

Telefonkarten werden auf/in jedem Postamt verkauft.

Telefonkarten sind in jedem Postamt erhältlich.

Telefonkarten werden von vielen Menschen gesammelt.

Die Telefonauskunft wird von vielen Menschen in Anspruch genommen.

Die Telefonauskunft steht allen Telefonkunden zur Verfügung.

Das Telefonbuch steht den Mitarbeitern zur Verfügung.

Das Telefonbuch enthält Namen und Rufnummern.

Das Branchentelefonbuch enthält ein Verzeichnis von Privatfirmen.

Das Branchentelefonbuch hat gelbe Seiten.

Das Branchentelefonbuch ist nach Wirtschaftszweigen geordnet.

Die Namen der Firmen sind nach dem Alphabet geordnet.

3.8 Verkehr

Eisenbahn	erfinden *(Prät./P)*	19. Jahrhundert
↓	gelten *(Präs.)*	sicherst-, Verkehrsmittel
Fahrplan	↓	*halb, Jahr*
Monatskarte	↓	öffentlich, Verkehrsmittel *(Pl.)*
viel, Berufstätige	fahren	↓
↓	angewiesen* sein	↓
Staat	fördern*	↓
↓	↓	Ausbau (Schienenwege*)
↓	erweitern	Verkehrsnetz
↓	können einschränken *(/)*	Autoverkehr
Städte	leiden	↓
↓	aufstellen	*Parkuhren*
↓	errichten*	*Parkhäuser*
↓	erhöhen	Parkgebühren
↓	bauen	*Tiefgaragen*
Autofahrer *(Pl.)*	benutzen	↓↑
Pendler* *(Pl.)*	↓	Vorortzug
Vorortzug	↓ *(P)*	*vor allem, Pendler* (Pl.)*
↓	verbinden	Umland · Stadt
U-Bahn	↓	Außenbezirke · Innenstadt
↓	befördern*	*Berufstätige (Pl.)*
Zug	↓	*Personen + Güter**
↓	verfügen*	*Liege- + Schlafwagen (Pl.)*
nicht alle Züge	↓	*Gepäckwagen*
↓	haben	↓
Zug	↓	*Aufenthalt; halbe Stunde*
↓	fahren	*Schienen*
↓	verkehren*	*Moskau ⟺ Berlin*
Flugzeug	↓	*Frankfurt ⟺ Tel Aviv*
↓	landen	*Hannover*
Verkehrsmaschine	↓ *(Prät.)*	Flugplatz
↓	kreisen	↓
Flugzeug	auftanken *(P)*	↓
↓	starten	*einstündig, Verspätung*
↓	fliegen	*Höhe, 11.000 m*
↓	müssen machen	*Notlandung**

Die Eisenbahn wurde im neunzehnten Jahrhundert erfunden.

Die Eisenbahn gilt als das sicherste Verkehrsmittel.

Der Fahrplan gilt (für) ein halbes Jahr.

Die Monatskarte gilt für die öffentlichen Verkehrsmittel.

Viele Berufstätige fahren mit den öffentlichen Verkehrsmitteln.

Viele Berufstätige sind auf die öffentlichen Verkehrsmittel angewiesen.

Der Staat fördert die öffentlichen Verkehrsmittel.

Der Staat fördert den Ausbau der Schienenwege.

Der Staat erweitert das Verkehrsnetz.

Der Staat kann den Autoverkehr nicht einschränken.

Die Städte leiden unter dem Autoverkehr.

Die Städte stellen Parkuhren auf.

Die Städte errichten Parkhäuser.

Die Städte erhöhen die Parkgebühren.

Die Städte bauen Tiefgaragen.

Die Autofahrer benutzen die Tiefgaragen.

Die Pendler benutzen den Vorortzug.

Der Vorortzug wird vor allem von Pendlern benutzt.

Der Vorortzug verbindet das Umland mit der Stadt.

Die U-Bahn verbindet die Außenbezirke mit der Innenstadt.

Die U-Bahn befördert Berufstätige.

Der Zug befördert Personen und Güter.

Der Zug verfügt über Liege- und Schlafwagen.

Nicht alle Züge verfügen über einen Gepäckwagen.

Nicht alle Züge haben einen Gepäckwagen.

Der Zug hat einen Aufenthalt von einer halben Stunde.

Der Zug fährt auf Schienen.

Der Zug verkehrt zwischen Moskau und Berlin.

Das Flugzeug verkehrt zwischen Frankfurt und Tel Aviv.

Das Flugzeug landet in Hannover.

Die Verkehrsmaschine landete auf dem Flugplatz.

Die Verkehrsmaschine kreiste über dem Flugplatz.

Das Flugzeug wurde auf dem Flugplatz aufgetankt.

Das Flugzeug startete mit einstündiger Verspätung.

Das Flugzeug flog in einer Höhe von elftausend Metern.

Das Flugzeug musste eine Notlandung machen.

Frau	eilen *(Prät.)*	Bahnhof
↓	schleppen*	*schwer, Koffer*
↓	wollen versäumen* *(/)*	Zug
↓	steigen	↓
↓	einsteigen	*kurz vor, Abfahrt* (Zug)
Mann	↓	erster Wagen
Touristen	sich setzen	↓
↓	sitzen	*Nichtraucherabteil*
↓	sich begeben*	Speisewagen
↓	aussteigen	letzte Haltestelle
Reisegruppe	fahren	↓
↓	Anschluss* haben	*Düsseldorf*
↓	'umsteigen	↓
Student	↓	Orientexpress*
↓	vergeblich* suchen	*frei, Sitzplatz*
rReisende	sich auf die Suche machen	↓
↓	finden	*halbleer, Abteil*
Mädchen	↓	*Platz; Fenster*
↓	genießen	Fahrt
↓	ankommen	Hauptstadt
↓	abholen *(P)*	Bahnhof
Zug	sich nähern	↓
↓	stehen	*Gleis* 5*
↓	abfahren	*Bahnsteig* 13*
↓	sich entfernen	*groß, Geschwindigkeit*
↓	halten *(Präs.)(/)*	*jede Station*
↓	voll besetzen *(=P)*	Wochenende
Straßenbahn	↓ *(=P)*	spät, Nachmittag
↓	warten	Ampel
Autos	sich stauen	↓
↓	↓	Stoßzeit*
↓	verursachen	*groß, Lärm*
Stadtbewohner *(Pl.)*	sich beklagen	↓↑
↓	wollen verzichten *(/)*	Auto
U-Bahn	schneller sein	↓
↓	fahren	*alle 10 Minuten*

Die Frau eilte zum Bahnhof.

Die Frau schleppte einen schweren Koffer.

Die Frau wollte den Zug nicht versäumen.

Die Frau stieg in den Zug.

Die Frau stieg kurz vor (der) Abfahrt des Zuges ein.

Der Mann stieg in den ersten Wagen (ein).

Die Touristen setzten sich in den ersten Wagen.

Die Touristen saßen in einem Nichtraucherabteil.

Die Touristen begaben sich in den Speisewagen.

Die Touristen stiegen an/bei der letzten Haltestelle aus.

Die Reisegruppe fuhr bis zur letzten Haltestelle.

Die Reisegruppe hatte Anschluss in Düsseldorf / hatte in Düsseldorf Anschluss.

Die Reisegruppe stieg in Düsseldorf um.

Der Student stieg in den Orientexpress um.

Der Student suchte vergeblich einen / nach einem freien Sitzplatz.

Der Reisende machte sich auf die Suche nach einem freien Sitzplatz.

Der Reisende fand ein halbleeres Abteil.

Das Mädchen fand einen Platz am Fenster.

Das Mädchen genoss die Fahrt.

Das Mädchen kam in der Hauptstadt an.

Das Mädchen wurde vom/am Bahnhof abgeholt.

Der Zug näherte sich dem Bahnhof.

Der Zug stand auf Gleis 5.

Der Zug fuhr von Bahnsteig 13 ab.

Der Zug entfernte sich mit großer Geschwindigkeit.

Der Zug hält nicht an/bei jeder Station.

Der Zug ist am Wochenende voll besetzt.

Die Straßenbahn ist am späten Nachmittag voll besetzt.

Die Straßenbahn wartet vor/an der Ampel.

Die Autos stauen sich vor/an der Ampel.

Die Autos stauen sich in der Stoßzeit.

Die Autos verursachen (einen) großen Lärm.

Die Stadtbewohner beklagen sich über den großen Lärm.

Die Stadtbewohner wollen auf ihr Auto nicht verzichten.

Die U-Bahn ist schneller als das Auto.

Die U-Bahn fährt alle zehn Minuten.

Kinder	sitzen (Präs.)	Rücksitz
↓	anlegen	Sicherheitsgurt*
↓	sich anschnallen*	*jede Fahrt*
Fahrer	↓	*auch, Stadtfahrten*
↓	anlassen (Prät.)	Motor
Frau Tischler	starten	↓
↓	Gas* geben	
↓	fahren	Arbeit
↓	↓	*60 km/h**
Geschwindigkeit	betragen* (Präs.)	↓
↓	beschränken (=P)	*Städte*
↓	begrenzen (=P)	*30 km/h*
↓	messen (P)	Polizei
Unfallbeteiligte (Pl.)	rufen (Prät.)	↓
↓	stehen	mitten*, Kreuzung
Zusammenstoß	sich ereignen	↓
Unfall	↓	*scharf, Kurve*
↓	passieren	*dicht, Nebel*
↓	zur Folge haben	*Stau*
Ausfall (Ampel)	auslösen*	↓
Autofahrer (Pl.)	geraten*	↓
Fahrzeug	↓	Schleudern*
↓	prallen*	*Mauer*
↓	stoßen	Baum
Motorradfahrer	↓	*unbeleuchtet, Auto*
↓	bemerken (/)	↓↑
Fahrer	↓ (/)	Hindernis
↓	um'fahren*	↓
↓ (Pl.)	ausweichen*	Geisterfahrer*
Taxifahrer	↓	*klein, Kind*
↓	achten	↓↑
Radfahrer	↓ (/)	Ampel
Busfahrer	bremsen	↓
Fahrer (Pl.)	↓	Zebrastreifen*
Kind	gehen	↓
↓	über'queren	belebt, Straße

Die Kinder sitzen auf dem Rücksitz.

Die Kinder legen den Sicherheitsgurt an.

Die Kinder schnallen sich bei jeder Fahrt an.

Der Fahrer schnallt sich auch bei Stadtfahrten an.

Der Fahrer ließ den Motor an.

Frau Tischler startete den Motor.

Frau Tischler gab Gas.

Frau Tischler fuhr zur / in die Arbeit.

Frau Tischler fuhr mit sechzig Stundenkilometern.

Die Geschwindigkeit beträgt sechzig Stundenkilometer.

Die Geschwindigkeit ist in Städten beschränkt.

Die Geschwindigkeit ist auf dreißig Stundenkilometer begrenzt.

Die Geschwindigkeit wird von der Polizei gemessen.

Die Unfallbeteiligten riefen die Polizei.

Die Unfallbeteiligten standen mitten auf der Kreuzung.

Der Zusammenstoß ereignete sich mitten auf der Kreuzung.

Der Unfall ereignete sich in einer scharfen Kurve.

Der Unfall passierte bei/in dichtem Nebel.

Der Unfall hatte einen Stau zur Folge.

Der Ausfall der Ampel löste einen Stau aus.

Die Autofahrer gerieten in einen Stau.

Das Fahrzeug geriet ins Schleudern.

Das Fahrzeug prallte gegen eine Mauer.

Das Fahrzeug stieß gegen den Baum.

Der Motorradfahrer stieß gegen ein unbeleuchtetes Auto.

Der Motorradfahrer bemerkte das unbeleuchtete Auto nicht.

Der Fahrer bemerkte das Hindernis nicht.

Der Fahrer umfuhr das Hindernis.

Die Fahrer wichen dem Geisterfahrer aus.

Der Taxifahrer wich einem kleinen Kind aus.

Der Taxifahrer achtete auf das kleine Kind.

Der Radfahrer achtete nicht auf die Ampel.

Der Busfahrer bremste an/vor der Ampel.

Die Fahrer bremsten vor dem / am Zebrastreifen.

Das Kind ging über den Zebrastreifen.

Das Kind überquerte die belebte Straße.

Fahrzeug	steuern* *(Prät./P)*	*rJugendliche*
↓	rasen*	*durch, Einbahnstraße**
↓	streifen*	*Verkehrsschild*
Bus	↓	*entgegenkommend, Traktor*
Auto	zusammenstoßen	↓
↓	über'holen* *(P)*	*Lastwagen*
↓	abkommen*	Fahrbahn
Fahrzeug	↓	Straße
↓	sich über'schlagen*	*mehrmals*
↓	stürzen	*Fluss*
↓	bergen* *(P)*	Feuerwehr
↓	schwer beschädigen *(P)*	Unfall
↓	müssen verschrotten* *(P)*	
↓	haben	*Panne**
↓	abschleppen* *(P)*	Pannendienst*
Beifahrer	verständigen*	↓
↓	davonkommen*	*leicht, Verletzungen*
Insassen* (Auto)	↓	mit dem Schrecken
↓	warten	Notarzt
Fahrerin	ärztlich versorgen* *(P)*	↓
↓	einliefern *(P)*	*Krankenhaus*
Fahrer	↓	Unfallklinik
↓	besitzen *(/)*	*Führerschein*
Polizei	kontrollieren	↓↑
↓	über'prüfen*	Fahrzeugpapiere
↓	über'wachen* *(Präs.)*	Halteverbot
Fahrer	parken	↓
↓	missachten*	↓
Fahrerin	↓ *(Prät.)*	Geschwindigkeitsbeschränkung
↓	sich halten* *(/)*	↓
Fahrer	↓ *(/)*	Überholverbot
↓	über'sehen	*Fußgängerin*
↓	über'fahren	↓↑
Fußgängerin	↓ *(P)*	*betrunken, Autofahrer*
↓	erleiden	*schwer, Verletzungen*
rVerunglückte	erliegen*	↓↑

.

Das Fahrzeug wurde von einem Jugendlichen gesteuert.

Das Fahrzeug raste durch eine Einbahnstraße.

Das Fahrzeug streifte ein Verkehrsschild.

Der Bus streifte einen entgegenkommenden Traktor.

Das Auto stieß mit einem entgegenkommenden Traktor zusammen.

Das Auto wurde von einem Lastwagen überholt.

Das Auto kam von der Fahrbahn ab.

Das Fahrzeug kam von der Straße ab.

Das Fahrzeug überschlug sich mehrmals.

Das Fahrzeug stürzte in einen Fluss.

Das Fahrzeug wurde von der Feuerwehr geborgen.

Das Fahrzeug wurde bei dem Unfall schwer beschädigt.

Das Fahrzeug musste verschrottet werden.

Das Fahrzeug hatte eine Panne.

Das Fahrzeug wurde vom Pannendienst abgeschleppt.

Der Beifahrer verständigte den Pannendienst.

Der Beifahrer kam mit leichten Verletzungen davon.

Die Insassen des Autos kamen mit dem Schrecken davon.

Die Insassen des Autos warteten auf den Notarzt.

Die Fahrerin wurde vom Notarzt ärztlich versorgt.

Die Fahrerin wurde in ein Krankenhaus eingeliefert.

Der Fahrer wurde in die Unfallklinik eingeliefert.

Der Fahrer besaß keinen Führerschein.

Die Polizei kontrollierte den Führerschein.

Die Polizei überprüfte die Fahrzeugpapiere.

Die Polizei überwacht das Halteverbot.

Der Fahrer parkt im Halteverbot.

Der Fahrer missachtet das Halteverbot.

Die Fahrerin missachtete die Geschwindigkeitsbeschränkung.

Die Fahrerin hielt sich nicht an die Geschwindigkeitsbeschränkung.

Der Fahrer hielt sich nicht an das Überholverbot.

Der Fahrer übersah eine Fußgängerin.

Der Fahrer überfuhr die Fußgängerin.

Die Fußgängerin wurde von einem betrunkenen Autofahrer überfahren.

Die Fußgängerin erlitt schwere Verletzungen.

Der Verunglückte erlag seinen schweren Verletzungen.

3.9 Medien: Rundfunk, Presse, Fernsehen

Deutschlandfunk*	über'tragen *(Präs.)*	Ansprache (Präsident)
Norddeutscher Rundfunk	↓	*Gottesdienst**
↓	bringen	*Reportage*
Sprecher	ansagen*	↓
Hörer *(Pl.)*	interessant finden	↓ ↑
↓	einsenden	Musikwünsche
Programmleiter	erfüllen	↓
↓	berücksichtigen*	Wünsche (Hörer, *Pl.*)
Sender	eingehen*	↓
↓	informieren	*Neuigkeiten; ganz, Welt*
Nachrichten	↓	Zeitgeschehen*
Autofahrer *(Pl.)*	↓ *(P)*	aktuell, Verkehrslage
↓	hören	Verkehrsfunk*
Rentnerin	↓	Wunschkonzert
Bayerischer Rundfunk	senden	↓ ↑
↓	seinen Sitz haben	*München*
Süddeutsche Zeitung	erscheinen	↓
Illustrierte*	↓	*Auflage; 180.000 Exemplare*
↓	aufdecken *(Prät.)*	*Skandal*
↓	enthüllen*	*Spionageaffäre**
Boulevardzeitung*	↓	Hintergründe* (Verbrechen)
↓	veröffentlichen	*intim, Briefe*
↓	befriedigen *(Präs.)*	Sensationsgier* (Leser, *Pl.*)
↓	auffallen	Schlagzeilen*
Wochenzeitung	vermeiden	↓ ↑
↓	abonnieren *(P)*	*Intellektuelle (Pl.)*
↓	berichten	*aus, Politik + Wirtschaft*
↓	herausgeben *(P)*	*Hamburger Verlag*
Zeitschrift*	↓	*ehemalig, Politiker*
↓	kommentieren	politisch, Entwicklung
Chefredakteur	Stellung* nehmen	↓
↓	verfassen*	*Leitartikel** (Pl.)
Journalist	↓ *(Prät.)*	*ausführlich, Bericht*
↓	interviewen	Sängerin
Sängerin	↓ *(P)*	*Jugendmagazin**
↓	ein Interview geben	FAZ*

Der Deutschlandfunk überträgt die Ansprache des Präsidenten.

Der Norddeutsche Rundfunk überträgt einen Gottesdienst.

Der Norddeutsche Rundfunk bringt eine Reportage.

Der Sprecher sagt eine Reportage an.

Die Hörer finden die Reportage interessant.

Die Hörer senden ihre Musikwünsche ein.

Der Programmleiter erfüllt die Musikwünsche.

Der Programmleiter berücksichtigt die Wünsche der Hörer.

Der Sender geht auf die Wünsche der Hörer ein.

Der Sender informiert über Neuigkeiten aus der ganzen Welt.

Die Nachrichten informieren über das Zeitgeschehen.

Die Autofahrer werden über die aktuelle Verkehrslage informiert.

Die Autofahrer hören den Verkehrsfunk.

Die Rentnerin hört das Wunschkonzert.

Der Bayerische Rundfunk sendet ein Wunschkonzert.

Der Bayerische Rundfunk hat seinen Sitz in München.

Die Süddeutsche Zeitung erscheint in München.

Die Illustrierte erscheint in einer Auflage von 180.000 Exemplaren.

Die Illustrierte deckte einen Skandal auf.

Die Illustrierte enthüllte eine Spionageaffäre.

Die Boulevardzeitung enthüllte die Hintergründe des Verbrechens.

Die Boulevardzeitung veröffentlichte intime Briefe.

Die Boulevardzeitung befriedigt die Sensationsgier der Leser.

Die Boulevardzeitung fällt durch ihre Schlagzeilen auf.

Die Wochenzeitung vermeidet Schlagzeilen.

Die Wochenzeitung wird von Intellektuellen abonniert.

Die Wochenzeitung berichtet aus Politik und Wirtschaft.

Die Wochenzeitung wird von einem Hamburger Verlag herausgegeben.

Die Zeitschrift wird von einem ehemaligen Politiker herausgegeben.

Die Zeitschrift kommentiert die politische Entwicklung.

Der Chefredakteur nimmt Stellung zur politischen Entwicklung / nimmt zur … Stellung.

Der Chefredakteur verfasst Leitartikel.

Der Journalist verfasste einen ausführlichen Bericht.

Der Journalist interviewte die Sängerin.

Die Sängerin wurde von einem Jugendmagazin interviewt.

Die Sängerin gab der Frankfurter Allgemeinen Zeitung ein Interview.

Großmutter	studieren *(Präs.)*	Programmzeitschrift
↓	einschalten	Fernseher
Kinder	sitzen	↓
↓	ansehen	*Zeichentrickfilm**
Mutter	↓	*Familienserie*
↓	anschauen *(/)*	*Krimis**
Vater	lieben	↓
↓	verfolgen*	Sportschau
ganz, Familie	warten	↓
↓	blicken	Bildschirm*
↓	gespannt sein	Lösung (Krimi)
ich	↓	Tagesschau*
manche (Pl.)	↓	Wetterbericht
Herr Lenz	sich ärgern	↓
viele	↓	Werbung
Privatsender *(Pl.)*	sich finanzieren	↓↑
manche Filme	unter'brechen *(P)*	↓
↓	dürfen ausstrahlen* *(P)*	*erst nach 22 Uhr*
↓	geeignet* sein *(/)*	*Kinder*
↓	enthalten	*Sex + Gewalt*
Pädagogen	protestieren	↓; in, Medien
↓	warnen	*Verkümmerung** (Phantasie)
↓	kritisieren	einseitig, Berichterstattung*
↓	klagen	Fernsehkonsum (Jugendliche)
manch, Eltern	beschränken	↓
↓	ändern	Fernsehgewohnheiten
Fernsehanstalten*	unter'suchen	↓
↓	erweitern	Programmangebot
↓	konkurrieren*	Gunst* (Zuschauer, *Pl.*)
↓	anbieten	*Vielzahl (Programme)*
Fernsehzuschauer *(Pl.)*	können empfangen	↓
↓	↓ wählen	↓
↓	bevorzugen*	*Unterhaltungssendungen*
Frau F.	↓	*Tierfilme*
↓	fernsehen	*jeder Abend*
↓	abschalten	*ca. Mitternacht*

154

Die Großmutter studiert die Programmzeitschrift.

Die Großmutter schaltet den Fernseher ein.

Die Kinder sitzen vor dem Fernseher.

Die Kinder sehen (sich) einen Zeichentrickfilm an.

Die Mutter sieht (sich) eine Familienserie an.

Die Mutter schaut (sich) keine Krimis an.

Der Vater liebt Krimis.

Der Vater verfolgt die Sportschau.

Die ganze Familie wartet auf die Sportschau.

Die ganze Familie blickt auf den Bildschirm.

Die ganze Familie ist gespannt auf die Lösung des Krimis / ist auf … gespannt.

Ich bin gespannt auf die Tagesschau / bin auf die Tagesschau gespannt.

Manche sind gespannt auf den Wetterbericht / sind auf den Wetterbericht gespannt.

Herr Lenz ärgert sich über den Wetterbericht.

Viele ärgern sich über die Werbung.

Die Privatsender finanzieren sich durch Werbung.

Manche Filme werden durch/von Werbung unterbrochen.

Manche Filme dürfen erst nach 22 Uhr ausgestrahlt werden.

Manche Filme sind für Kinder nicht geeignet.

Manche Filme enthalten Sex und Gewalt.

Die Pädagogen protestieren gegen Sex und Gewalt in den Medien.

Die Pädagogen warnen vor einer Verkümmerung der Phantasie.

Die Pädagogen kritisieren die einseitige Berichterstattung.

Die Pädagogen klagen über den Fernsehkonsum der Jugendlichen.

Manche Eltern beschränken den Fernsehkonsum der Jugendlichen.

Manche Eltern ändern ihre Fernsehgewohnheiten.

Die Fernsehanstalten untersuchen die Fernsehgewohnheiten.

Die Fernsehanstalten erweitern ihr/das Programmangebot.

Die Fernsehanstalten konkurrieren um die Gunst der Zuschauer.

Die Fernsehanstalten bieten eine Vielzahl von Programmen an.

Die Fernsehzuschauer können eine Vielzahl von Programmen empfangen.

Die Fernsehzuschauer können eine / unter einer Vielzahl von Programmen wählen.

Die Fernsehzuschauer bevorzugen Unterhaltungssendungen.

Frau F. bevorzugt Tierfilme.

Frau F. sieht jeden Abend fern.

Frau F. schaltet gegen Mitternacht ab.

Worterklärungen

3.1 Verwaltung

aufbewahren = eine Sache an einem sicheren Ort für längere Zeit lassen, damit sie nicht verschwindet, verloren geht oder verdirbt; nicht wegwerfen *(Die Medikamente müssen kühl aufbewahrt werden.)*

ausstellen = für jemanden offiziell etwas schreiben, was dieser verlangt *(Die Firma stellte uns eine Quittung aus.)*

beantragen = von einer Behörde, vom Chef usw. (meist schriftlich) verlangen, dass man etwas bekommt (z.B. Sozialhilfe oder Urlaub) *(Die alleinstehende Frau beantragte Sozialhilfe.)*

befürworten = durch Empfehlung unterstützen; sich für etwas einsetzen, was man für richtig hält *(Die Partei befürwortet seine Bewerbung um das Präsidentenamt.)*

bewilligen = amtlich erlauben, gewähren (Geld, Kredit usw.) *(Das Parlament bewilligte eine Soforthilfe von einer Millionen Euro.)*

einhalten = eine Verpflichtung erfüllen; eine Vorschrift befolgen *(Du musst den Termin unbedingt einhalten.)*

einreichen = ein Dokument der offiziellen Stelle geben, die es dann prüft oder weiterbearbeitet *(Sie müssen die Arztrechnung bei Ihrer Versicherung einreichen.)*

ergänzen = etwas Fehlendes dazutun; vollständig machen *(Die Tabelle muss ergänzt werden, denn es fehlen einige Geburtsdaten.)*

erheben = verlangen, dass man etwas bezahlt (Steuern, Beiträge usw.) *(Für den Besuch des Museums werden vier Euro Eintrittsgeld erhoben.)*

erläutern = näher erklären; durch Beispiele verständlich machen *(Vor dem Parlament erläuterte der Innenminister die geplante Verwaltungsreform.)*

erteilen = geben (weil man dazu berechtigt ist) *(Der Schuldirektor erteilte die Erlaubnis zur Klassenfahrt.)*

genehmigen = offiziell erlauben; einem Antrag zustimmen *(Die Baubehörde hat die Vergrößerung des Fabrikgebäudes genehmigt.)*

melden = einer offiziellen Stelle mitteilen; registrieren *(Die Arbeitslosen sind beim Arbeitsamt gemeldet.)*

melden, sich = *hier:* zu einer offiziellen Stelle gehen (Polizei, Behörde), weil man dazu verpflichtet ist *(Der Mann muss sich täglich bei der Polizei melden.)*

speichern = eine Sache irgendwo lagern, halten, damit man sie später verwenden kann *(Im Herbst speichern viele Tiere Vorräte für den Winter.)*

stattgeben (+ Dat.) = (Amtsdeutsch) das erfüllen, was jemand (in einem Antrag) fordert *(Das Finanzamt gab der Bitte des Steuerzahlers statt.)*

treffen; *in der Wendung:* eine Entscheidung treffen = sich entscheiden *(Man rechnet damit, dass die Kommission heute eine Entscheidung trifft.)*

unter'richten = *hier:* informieren *(Der Hausbesitzer unterrichtete die Mieter von dem geplanten Umbau.)*

verweigern = ablehnen *(Der Empfänger verweigerte die Bezahlung einer Gebühr*.)*

wehren, sich (gegen) = versuchen, etwas nicht Gewünschtes zu verhindern; sich davor schützen *(Die Angestellten wehrten sich gegen die Verlängerung der Arbeitszeit.)*

weigern, sich = ablehnen, etwas zu tun *(Martina weigerte sich, den Brief ihren Freundinnen vorzulesen.)*

widerrufen = sagen, dass etwas nicht mehr gültig ist, was man vorher gesagt, erlaubt usw. hat *(Der Minister widerrief sein früher gegebenes Versprechen.)*

zögern (mit etwas) = mit einer Handlung warten; die Entscheidung verschieben *(Die Familie zögert mit dem Umzug aufs Land.)*

———

angewiesen; *in der Wendung:* angewiesen sein (auf + Akk.) = (eine Person oder Sache) unbedingt brauchen, abhängig sein *(Die meisten Haustiere sind auf den Menschen angewiesen.)*

rAnlieger, - = jemand, der an einer Straße ein Grundstück hat

rAnspruch, ¨e; *in der Wendung:* Anspruch haben auf etwas = das Recht auf etwas haben; berechtigt sein etwas zu bekommen *(Jeder Mitarbeiter des Unternehmens hat Anspruch auf 30 Arbeitstage Urlaub.)*

rAntrag, ¨e = *siehe:* beantragen

rAufschluss; *in der Wendung:* Aufschluss geben (über + Akk.) = informieren, Auskunft geben *(Die Dokumente geben Aufschluss über das Schicksal gefallener Soldaten.)*

sBaugesuch, -e = Schreiben einer Privatperson an eine Behörde, um von dort eine offizielle Erlaubnis *(= Baugenehmigung)* zu bekommen

bedürftig = arm; unter materieller Not leidend, materielle Hilfe brauchend

rFamilienstand = Information, ob eine Person ledig, verheiratet oder verwitwet ist

sFundamt, ¨er = Behörde, bei der gefundene Gegenstände abgegeben oder abgeholt werden

eGebühr, -en = Betrag, den man für eine Dienstleistung des Staates, einer Bank usw. bezahlen muss (z.B. Postgebühren, Telefongebühren, Gebühren für Kontoführung)

rGemeinderat = „Parlament" einer Gemeinde

gemeldet = registriert *(Der Täter war in Karlsruhe polizeilich gemeldet.)*

eGenehmigung, -en = *siehe:* genehmigen

sGesundheitswesen = alle staatlichen Einrichtungen zur Förderung der Gesundheit der Bevölkerung, zur Bekämpfung von Krankheiten usw.

rHeiratswillige, -n = Person, die die Absicht hat zu heiraten

rMädchenname, -n = Familienname einer Frau vor ihrer Verheiratung

eMaßnahme, -n; *in der Wendung:* Maßnahmen treffen = etwas tun, um etwas anderes zu bewirken (z.B. zu verändern, zu verbessern, zu verhindern) *(Der Staat trifft Maßnahmen zur Sicherung der Arbeitsplätze.)*

rObdachlose, -n = Mensch, der keine Wohnung, Unterkunft hat

Personendaten *(Pl.)* = Informationen (über eine Person), die bei Behörden registriert sind (z.B. Geburtsdatum und Geburtsort, Familienstand*)

rStadtrat = *hier:* „Parlament" einer Stadt

eSpalte, -n = Teil einer Tabelle oder einer Zeitungsseite

eSteuererklärung, -en = Angaben eines Steuerpflichtigen an das Finanzamt (über sein Einkommen, Gehalt, Vermögen usw.)

'Unterlagen *(Pl.)* = schriftliche Beweise (z.B. Dokumente, Urkunden, Quittungen usw.)

zuständig = berechtigt oder verpflichtet, etwas zu bearbeiten; kompetent *(Der Beamte auf Zimmer 12 ist für die Buchstaben A bis F zuständig.)*

3.2 Politik

abhalten = durchführen *(Die nächste Konferenz soll im April in Kairo abgehalten werden.)*

abstimmen (über etwas) = die Stimmen zählen, die für bzw. gegen etwas sind *(Die Gruppe stimmte über meinen Vorschlag ab.)*

aufheben = *hier:* für ungültig erklären, nicht länger bestehen lassen *(Das neue Gesetz wurde vom Justizminister nach sechs Monaten wieder aufgehoben.)*

auflösen = 1) (eine Demonstration) = die Demonstranten (mit friedlichen Mitteln oder mit Gewalt) dazu bringen, die Demonstration zu beenden *(Der Polizei gelang es, die Demonstration friedlich aufzulösen.)* 2) nicht länger bestehen lassen; die Existenz eines Vereins, einer Partei usw. beenden *(Die radikale Partei wurde vom Innenminister aufgelöst.)*

aufrufen (zu etwas) = öffenlich sagen, dass die Menschen etwas Bestimmtes tun oder nicht tun sollen *(Die Gewerkschaft rief die Arbeiter zu einer Protestdemonstration auf.)*

ausrufen = offiziell verkünden, öffentlich sagen, proklamieren *(Die Anhänger des Königs riefen die Monarchie aus.)*

äußern, sich (zu etwas) = seine Meinung sagen; Stellung* nehmen *(Der Vorsitzende äußerte sich optimistisch zur Zukunft der Partei.)*

bedrohen = eine große Gefahr sein; in seiner Existenz gefährden *(Viele Tierarten sind vom Aussterben bedroht.)*

befassen, sich (mit etwas) = sich beschäftigen *(Womit befasst sich das Gericht?)*

befürchten = erwarten, dass etwas Unangenehmes passiert *(Die Ärzte befürchten eine Ausbreitung der Epidemie.)*

befürworten = etwas unterstützen, weil man es gut findet *(Die meisten Stadträte befürworten Herrn Kolbigs Kandidatur als Bürgermeister.)*

begrüßen = *hier:* positiv aufnehmen; sich mit Freude über etwas äußern* *(Die Regierung begrüßte die Absicht der Opposition, für das Gesetz zu stimmen.)*

beschatten = jemanden heimlich verfolgen, beobachten (durch Polizei, Geheimdienst usw.) *(Der Botschaftsangestellte wird schon längere Zeit beschattet.)*

beschließen = *hier:* (im Parlament) mit Stimmenmehrheit etwas entscheiden; verabschieden* *(Der Bundestag beschloss mehrere Änderungen des Familienrechts.)*

bespitzeln = jemanden heimlich beobachten, durch Spione überwachen *(Der Minister ließ die verdächtige Sekretärin bespitzeln.)*

einbüßen = verlieren; den Verlust einer Sache oder einer Person erleiden *(Durch den politischen Umsturz* büßten viele Familien ihr gesamtes Vermögen ein.)*

eingreifen (in etwas) = etwas unternehmen gegen etwas; sich in etwas einmischen *(Die Demonstration verlief friedlich, sodass die Polizei nicht eingreifen musste.)*

einhalten = das tun, was vereinbart ist; eine Vereinbarung nicht verletzen *(Die UNO hofft, dass der Waffenstillstand von beiden Seiten eingehalten wird.)*

einsetzen = für einen bestimmten Zweck verwenden *(Zum Transport der Fußballfans wurden Sonderzüge eingesetzt.)*

entgehen (einer Sache) = (von einer Katastrophe, Gefahr, Strafe usw.) nicht betroffen werden *(Wie durch ein Wunder entgingen die Hausbewohner dem Flammentod.)*

enthalten; *in der Wendung:* sich der Stimme enthalten = weder mit Ja noch mit Nein stimmen *(Man rechnet damit, dass sich mehrere Parlamentarier der Stimme enthalten werden.)*

erläutern = (durch Beispiele) deutlich machen; erklären *(Der Schuldirektor erläuterte den Eltern die neuen Abiturbestimmungen.)*

erleiden; *in der Wendung:* eine Niederlage erleiden = nicht gewinnen; verlieren *(Bei den Wahlen erlitt die Volkspartei eine schwere Niederlage.)*

erörtern = ausführlich über etwas sprechen oder diskutieren *(Vor- und Nachteile des Projekts wurden lange erörtert.)*

errichten = bauen, aufstellen *(1961 wurde quer durch Berlin eine Mauer errichtet.)*

erwägen = überlegen, ob man etwas tun soll oder nicht; prüfen, bedenken *(Der Finanzminister erwägt eine Erhöhung der Steuern.)*

foltern = jemandem Schmerzen zufügen, damit er Sachen sagt, die er nicht sagen will (besonders bei politischen Gefangenen) *(In allen Diktaturen werden politische Gefangene gefoltert.)*

halten, sich (an + Akk.) = beachten, respektieren; das tun, was vorgeschrieben ist *(Alle Beamten eines Staates müssen sich an ihre Vorschriften halten.)*

kündigen = erklären, dass etwas nicht mehr gelten soll; für beendet erklären *(Herr Voeth kündigte den Mietvertrag zum 31.10.)*

lahmlegen = eine Sache unwirksam machen, zum Stillstand bringen *(Durch den Blitz wurde die Stromversorgung der Stadt lahmgelegt.)*

missachten = nicht beachten *(Diese Vorschrift wird ständig missachtet.)*

mitwirken (an/bei + Dat.) = zusammen mit anderen an etwas arbeiten *(An der Vorbereitung der Ausstellung haben mehrere Organisationen mitgewirkt.)*

scheitern = nicht gelingen, keinen Erfolg haben *(Der geplante Vertrag scheiterte am Widerstand zweier Staaten.)*

schlichten = zwischen zwei streitenden Parteien vermitteln und den Streit beenden *(Dem Diplomaten gelang es, den Handelsstreit zu schlichten.)*

stürzen = *hier:* aus einem politischen Amt (mit Gewalt) entfernen *(Das Militärregime wurde gestürzt und durch eine demokratische Regierung ersetzt.)*

um'stellen = sich rings um etwas stellen; sich von allen Seiten postieren *(Die Soldaten umstellten das verdächtige Haus.)*

unter'zeichnen = offiziell unterschreiben, signieren *(Der Vertrag wurde von den beiden Staatspräsidenten unterzeichnet.)*

verabschieden (ein Gesetz) = ein Gesetz im Parlament annehmen, beschließen* *(Der Bundestag verabschiedete ein Gesetz zur Reform des Strafrechts.)*

vereiteln = etwas tun, damit eine unerwünschte Sache nicht gelingt; verhindern *(Die Flucht des Gefangenen konnte in letzter Minute vereitelt werden.)*

verfügen (über) = haben, besitzen *(Das Land verfügt über reiche Kohlevorkommen.)*

verhängen = anordnen (vor allem als Strafe) *(Der Richter verhängte hohe Geldstrafen.)*

verhören = einem Verhafteten, Gefangenen usw. bei Polizei oder Gericht Fragen stellen; vernehmen *(Die politischen Häftlinge wurden stundenlang verhört.)*

verteidigen = gegen einen Angriff schützen

vertreten = *hier:* repräsentieren; als offizieller Repräsentant tätig sein *(Dieser Diplomat vertritt Deutschland bei den Vereinten Nationen.)*

verüben = ein Verbrechen usw. ausführen *(Depressive Menschen verüben oft Selbstmord.)*

zerstreuen = auseinandertreiben, auflösen*; dazu bringen, auseinanderzugehen *(Die Polizei zerstreute die Demonstranten vor dem Konsulat.)*

zusammenschließen, sich = sich vereinigen, sich verbinden *(Die jungen Musiker schlossen sich zu einem kleinen Orchester zusammen.)*

zusammensetzen, sich = bestehen aus *(Das Parlament setzt sich aus drei Parteien zusammen.)*

---

rAbgeordnete, -n = Parlamentarier, Delegierter

sAbkommen, - = Vertrag, Vereinbarung zwischen Staaten *(Die beiden Staaten schlossen ein Kulturabkommen.)*

sAbtreibungsgesetz; zu eAbtreibung, -en = Unterbrechung der Schwangerschaft

rAnschlag, "e = Überfall oder Angriff, bei dem jemand getötet oder etwas zerstört werden soll

rAusschuss, "e = Gruppe von Personen, die besondere Aufgaben erfüllt; Kommission

CDU = Christlich Demokratische Union (= konservative Partei im deutschen Parlament)

eGeisel, -n = gefangene Person, die erst dann freigelassen wird, wenn bestimmte Forderungen erfüllt sind (z.B. wenn eine bestimmte Geldsumme bezahlt ist)

rGesetzentwurf, ¨e = erste Formulierung der wichtigsten Punkte eines geplanten Gesetzes, die dem Parlament zur Diskussion vorgelegt wird

eGesetzesvorlage, -n = *siehe:* Gesetzentwurf

rGewaltverzicht = Verzicht auf Waffen, d.h. militärische Mittel bei der Austragung eines Konflikts zwischen (zwei) Staaten

Die Grünen = Bezeichnung der ökologisch orientierten Partei im deutschen Parlament

eKonsequenz, -en; *in der Wendung:* die Konsequenzen ziehen = so handeln, wie es eine bestimmte Situation verlangt; die Folgen eigenen Handelns tragen *(Der Vereinsvorsitzende zog die Konsequenzen aus den Misserfolgen des Fußballklubs und entließ den Trainer.)*

eKraft; *in der Wendung:* in Kraft treten = gültig werden *(Das Gesetz tritt am 1.7. in Kraft.)*

eKundgebung, -en = öffentliche politische Versammlung (oft im Freien)

sLösegeld, -er = Geldsumme, um einen Gefangenen freizukaufen

rMordanschlag = *siehe:* Anschlag

rPutsch, -e = politischer Umsturz*(versuch), der von einer kleinen Gruppe von Militärs durchgeführt wird, um die Macht im Staat zu übernehmen

eRechtshilfe = offizielle Hilfe in juristischen Angelegenheiten; Hilfe, die ein Gericht einem anderen Gericht bei einem Verfahren leistet

eRichtlinie, -n = Anweisung, Regel usw., die eine höhere Stelle einer untergeordneten Stelle gibt, wie sich diese in einer bestimmten Situation verhalten soll; Direktive

rSachverständige, -n = jemand, der sich auf einem Gebiet sehr gut auskennt; Experte

SPD = Sozialdemokratische Partei Deutschlands

eSplitterpartei, -en = kleine Partei, die sich von einer größeren Partei abgetrennt hat

sStaatsoberhaupt, ¨er = oberster Repräsentant eines Staates

eStellung; *in der Wendung:* Stellung zu etwas nehmen = seine Meinung zu etwas sagen oder schreiben *(Man erwartet, dass Sie zu den Vorwürfen gegen Sie bald Stellung nehmen.)*

rUmsturz, ¨e = gewaltsame Änderung der Staatsform; Revolution

sUniversitätsgelände = Stück Land, auf dem die Universität steht

Unruhen *(Pl.)* = gewalttätige Auseinandersetzungen, blutige Zusammenstöße

verantwortlich sein (jemandem) = verpflichtet sein, einer Person oder Institution sein Handeln zu erklären, und bereit sein, (unangenehme) Folgen dieser Handlungen auf sich zu nehmen *(Der Diplomat ist dem Außenminister verantwortlich.)*

verwickelt (in etwas) = beteiligt *(In den Spionagefall sind auch zwei Diplomaten verwickelt.)*

3.3 Krieg und Frieden

ableisten, den Wehrdienst = den Militärdienst absolvieren *(In manchen Ländern sind Mädchen verpflichtet, einen Wehrdienst abzuleisten.)*

abwehren = (einen Angriff) zurückschlagen; sich erfolgreich wehren *(Den Verteidigern gelang es, den nächtlichen Angriff abzuwehren.)*

antreten, den Rückzug = mit dem Rückzug beginnen *(Die Armee trat den Rückzug an.)*

aufheben = *hier:* für ungültig erklären, nicht länger bestehen lassen *(Der wirtschaftliche Boykott Neulandiens wurde wieder aufgehoben.)*

aufrüsten = die militärische Stärke eines Staates erhöhen *(In Krisenzeiten rüsten Staaten auf.)*

auftanken = den Tank füllen (mit Treibstoff*) *(Vor der Fahrt wurden die Fahrzeuge aufgetankt.)*

ausrüsten = mit etwas versehen, was nötig ist, um eine bestimmte Aufgabe zu erfüllen *(Das Schiff ist mit modernsten Navigationsinstrumenten ausgerüstet.)*

belagern = eine Stadt, Burg usw. von allen Seiten mit Soldaten umschlossen halten, um sie zu
erobern* *(Die Stadt wird schon zwei Wochen von der feindlichen Armee belagert.)*

beschleunigen = schneller werden lassen; dafür sorgen, dass etwas schneller geht *(Die Arbeiten am Tunnel wurden beschleunigt.)*

besetzen = ein Gebiet usw. erobern* und dort Soldaten stationieren; okkupieren *(Die Soldaten besetzten die Grenzstation.)*

eindringen = mit Gewalt vorstoßen; ohne Erlaubnis betreten *(Die Truppen drangen in die östliche Provinz ein.)*

einführen = *hier:* etwas Neues anordnen *(Das Militärregime führte neue Uniformen ein.)*

einsetzen = *hier:* als Mittel für einen bestimmten Zweck verwenden *(Zur Überwachung der Grenze wurden auch Flugzeuge eingesetzt.)*

einstellen (Feuer, Kämpfe usw.) = *hier:* aufhören (zu schießen, zu kämpfen) *(Die Angreifer stellten das Feuer ein.)*

entwaffnen = jemandem die Waffe(n) wegnehmen *(Der Räuber wurde festgenommen und sofort entwaffnet.)*

erfolgen = geschehen, sich ereignen *(Die Kontrolle erfolgte mitten am Tag.)*

ergeben, sich = keinen Widerstand mehr leisten; kapitulieren *(Die eingeschlossenen Soldaten ergaben sich den Angreifern.)*

erleiden = etwas Schädliches, Gefährliches zugefügt „bekommen", durchmachen (z.B. Verletzungen, Schock, Verbrennungen, Tod) *(Die Verteidiger erlitten schwere Verluste, d.h., viele von ihnen kamen ums Leben.)*

erobern = durch militärische Aktionen ein Gebiet, eine Stadt usw. an sich bringen; durch Gewalt erkämpfen *(Die Armee eroberte die Hauptstadt.)*

eröffnen, das Feuer = zu schießen beginnen *(Die Soldaten eröffneten das Feuer.)*

fallen = *hier:* im Krieg sterben (als Soldat) *(Ihre beiden Söhne fielen im Zweiten Weltkrieg.)*

geraten = (ungewollt) in eine unangenehme Lage kommen *(Der Geschäftsmann geriet in finanzielle Schwierigkeiten.)*

inspizieren = genau kontrollieren; überprüfen, ob alles in Ordnung ist *(Der General inspizierte die Truppen.)*

jagen; *in der Wendung:* in die Luft jagen; *siehe:* sprengen

legen; *in der Wendung*: in Schutt und Asche legen = zerstören und durch Feuer vernichten *(Die Regierungsgebäude wurden von den Rebellen* in Schutt und Asche gelegt.)*

plündern = fremdes Eigentum nehmen (in Notsituationen wie Krieg, Naturkatastrophen usw.) *(Die Soldaten plünderten die Geschäfte.)*

räumen = einen Ort verlassen (weil man aufgefordert oder gezwungen wird) *(Die streikenden Arbeiter räumten das Fabrikgelände.)*

schlagen, *in der Wendung:* in die Flucht schlagen = jemanden dazu bringen, dass er flieht *(Der Geschäftsmann schlug den Räuber in die Flucht.)*

sprengen = durch Dynamit usw. zerstören *(Die Partisanen sprengten einen Rundfunksender.)*

stoßen (auf etwas/jemanden) = unerwartet treffen, erleben, konfrontiert sein *(Der Vorschlag des Wirtschaftsministers stieß auf heftige Kritik.)*

tarnen = jemanden oder etwas äußerlich so verändern, dass man ihn/es nicht mehr erkennen kann (durch Kleidung, Farbe usw.) *(Am Waldrand hatte man Panzer stationiert, die mit Zweigen und Laub getarnt waren.)*

'überlaufen = *hier:* auf die Seite des Kriegsgegners wechseln *(Man befürchtete, dass die drei fehlenden Soldaten zu den Rebellen* übergelaufen waren.)*

über'schreiten = hinübergehen über *(Die Truppen* überschritten die Waffenstillstandslinie.)*

über'wachen = kontrollieren, beobachten *(Der Verdächtige wurde von der Polizei überwacht.)*

um'zingeln = (ein Haus, Dorf usw.) von allen Seiten umstellen, damit niemand fliehen kann *(Die Indianer hatten in der Nacht das Dorf umzingelt.)*

'unterbringen = *hier:* einen Platz zum Schlafen oder Wohnen geben *(Die Verwundeten wurden in einer Garage untergebracht.)*

unter'zeichnen = offiziell unterschreiben, signieren *(Das Dokument wurde von den Botschaftern der drei Staaten unterzeichnet.)*

verbünden, sich = (im Krieg) sich mit einem anderen Staat militärisch verbinden, um stärker zu sein *(Im Zweiten Weltkrieg verbündete sich die Sowjetunion mit den Westmächten.)*

verhandeln = Gespräche führen; besprechen, miteinander beraten *(Die Militärdelegationen verhandeln über einen Waffenstillstand.)*

verhängen = anordnen (vor allem als Strafe) *(Der Weltsicherheitsrat verhängte Wirtschaftssanktionen gegen Neulandien.)*

verrichten = machen, leisten, ausführen *(Die Häftlinge mussten schwere Arbeiten verrichten.)*

versenken = zum Sinken bringen; bewirken, dass etwas im Wasser versinkt *(Das Schiff wurde durch einen Torpedo versenkt.)*

versöhnen, sich = wieder Frieden schließen (nach einem Streit oder Krieg) *(Nach jahrelangem Streit haben sich die Nachbarn wieder versöhnt.)*

versorgen = 1) einen Verletzten ärztlich behandeln *(Der verletzte Motorradfahrer wurde vom Notarzt versorgt.)* 2) etwas, was sehr gebraucht wird, geben, schicken, liefern *(Die Insel wird vom Land aus mit Trinkwasser versorgt.)*

verteidigen (sich) = (sich) gegen Angriffe schützen *(Der Flugplatz wurde von ca. 120 Soldaten verteidigt. Die Dorfbewohner verteidigten sich gegen die Angreifer.)*

vertreiben = jemanden (durch Gewalt) dazu bringen, einen Ort, ein Land usw. zu verlassen *(Der Armee gelang es nicht, die Partisanen aus den Bergen zu vertreiben.)*

verüben = etwas Kriminelles tun *(Der Verhaftete hat vermutlich zahlreiche Diebstähle verübt.)*

verurteilen = *hier:* kritisieren *(Der amerikanische Präsident verurteilte die Atomversuche Neulandiens.)*

verweigern = ablehnen; nicht geben oder machen, was von einem erwartet wird *(Dem Betrunkenen wurde der Zutritt zum Restaurant verweigert.)*

verwüsten = so zerstören, dass totales Chaos herrscht *(Die Parteizentrale wurde von den Demonstranten verwüstet.)*

ziehen; *in der Wendung:* ins Manöver ziehen = an einer großen militärischen Übung teilnehmen

———

Alarmbereitschaft; *in der Wendung:* in Alarmbereitschaft versetzen = (Feuerwehr, Polizei, Armee) in einen Zustand bringen, in dem sie sofort eingesetzt werden kann *(Da man terroristische Aktionen befürchtete, wurde die Polizei in Alarmbereitschaft versetzt.)*

sAttentat, -e = Versuch, eine wichtige Persönlichkeit (in Politik, beim Militär usw.) zu töten

eAufrüstung; *siehe:* aufrüsten

rAufständische, -n = jemand, der sich an einem Aufstand beteiligt, der mit Waffen gegen die Regierung kämpft; Rebell*

rBelagerer, - = Person, die belagert; *siehe:* belagern

rBlauhelm-Soldat, -en = Soldat der Vereinten Nationen; UNO-Soldat

eDeckung = Platz, wo man nicht getroffen werden kann; Schutz gegen Beschuss *(Die dünnen Bäume boten den Soldaten fast keine Deckung.)*

rDüsenjäger, - = schnelles Militärflugzeug

eEinheit, -en = *hier:* Teil einer Armee; militärische Formation (z.B. Kompanie, Regiment)

eEinstellung; *siehe:* einstellen

eEroberung, -en; *siehe:* erobern

rFallschirmjäger, - = Soldat, der vom Flugzeug (mit einem Fallschirm) abspringt, um an den Bodenkämpfen teilzunehmen.

rFlugzeugträger, - = Kriegsschiff, auf dem Flugzeuge starten und landen können

eGenfer Konvention = internationaler Vertrag über den Schutz der Verwundeten und Kranken, der Kriegsgefangenen und der Zivilbevölkerung in einem Krieg (letzte Fassung: 12.8.1949)

eGranate, -n = Artilleriegeschoss, das mit Sprengstoff gefüllt ist und explodiert

sHauptquartier, -e = Ort, an dem sich die militärische Führung befindet

Hoheitsgewässer *(Pl.)* = Meeresgebiet von drei bis zwölf Seemeilen entlang der Küste, das zu dem betreffenden Staat gehört

rHubschrauber, - = Flugzeug, das mit Hilfe von Drehflügeln fliegt; Helikopter

rHügel, - = kleiner Berg

eKaserne, -n = Gebäude, in dem Truppen* „wohnen"; untergebracht sind

sLazarett, -e = Krankenhaus für verwundete Soldaten; Militärkrankenhaus

rLehrgang, ⁻e = Kurs, Schulung

eMeuterei, -en = Aufstand einer Gruppe von Soldaten, Matrosen usw. gegen den Vorgesetzten (Offizier, Kapitän usw.) *(Auf dem Schiff brach eine Meuterei aus.)*

sMG = *Abkürzung für:* Maschinengewehr

rMilitärputsch, -e = Versuch von Militärs, mit Gewalt die Macht im Staat zu übernehmen

rNachschubweg, -e = Weg für den Transport von militärisch wichtigen Gütern (z.B. Waffen, Munition, Lebensmittel)

rOberbefehlshaber, - = oberster Kommandeur; Führer einer großen militärischen Einheit*

sOpfer, - = jemand, der Schaden erleidet (z.B. durch Naturkatastrophen, Krieg, Verkehr) *(Die Epidemie hat schon zahllose Opfer gefordert.)*

rPanzerverband, ⁻e; zu: *rVerband,* ⁻e = Anzahl gemeinsam operierender Fahrzeuge usw.

rRebell, -en = Aufständischer

rRekrut, -en = Soldat in der ersten Ausbildung

rRüstungsbetrieb, -e = Betrieb, in dem Waffen hergestellt werden

rSchützengraben,⁻ = langer Graben, in dem Infanteriesoldaten Schutz finden

rStacheldraht = Zaun aus Draht, an dem scharfe Spitzen (= Stacheln) sind

eStellung, -en = ausgebauter, befestigter Punkt im Feld, in dem sich militärische Einheiten* verteidigen können

Streitkräfte *(Pl.)* = alle militärischen Organisationen eines Staates zusammen

rStützpunkt, -e = Basis für militärische Aktionen; Ort, von dem aus militärische Unternehmungen gestartet werden

eTapferkeit = Mut

sTreibstofflager, - = Platz, an dem große Mengen von Treibstoff (Benzin, Kerosin, Diesel) gelagert sind

Truppen *(Pl.)* = größere Anzahl militärischer Einheiten*

sU-Boot, -e = *Abkürzung für:* Unterseeboot; Schiff, das tauchen und längere Zeit unter Wasser fahren kann

r'Unterhändler, - = Person, die versucht, bei militärischen Konflikten zwischen den Kriegsparteien Frieden zu schaffen; Vermittler

eVergeltungsaktion, -en = Rache

eVersöhnung; *siehe:* sich versöhnen

rVerteidiger, - = jemand, der sich gegen einen Angriff/Angreifer wehrt oder schützt

rWehrdienst = Militärdienst

3.4 Recht

abschaffen = etwas, was bisher existierte oder verwendet wurde, beseitigen; Ggs: *einführen* *(Der Justizminister plant, einige veraltete Gesetze abzuschaffen.)*

abschrecken = jemanden dazu bringen, auf kriminelle Handlungen zu verzichten, indem man „schreckliche" Folgen androht *(Es ist umstritten, ob die Todesstrafe die Menschen so abschreckt, dass sie keine Verbrechen begehen*.)*

anklagen = vor Gericht beschuldigen, zur Verantwortung ziehen *(Die Sekretärin des Ministers wurde wegen Landesverrats angeklagt.)*

anordnen = befehlen, bestimmen *(Der Arzt ordnete eine strenge Diät an.)*

anzeigen = bei der Polizei melden, dass jemand etwas Strafbares getan hat *(Der Geschäftsmann wurde wegen Betrugs* angezeigt.)*

beantragen = (oft schriftlich) verlangen, dass etwas Bestimmtes getan wird *(135 Abgeordnete beantragten eine Verlegung der Konferenz.)*

befürworten = einverstanden sein; für etwas sein; eine Sache unterstützen *(Viele Leute befürworten längere Öffnungszeiten der Geschäfte.)*

begehen = *hier:* etwas Kriminelles tun *(Die Angeklagte hat Ladendiebstähle begangen.)*

begnadigen = einem Verurteilten die Strafe ganz oder teilweise erlassen *(Der zum Tode Verurteilte wurde vom Präsidenten begnadigt.)*

belasten = als schuldig erscheinen lassen *(Der Angeklagte wurde durch die Aussagen der Zeugen schwer belastet.)*

bereuen = bedauern; sagen, dass einem etwas leid tut *(Der Richter fragte den Angeklagten, ob er seine Tat bereue.)*

beschlagnahmen = konfiszieren, polizeilich wegnehmen *(Die Polizei beschlagnahmte die Akten der Firma.)*

beschließen = (im Parlament) über etwas abstimmen und mit Stimmenmehrheit sich für etwas entscheiden *(Das Parlament beschloss eine Reihe neuer Gesetze zur Geldwäsche.)*

bestechen = jemanden durch Geld, Geschenke usw. dazu bringen, etwas Kriminelles zu tun *(Der Autofahrer versuchte, den Polizisten zu bestechen.)*

bestreiten = sagen, dass etwas unrichtig ist; etwas nicht glauben *(Der Angeklagte bestritt, den Zeugen zu kennen.)*

betrügen (um) = einen anderen Menschen täuschen, belügen usw., weil man materielle Vorteile (z.B. Geld, wertvolle Gegenstände) haben möchte *(Beim Geldwechsel betrog man ihn um hundert Dollar.)*

einführen = etwas Neues verbreiten, in Gebrauch nehmen *(Der Chemiker will am Institut eine neue Analysemethode einführen.)*

einhalten = etwas so tun, wie es im Gesetz steht oder durch eine Regel vorgeschrieben ist *(Ich verlange, dass alle Teilnehmer die Spielregeln einhalten.)*; *siehe auch:* halten, sich

einstellen = *hier:* nicht fortsetzen, abbrechen *(Die Kommission stellte ihre Tätigkeit ein.)*

entführen = einen Menschen (mit Gewalt) an einen anderen Ort bringen *(Der Fabrikant wurde von vier bewaffneten Männern entführt.)*

entwaffnen = jemandem die Waffen wegnehmen *(Die gefangenen Soldaten wurden sofort entwaffnet.)*

ermitteln = *hier:* untersuchen, ob jemand eine Straftat begangen hat (als polizeiliche Maßnahme) *(Gegen den Geschäftsführer wird wegen Steuerbetrugs ermittelt.)*

erpressen = jemanden zu etwas zwingen (wollen), indem man ihn bedroht *(Er erpresste sie mit der Drohung, die Fotos zu veröffentlichen.)*

erstellen = ausarbeiten, anfertigen, verfassen *(Die Kommission erstellte einen Bericht.)*

ertappen = jemanden überraschen, der gerade etwas Verbotenes tut oder etwas macht, was niemand sehen soll; erwischen *(Ich habe den Jungen bei einer Lüge ertappt.)*

erwischen = *siehe:* ertappen

fahnden (nach) = zu finden versuchen; suchen (als polizeiliche Maßnahme) *(Die Polizei fahndet nach dem flüchtigen Verbrecher.)*

fällen (ein Urteil, eine Entscheidung usw.) = als gültig aussprechen; verkünden* *(Ein Prozess ist beendet, wenn der Richter das Urteil gefällt hat.)*

fassen = festnehmen, verhaften *(Trotz intensiver Suche konnte der Bankräuber nicht gefasst werden.)*

gestehen = sagen, dass man etwas Strafbares getan hat; eine Straftat zugeben *(Der Kassierer gestand den Betrug*.)*

halten, sich (an + Akk.) = das tun, was vorgeschrieben ist; einhalten* *(Jeder Tourist muss sich an die Gesetze des Gastlandes halten.)*

leugnen = die Wahrheit von etwas bestreiten*; etwas für unwahr erklären, was andere von einem selbst behaupten *(Bis zuletzt leugnete die Angeklagte den Diebstahl.)*

plädieren (für) = in einem Plädoyer beantragen; *siehe:* Plädoyer

setzen; *in der Wendung:* auf freien Fuß setzen = aus Haft oder Gefangenschaft freilassen *(Der Verhaftete konnte seine Unschuld beweisen und wurde auf freien Fuß gesetzt.)*

sträuben, sich = sich wehren gegen etwas; versuchen, etwas zu verhindern, was einem nicht gefällt *(Das Kind sträubte sich mit Händen und Füßen gegen die Behandlung beim Zahnarzt.)*

über'prüfen = kontrollieren; nachschauen, ob etwas richtig ist *(Der Kontrolleur überprüfte die Eintrittskarten.)*

über'wältigen = mit körperlicher Gewalt bezwingen *(Der Dieb wurde von Angestellten des Supermarktes überwältigt.)*

unter'schlagen = Geld, das einem nicht gehört, für sich verwenden *(Der Leiter der Hilfsorganisation steht im Verdacht, Spendengelder in Höhe von 200.000 Euro unterschlagen zu haben.)*

unter'ziehen, sich (+ Dat.) = etwas machen oder mit sich machen lassen, was unangenehm, anstrengend usw. ist *(Er unterzog sich einer Operation.)*

verbüßen = eine Freiheitsstrafe absitzen *(Der Häftling* hat bereits die Hälfte seiner Strafe verbüßt.)*

verdächtigen (jemanden + Gen.) = vermuten, dass jemand etwas Kriminelles getan hat; jemanden für schuldig halten *(Man verdächtigte ihn des Diebstahls.)*

vereidigen = durch Eid* verpflichten *(Der Zeuge wurde vor Gericht vereidigt, d.h., er musste durch Eid bestätigen, dass er die Wahrheit gesagt hatte.)*

verhängen = *hier:* eine bestimmte Maßnahme anordnen (meistens als Strafe) *(Das Kriegsgericht verhängte strenge Strafen über die Deserteure.)*

verkünden = öffentlich sagen, bekannt machen *(Nach einstündiger Beratung verkündete die Kommission ihre Entscheidung.)*

vernehmen = vor Gericht befragen *(Bei dem Prozess wurden mehrere Zeugen vernommen.)*

verstoßen (gegen) = etwas tun, was gegen eine Regel, gegen ein Gesetz ist; eine Bestimmung verletzen *(Die neue Arbeitszeitregelung verstößt gegen den Arbeitsvertrag.)*

verüben = etwas Kriminelles tun *(Der Mord wurde vermutlich gegen zwei Uhr verübt.)*

verweigern = ablehnen, etwas zu tun, was erwartet oder verlangt wird *(Der Angeklagte verweigerte die Aussage.)*

weigern, sich (etwas zu tun) = ablehnen, etwas zu tun; *siehe:* verweigern *(Neulandien weigert sich, seine Truppen aus dem Grenzgebiet zurückzuziehen.)*

widerrufen = öffentlich sagen, dass etwas nicht mehr gültig ist; zurücknehmen *(Der Zeuge widerrief seine Aussage vom Vortag.)*

zugeben = für richtig oder wahr erklären, obwohl man vorher etwas anderes behauptet hat *(Der Angeklagte gab schließlich zu, das Auto gestohlen zu haben.)*

---

sAlibi, -s = Nachweis, dass jemand zum Zeitpunkt einer kriminellen Tat nicht am Tatort war *(Der Angeklagte besaß für die Tatzeit kein Alibi.)*

eBande, -n = organisierte Gruppe von Verbrechern

eBerufung; *in der Wendung:* Berufung einlegen = juristisch gegen ein Urteil „protestieren". Wenn eine Seite (Staatsanwalt oder Verteidigung) Berufung einlegt, muss der Prozess wiederholt werden. *(Der Angeklagte war mit dem Richterspruch nicht einverstanden und legte gegen das Urteil Berufung ein.)*

eBestechung, -en = *siehe:* bestechen

rBetrug = *siehe:* betrügen

rBetrüger, - = Person, die betrügt; *siehe:* betrügen

eBeute = „Gewinn" bei einem Diebstahl oder Raub

eBrandstiftung, -en = absichtliche Beschädigung oder Zerstörung von Gegenständen oder Gebäuden durch Verbrennen; das Verursachen eines Brandes *(Der Brand in der Bar ist vermutlich auf Brandstiftung zurückzuführen.)*

sBußgeld, -er = Geldstrafe (z.B. für Autofahrer wegen Falschparkens)

rEid, -e = Schwur vor Gericht

eEinstellung = *siehe:* einstellen

eErpressung, -en = *siehe:* erpressen

erwiesen = nachgewiesen, bestätigt

eFahrerflucht = Flucht eines Fahrers nach einem Unfall, an dem er selbst schuld ist *(Der Unfallverursacher beging* Fahrerflucht.)*

sGeständnis, -se = *siehe:* gestehen

sGnadengesuch, -e = Antrag (z.B. beim Präsidenten), einen Verurteilten nicht oder nicht so streng zu bestrafen, d.h. zu *begnadigen**

sGutachten, - = Aussage eines Spezialisten (z.B. bei einem Prozess) *(Der Psychologe stellte in seinem Gutachten fest, dass der Angeklagte für seine Taten nicht voll verantwortlich ist.)*

eHaftanstalt, -en = Gefängnis

rHäftling, -e = jemand, der sich in Haft, in einer Haftanstalt* befindet

Handschellen *(Pl.)* = Metallringe, mit denen man einem Gefangenen die Hände fesselt *(Dem betrunkenen Autofahrer mussten die Polizisten Handschellen anlegen.)*

eHeilanstalt, -en = Haus für Kranke oder Süchtige, die in Krankenhäusern nicht behandelt werden können *(Der drogensüchtige Täter wurde in eine Heilanstalt eingewiesen.)*

sIndiz, -ien = Umstand, Zeichen usw., die beweisen können, dass jemand eine Straftat begangen* hat; Prozesse ohne Geständnis* des Angeklagten nennt man *Indizienprozesse*

eKaution, -en = Sicherheitsleistung; größere Summe, die man dem Gericht zur Verfügung stellt, damit ein Verdächtiger* nicht in Untersuchungshaft* bleiben muss und bis zum Prozess in Freiheit leben kann

rKomplize, -n = „Helfer" bei einer Straftat; Mittäter

sLokal, -e = Raum, wo man essen und trinken kann; Gaststätte

eNotwehr = Verteidigung gegen eine gefährliche Bedrohung; Notwehr ist nicht strafbar

Personalien *(Pl.)* = Angaben zur Person (z.B. Geburtstag, Geburtsort, Wohnort)

sPlädoyer, -s = Rede des Staatsanwalts oder des Verteidigers vor Gericht

ePolizeistreife, -n = zwei oder mehr Polizisten, die Kontrollgänge durchführen

rSachverständige, -n = jemand, der sich auf einem Gebiet sehr gut auskennt und deswegen beim Gericht Gutachten* abgibt; Experte

eSchmuggelware, -n = Gegenstände, die illegal über eine Grenze gebracht werden

rSchöffe, -n = Nichtjurist, der mit dem Richter zusammen die Straftat beurteilt und die Strafe für den Angeklagten festlegt

eTat; *in der Wendung:* auf frischer Tat = während der Tat und nicht später; im Augenblick der Tat *(Der Einbrecher wurde auf frischer Tat ertappt*.)*

rTotschlag = Tötung eines Menschen, die aber nicht so streng bestraft wird wie ein Mord (weil sie nicht beabsichtigt war)

eUnter'suchungshaft = Haft eines Verdächtigen* vor dem Prozess *(Der Verdächtige befindet sich in Untersuchungshaft.)*

rVerdacht = *siehe:* verdächtigen

rVerdächtige, -n = Person, die man verdächtigt; *siehe:* verdächtigen

eVereidigung, -en = *siehe:* vereidigen

sVerfahren, - = Aufeinanderfolge der juristischen Handlungen in einer Rechtssache (angefangen mit Ermittlung, Verhaftung, Untersuchungshaft*, Verhandlung usw.)

sVergehen, - = Handlung, die gegen ein Gesetz verstößt*; ein Vergehen ist eine „leichtere" Straftat als ein Verbrechen

eVergewaltigung, -en = Handlung, bei der jemand (meist eine Frau) zum Geschlechtsverkehr gezwungen wird

eVernehmung, -en = *siehe:* vernehmen

3.5 Wirtschaft und Handel

ablaufen = *hier:* zu Ende gehen; ungültig werden; aufhören zu gelten *(Der Mietvertrag läuft Ende September ab.)*

absetzen = *hier:* in größeren Mengen verkaufen *(Das Unternehmen versucht, seine Elektrogeräte auch in Lateinamerika abzusetzen.)*

abstimmen (über + Akk.) = die Stimmen zählen, die für bzw. gegen etwas sind *(Das Parlament stimmte über die Justizreform ab.)*

anlaufen = beginnen, in Gang kommen *(Die Hilfsaktionen sind angelaufen.)*

antreiben = in Bewegung setzen, in Bewegung halten *(Die städtischen Busse werden durch Wasserstoffmotoren angetrieben.)*

aufkommen (für) = die Kosten übernehmen; bezahlen *(Die Organisation kommt für Unterkunft und Verpflegung der Gäste auf.)*

aufnehmen = (wieder) beginnen (Arbeit, Tätigkeit usw.) *(Nach der Winterpause wurde auf dem Kanal der Schiffsverkehr wieder aufgenommen.);* Ggs: einstellen*

ausrufen = *hier:* offiziell verkünden; proklamieren *(Nach ihrem Sieg riefen die Revolutionäre die Republik aus.)*

aussetzen = *hier:* unterbrechen *(Wegen Krankheit des Leiters wird der Kurs für mindestens zwei Wochen ausgesetzt.)*

aussperren = (streikende) Arbeiter von der Arbeit ausschließen *(Die Direktion drohte damit, die Streikenden auszusperren.)*

ausstellen = *hier:* eine Quittung, Rechnung usw. schreiben *(Der Arzt stellte dem Patienten ein Attest aus.)*

beanstanden = etwas kritisieren, zurückweisen usw., weil es nicht so gut ist, wie man erwarten kann *(Der Kunde beanstandet den hohen Stromverbrauch des Geräts.)*

bedienen, sich *(+ Gen.)* = benutzen, verwenden *(Bei ihren Untersuchungen bedienten sich die Wissenschaftler einer neuen Methode.)*

begleichen = bezahlen *(Die Schuld muss innerhalb von zwei Wochen beglichen werden.)*

beheben = in Ordnung bringen, reparieren *(Der Mechaniker konnte den Defekt rasch beheben.)*

beilegen = 1) einen Streit, Konflikt usw. in Ordnung bringen, schlichten* *(Den beiden Staaten gelang es, ihren jahrelangen Grenzkonflikt beizulegen.)* 2) dazulegen, beifügen *(Er legte dem Brief seine Visitenkarte bei.)*

belaufen, sich (auf + Akk.) = betragen* *(Die Kosten des Umbaus belaufen sich auf € 400.000,-)*

beliefern = (regelmäßig) an einen Käufer liefern; den Markt versorgen *(Das Modeunternehmen beliefert Kunden in ganz Europa.)*

betragen = eine bestimmte Summe, Höhe usw. erreichen *(Der Gewinn der Firma betrug im Oktober € 120.000,-)*

betreuen = sich um jemanden kümmern; für jemanden sorgen *(Die Flüchtlinge werden von kirchlichen Organisationen betreut.)*

beziehen = *hier:* Waren von verschiedenen Firmen bekommen *(Die Firma bezieht viele Produkte aus den skandinavischen Ländern.)*

decken (Bedarf, Nachfrage) = das herstellen, bringen oder liefern, was die Leute brauchen, wonach sie fragen usw. *(Nur wenige Länder können ihren Energiebedarf selbst decken.)*

'durchsetzen, sich = *hier:* gegen Widerstände erfolgreich kämpfen; sich eine führende Position erkämpfen *(Er konnte sich mit seinen Ansichten gegen seine Kritiker durchsetzen.)*

einhalten = *hier:* eine Absprache, Zusage erfüllen, sich daran halten

einstellen = *hier:* beenden *(Die Arbeiten an der Brücke wurden wegen Hochwassers vorübergehend eingestellt.)*

entsprechen = zu einer Sache passen; einer Sache ähnlich sein; mit etwas übereinstimmen *(Der Lohn entspricht meinen Erwartungen. Das Wetter entspricht nicht immer den Prognosen.)*

erklären; *in der Wendung:* für gescheitert erklären = offiziell als Misserfolg bezeichnen *(Die mexikanische Delegation erklärte die Verhandlungen für gescheitert.)*

erstatten = *hier:* jemandem zurückzahlen oder ersetzen, was er bezahlt hat *(Die Ausgaben für Unterkunft und Verpflegung werden Ihnen von unserer Firma erstattet.)*

erteilen; *in der Wendung:* einen Auftrag erteilen = einen Auftrag geben *(Die Firma erteilte einen Auftrag zur Lieferung von drei Baumaschinen.)*

erzielen = erreichen, was man gewünscht hat *(Der Kandidat erzielte in dem Test sehr gute Ergebnisse.)*

faxen = als Fax schicken *(Faxen Sie mir bitte ein Angebot!)*

fertigen = erzeugen, herstellen, produzieren *(Diese Maschinen werden in Tschechien gefertigt.)*

führen = *hier:* im Warenangebot haben; zum Verkauf anbieten *(Der Bahnhofskiosk führt Zeitungen und Zeitschriften aus aller Welt.)*

haften = *hier:* verpflichtet sein, einen Schaden zu ersetzen; finanziell „verantwortlich" sein *(Die Transportfirma haftet für die Beschädigung der Möbel.)*

kündigen = erklären, dass ein Vertrag oder eine Vereinbarung nicht mehr gelten soll; etwas für beendet erklären *(Ich werde den Mietvertrag zum Ende des Jahres kündigen.)*

schlichten = (als Dritter) einen Streit zwischen zwei Personen beenden, beilegen* *(Die Mutter versuchte, den Streit zwischen ihren Töchtern zu schlichten.)*

steuern = *hier:* dafür sorgen, dass ein bestimmtes Programm verwirklicht wird *(Die Heizung wird automatisch gesteuert.)*

streichen = *hier:* erklären, dass etwas ungültig ist; zurücknehmen *(Wegen Geldmangels hat der Staat eine Reihe von Subventionen gestrichen.)*

treten; *in der Wendung:* in einen Streik treten = einen Streik beginnen *(Die Arbeiter traten in einen 24-stündigen Streik.)*

über'schreiten (einen Termin) = zum Termin nicht fertig sein; den Termin nicht einhalten; länger brauchen, als vereinbart wurde *(Die Baufirma hat den vereinbarten Termin um vier Wochen überschritten.)*

über'schwemmen = *hier:* in (zu) großer Menge kommen *(Der Mensch unserer Zeit wird mit Informationen überschwemmt.)*

über'treffen = mehr sein, als man erwartet hat; besser oder mehr sein als früher *(Der Läufer übertraf den Weltrekord um fünf Hundertstel Sekunden. Der Brief übertraf seine schlimmsten Befürchtungen.)*

über'weisen = einen Geldbetrag von einem Konto auf ein anderes Konto „schicken" *(Der Kunde hat auf das Konto der Firma 175 Euro überwiesen.)*

'umsetzen = *hier:* Geld durch Verkauf von Waren bekommen *(Die Firma setzt durch den Verkauf von Gartenmöbeln Millionen um.)*

verdrängen = jemanden (durch Gewalt usw.) dazu bringen, seinen Platz zu verlassen, weil man diesen Platz selbst haben will *(Die Sekretärin hatte Angst, dass ihre jüngere Kollegin sie von ihrem Platz verdrängen könnte.)*

verdreifachen = dreimal so groß machen; um 300 % erhöhen *(Die Ausgaben für Werbung haben sich im Vergleich zum Vorjahr verdreifacht.)*

verführen (zu etwas) = jemanden dazu bringen, etwas zu tun, was er eigentlich nicht tun will *(Die Sonderangebote in den Supermärkten verführen viele Menschen zum Kauf.)*

vergeben = *hier:* aus einem Angebot heraus jemandem etwas geben *(Jedes Semester vergibt die Universität zehn Stipendien an begabte Studenten.)*

verhandeln = miteinander sprechen, um eine Lösung für ein Problem zu finden *(Stundenlang verhandelten die Minister über einen Kompromiss.)*

verlagern = an einen anderen Ort bringen und dort weiter funktionieren lassen *(Wegen der niedrigen Löhne verlagern viele Firmen ihre Produktion ins Ausland.)*

versorgen = *hier:* Produkte liefern *(Zahlreiche Sportartikelfirmen versorgen den europäischen Markt.)*

vorhanden sein = da sein, existieren *(Von den Katalogen sind nur noch wenige Exemplare vorhanden.)*

verzögern, sich = später stattfinden, als man geplant hat oder erwartet *(Wegen technischer Probleme verzögerte sich der Abflug um zweieinhalb Stunden.)*

vorlegen = jemandem etwas hinlegen oder zeigen, damit er seine Meinung dazu sagt oder die Sache bearbeitet *(Die Sekretärin legte dem Direktor mehrere Briefe zur Unterschrift vor.)*

———

rAbnehmer, - = Person, die eine Ware kauft (und sie vielleicht weiterverkauft)

rAbsatz; *in der Wendung:* reißenden Absatz finden = sich sehr gut verkaufen *(Das frische Bauernbrot findet reißenden Absatz.)*

rAbsatzmarkt, "e = Markt, Gebiet, Land, wo eine Firma ihre Waren verkaufen kann

eAkkordarbeit = Arbeit im Akkord; d. h., die Arbeit wird nicht nach den geleisteten Arbeitsstunden, sondern nach der produzierten Stückzahl bezahlt

allmählich = langsam

rAufschwung = lebhafte Aufwärtsentwicklung (z.B. in der Wirtschaft)

rAuftragsmangel = Mangel an Kundenbestellungen; zu wenig Aufträge von Kunden

ausstehend = fehlend, noch nicht bezahlt, geliefert usw.

rAusstoß = Anzahl der Produkte, die in einer Fabrik pro Tag, Monat usw. hergestellt werden

rBankrott; *in der Wendung:* Bankrott machen = in Konkurs gehen; *siehe:* Konkurs

eBaumwolle = Pflanzenfaser (Samenfäden des Baumwollstrauches), die zu Geweben für z.B. Textilien verarbeitet werden.

rBedarf = Wunsch, Nachfrage* *(In den jungen Staaten herrscht großer Bedarf an Schulbüchern.)*

eBelegschaft, -en = alle Arbeitnehmer, die in einem Betrieb beschäftigt sind

eEDV-Anlage, -n = Geräte für die elektronische Datenverarbeitung; Computer

rEinsatz, ⸚e = Verwendung für eine bestimmte Aufgabe *(Der Einsatz von Chemie in der Landwirtschaft ist umstritten.)*

einwandfrei = sehr gut; so gut, dass keine Kritik (= *Einwand*) möglich ist

rEinzelhandel = Wirtschaftszweig, der in Ladengeschäften dem Verbraucher Waren anbietet

fällig = zu einem bestimmten Zeitpunkt zu bezahlen *(Die Miete ist am Ersten des Monats fällig.)*

eFertigstellung = Abschluss der Herstellung, des Baus usw. (z.B. die Fertigstellung eines Hauses)

sFließband, ⸚er = Band in einer Fabrik, das mechanisch bewegt wird und auf dem das Produkt von einem Arbeitsplatz zum anderen transportiert wird *(Henry Ford hat die Fließbandarbeit erfunden. Fast alle Autos werden am Fließband produziert.)*

Frachtkosten *(Pl.)* = Transportkosten

frei Haus = ohne Transportkosten

gewachsen; *in der Wendung:* gewachsen sein *(+ Dat.)* = stark genug sein, um gegen einen Angriff, eine Gefahr usw. gewappnet zu sein, d.h. nicht zu verlieren, zu unterliegen *(Der junge Boxer war seinem erfahrenen Gegner nicht gewachsen.)*

eGewerkschaft, -en = Organisation, die sich um die Interessen der Arbeitnehmer kümmert (z.B. bessere Bezahlung, längeren Urlaub)

rGläubiger, - = jemand, der einem anderen Geld geliehen hat (und deshalb eine Schuldforderung hat), Ggs.: *rSchuldner*

eGoldgrube, -n = *(umg.)* Geschäft, Lokal usw., das gute Gewinne macht

rGroßhandel = Wirtschaftszweig zwischen Hersteller und Einzelhandel*

eGunst = *hier:* Interesse am Kauf; Wille zum Kauf

eHeimarbeit, -en = bezahlte Arbeit, die nicht im Betrieb, sondern in der Wohnung des Arbeiters geleistet wird

herkömmlich = traditionell; so wie früher

eKonjunktur, -en = wirtschaftliche Lage in einem Land

rKonkurs, -e = Zahlungsunfähigkeit einer Firma; wenn eine Firma „in Konkurs geht", hat sie kein Geld mehr, um Waren einzukaufen, Löhne, Gehälter und Schulden zu bezahlen *(Die Firma ist in Konkurs gegangen* oder: *Die Firma hat Bankrott gemacht.)*

rKostenvoranschlag, ⸚e = vorherige ungefähre Angabe, wie viel eine Sache kosten wird; Berechnung der Kosten im Voraus

sKraftwerk, -e = technische Anlage, in der elektrische Energie gewonnen wird (z.B. Wasserkraftwerk, Kohlekraftwerk, Kernkraftwerk)

rMangel, ⸚ = das, was an einer Sache nicht so ist, wie es sein sollte; das, was die Perfektion einer Sache „stört", vermindert *(Die Maschine hat leider noch einige technische Mängel.)*

eMesse, -n = Wirtschaftsausstellung

rMulti, -s = *Abkürzung für:* multinationaler Konzern

eNachfrage = Interesse, bestimmte Waren zu kaufen *(Die Nachfrage nach teuren Modellen hat in diesem Jahr zugenommen.)*

prompt = sofort(ig)

rRabatt, -e = Verminderung des Preises; Preisnachlass

rSchleuderpreis, -e = besonders niedriger Preis *(Im Schlussverkauf werden viele Waren zu Schleuderpreisen verkauft.)*

sSchreiben, - = offizieller Brief; Geschäftsbrief

rSchreiner, - = Tischler

rSchutzzoll, ⸚e = Betrag, den man beim Import von Waren bezahlen muss (zum Schutz der nationalen Wirtschaft)

rSchwarzarbeiter, - = Arbeiter, der illegal, d.h. ohne Anmeldung bei den Behörden, bei einer Firma tätig ist, Geld verdient, aber keine Steuern zahlt

Tarifpartner *(Pl.)* = Arbeitgeber und Gewerkschaft*

Tarifverhandlungen *(Pl.)* = Gespräche zwischen Arbeitgeber und Gewerkschaft* (über Löhne und Gehälter, Arbeitsbedingungen usw.)

rTarifvertrag, ⸚e = Vertrag zwischen Arbeitgeber und Gewerkschaft* (über Löhne und Gehälter, Arbeitsbedingungen usw.)

eTerminüberschreitung; *siehe:* überschreiten

Übersee = Gebiete jenseits des Ozeans, besonders Amerika (Formulierungen: in/von/aus/nach Übersee)

r'Umsatz, ⸚e = Wert der umgesetzten (= verkauften) Waren

eUmsatzeinbuße, -n = Verlust beim Umsatz*, Rückgang des Umsatzes

unentgeltlich = ohne Bezahlung, gratis, umsonst

sVerfahren, - = Methode

sVersandhaus, ⸚er = Unternehmen, das seine Waren nicht im Laden anbietet und verkauft, sondern in Katalogen oder Prospekten anbietet und an den Kunden sendet

von Hand = in Handarbeit; nicht maschinell

rWarnstreik, -s = kurzer Streik, mit dem die Gewerkschaft* ihre Forderungen wirksamer durchsetzen* will

rWettbewerb, -e = *hier:* Kampf um eine gute Position auf dem Markt; Kampf gegen die Konkurrenz

rZahlungsaufschub = Verschiebung des Zahlungstermins

sZubehör = Teile, die eine Maschine ergänzen (z.B. einen Staubsauger), Zusatzteile

3.6 Geld

abbuchen = vom Konto nehmen (und auf ein anderes Konto überweisen*) *(Die Miete wird jeden Monat von meinem Konto abgebucht.)*

abheben = Bargeld vom Konto nehmen *(Der Bankkunde hob 250 Euro von seinem Konto ab.)*

anlegen (Geld) = das Geld nutzbringend investieren (z.B. durch den Kauf von Aktien oder anderen Wertpapieren) *(Statt das Geld auf dem Sparkonto zu lassen, sollten Sie es Gewinn bringend anlegen.)*

aufbewahren = aufheben, lagern, nicht wegwerfen *(Der Dieb überlegte, wo er den gestohlenen Schmuck sicher aufbewahren könnte.)*

auflösen = etwas nicht länger bestehen lassen; beenden *(Da sie ins Ausland zog, löste sie ihr Konto bei der Deutschen Bank auf.)*

aushändigen = jemandem etwas übergeben (der das Recht hat, die Sache zu bekommen) *(Der Rektor händigte den Absolventen der Hochschule die Diplome aus.)*

begleichen = bezahlen (Rechnung usw.) *(Der Geschäftsmann hat seine Schulden bis auf den letzten Pfennig beglichen.)*

belaufen, sich (auf + Akk.) = betragen *(Der Schaden beläuft sich auf ca. 1,3 Mio. Euro.)*

einlösen (Scheck) = einen Scheck der Bank vorlegen und den Geldbetrag sich auszahlen lassen *(Die Geschäftsfrau löste den Scheck bei der Bank ein.)*

einreichen = einer Institution, Bank, Firma usw. geben (z.B. Rechnung, Zeugnis) *(Bewerbungen müssen bis Monatsende bei dem Unternehmen eingereicht werden.)*

erteilen, einen Dauerauftrag = der Bank den Auftrag geben, vom Konto regelmäßig einen bestimmten Betrag an einen bestimmten Empfänger zu überweisen* *(Der Kunde erteilt der Bank einen Dauerauftrag zur Überweisung der Miete.)*

festlegen (Geld) = einen Geldbetrag für einen längeren Zeitraum anlegen* *(Wer sein Geld auf mehrere Jahre festlegt, erhält von der Bank höhere Zinsen*.)*

gewähren = geben, worum jemand bittet *(Man gewährte den Flüchtlingen Asyl.)*

gutschreiben = als Guthaben* auf einem Konto eintragen *(Die Bank schrieb dem Konto einen Betrag von € 125,– gut.)*

sperren, ein Konto = verhindern, dass das Konto benutzt wird *(Nach dem Diebstahl der Scheckkarte ließ der Kunde sein Konto sperren.)*

tilgen = (ein Darlehen*, eine Schuld) zurückzahlen *(Der Kaufmann konnte das Darlehen erst nach fünf Jahren tilgen.)*

über'weisen = Geld von einem Konto auf ein anderes Konto „schicken" *(Der Kunde überwies den Rechnungsbetrag auf das Konto der Firma.)*

über'ziehen, ein Konto = vom Konto mehr abheben, als gutgeschrieben* ist *(Um die Rechnung bezahlen zu können, musste Herr B. sein Konto um 600 Euro überziehen.)*

---

eAktie, -n = Wertpapier (Anteil am Grundkapital einer Aktiengesellschaft)

sDarlehen, - = geliehenes Geld, Leihsumme, Kredit *(Das Darlehen muss innerhalb von 3 Jahren zurückbezahlt werden.)*

rDauerauftrag, ¨e; *siehe:* erteilen

rErste d.M. = der erste Tag des/eines Monats

eGebühr, -en = Geldbetrag, den man für Dienstleistungen des Staats (Post, Bahn), von Banken usw. bezahlt *(Die Bank verlangt für die Kontoführung Gebühren von monatlich € …)*

eGeldanlage, -n = Objekt, in das man Geld investiert und Gewinne macht (z.B. Grundstücke, Häuser, Wohnungen usw.); *siehe:* anlegen

sGeschäft, -e = *hier:* Handel, Transaktion usw., mit dem/der man Geld verdient (z.B. Verkauf, Vermietung usw.) *(Die isländische Firma macht mit Wollpullovern gute Geschäfte.)*

rGläubiger, - = jemand, der einem anderen Geld geliehen hat (und deshalb eine Schuldforderung hat); Ggs: *rSchuldner (Der Schuldner bezahlte dem Gläubiger die Schuld ab.)*

sGuthaben, - = zur Verfügung stehendes gespartes Geld auf einem Konto *(Zum Jahresende betrug das Guthaben auf dem Konto € 773,–.)*

rKontoauszug, ¨e = schriftliche Mitteilung der Bank über den Kontostand*

rKontostand, ¨e = Plus- oder Minusbetrag auf dem Konto

rPächter, - = jemand, der ein Geschäft, Lokal usw. mietet, um es zu nutzen und Gewinne zu machen *(Der Besitzer hat das Lokal verpachtet, d.h., jetzt führt ein Pächter die Geschäfte.)*

eRate, -n = Teilbetrag einer größeren Summe, der in regelmäßigen Abständen gezahlt wird *(Der Kunde will den Rechnungsbetrag von € 500,– in zehn Monatsraten von je € 50,– bezahlen.)*

eScheckkarte, -n = „Ausweis" eines Kontoinhabers; kleine Plastikkarte, auf der die Kontonummer und die Unterschrift des Kontoinhabers stehen

Telefongebühren *(Pl.)* = *siehe:* Gebühr

unseriös = nicht verlässlich, nicht glaubwürdig, nicht vertrauenswürdig

Verhältnisse *(Pl.)* = Lage, Zustand, Situation

rVermögensberater, - = jemand, der (reichen) Leuten Ratschläge gibt, was sie mit ihrem Geld machen sollen, damit es noch mehr wird; Anlageberater

rWechselkurs, -e = Preis einer ausländischen Währung; Kurs, zu dem man eine ausländische Währung kaufen kann sWertpapier, -e = Urkunde, die man kauft und die ihrem Besitzer Zinsen oder Dividende bringt (z.B. Aktien)

rZahlungsaufschub, ⸚e = Erlaubnis, eine bestimmte Summe später als vorgeschrieben zu bezahlen

rZins, -en = Geld, das man von der Bank bekommt, wenn man bei ihr ein Konto hat; Geld, das man der Bank zahlen muss, wenn man sich von ihr Geld leiht

rZinssatz, ⸚e = Höhe des Zinses (wird in Prozenten angegeben)

3.7 Post und Telefon

aufgeben (Postsendungen) = der Post zur Weiterbearbeitung, zum Weitertransport usw. übergeben *(Pakete müssen am Paketschalter aufgegeben werden.)*

aufschlagen = (ein Buch, Heft usw.) öffnen *(Die Schüler schlugen das Buch auf Seite 25 auf.)*

aushändigen = etwas übergeben, in die Hand geben *(Bestimmte Sendungen werden nur dem Empfänger persönlich ausgehändigt.)*

befördern = transportieren *(Luftpostsendungen werden mit dem Flugzeug befördert.)*

beilegen = dazulegen, beifügen *(Der Bewerbung waren Lebenslauf und Zeugniskopien beigelegt.)*

einwerfen = in den Briefkasten werfen *(Hast du den Brief an Tante Emma eingeworfen?)*

falten = umschlagen und zusammenlegen *(Sie faltete das Tuch zweimal.)*

kleben = mit Klebstoff befestigen; *siehe:* Klebstoff *(Sie klebte die Urlaubsfotos ins Album.)*

nachschlagen = in einem Buch lesen und dabei etwas suchen *(Wir schlugen den Namen des Malers in einem Künstlerlexikon nach.)*

nachwiegen = noch einmal wiegen *(Der Postbeamte wog den Brief nach.)*

über'prüfen = kontrollieren, ob etwas in Ordnung ist; nochmals prüfen, ob etwas funktioniert *(Der Fahrer überprüfte die Bremsen des Lastwagens.)*

verfügen (über etwas) = haben, besitzen *(Das Geschäft verfügt über einen Verkaufsraum und zwei kleinere Nebenräume.)*

verschicken = an einen größeren Personenkreis senden *(Im April verschickt das Modeunternehmen seinen neuesten Frühjahrskatalog an Kunden im In- und Ausland.)*

verwählen, sich = die falsche Telefonnummer wählen *(Ich war so aufgeregt, dass ich mich zweimal verwählte.)*

verweigern = ablehnen, etwas zu tun *(Der Politiker verweigerte die Unterschrift unter das Dokument.)*

zustellen = Postsendungen zum Empfänger bringen *(In manchen Ländern werden samstags keine Postsendungen zugestellt.)*

———

rAnspruch; *in der Wendung:* in Anspruch nehmen = etwas benutzen, von etwas Gebrauch machen *(Wir nehmen Ihre Hilfe gern in Anspruch.)*

eAnschrift, -en = Adresse

sBranchentelefonbuch, ⸚er = Telefonbuch, in dem man Adressen von Firmen findet

rEilbote, -n = Postbote, der eine Eilsendung sofort zum Empfänger bringt *(Schicke den Brief per Eilboten, dann kommt er heute noch an.)*

sEinschreiben, - = Versandart bei der Post; ein Einschreibebrief wird auf der Post in eine Liste eingetragen; der Absender erhält dafür eine schriftliche Bestätigung; der Empfänger muss durch Unterschrift bestätigen, dass er die Sendung erhalten hat *(Wichtige Briefe sollte man per Einschreiben schicken.)*

ermäßigt = billiger als normal; zu einem niedrigeren Preis

sGut, ¨er = Ware, die transportiert wird

rKlebstoff, -e = feuchte Masse, die man auf Oberflächen von Gegenständen streicht, um diese fest miteinander zu verbinden

eMassendrucksache, -n = große Zahl von „Drucksache"-Sendungen; eine Drucksache besteht nur aus einem gedruckten Text und enthält nichts Handgeschriebenes

eNachgebühr, -en = Gebühr*, die der Empfänger einer Postsendung nachträglich bezahlen muss, weil sie nicht (ausreichend) frankiert ist

eNachnahme = Warensendung, bei der der Postbote den Rechnungsbetrag vom Empfänger kassiert *(Die Firma schickt das Paket per Nachnahme.)*

sPorto, -s = Gebühr* für den Transport von Postsendungen

sPostfach, ¨er (oder: Postschließfach) = verschließbares, bei der Post mietbares Fach für Postsendungen, die der Empfänger dort selbst abholt

postlagernd = ein postlagernder Brief wird an ein Postamt adressiert und vom Empfänger dort abgeholt

ePostleitzahl, -en = Kennzahl eines Postortes *(Die Ortschaft Pullach südlich von München hat die Postleitzahl 82049.)*

eRufnummer, -n = Telefonnummer

eSondermarke, -n (oder: Sonderbriefmarke) = Briefmarke, die zu einem bestimmten Anlass erscheint (z.B. zu einem Jubiläum, Tod) *(Die Bundespost gab zum 200. Todestag des Komponisten eine Sondermarke heraus.)*

rWirtschaftszweig, -e = Bereich der Wirtschaft, z.B. Elektroindustrie, Bauwirtschaft

ZDF = *Abkürzung für* Zweites Deutsches Fernsehen

3.8 Verkehr

abkommen (von) = *hier:* den Weg verlieren; in eine andere Richtung geraten* *(In der Dunkelheit kamen die Wanderer vom Weg ab.)*

abschleppen = ein defektes Fahrzeug mit Hilfe eines anderen Fahrzeugs irgendwohin ziehen *(Ralfs Auto hatte einen Motorschaden; er rief uns an und bat uns, ihn abzuschleppen.)*

anschnallen, sich = den Sicherheitsgurt anlegen *(Bei dem Unfall wurde der Fahrer schwer verletzt, weil er sich nicht angeschnallt hatte.)*

auslösen = verursachen; führen zu; zur Folge haben *(Dichter Nebel löste eine Serie von Unfällen aus.)*

ausweichen (einer Person oder Sache) = aus dem Weg gehen oder fahren; Platz machen *(Der Autofahrer wich dem gestürzten Radfahrer aus.)*

befördern = transportieren *(Die Kursteilnehmer wurden mit Bussen zum Museum befördert.)*

begeben, sich = gehen (an einen bestimmten Ort) *(Die Delegierten begaben sich in den Saal.)*

bergen = in Sicherheit bringen; retten; aus einer Katastrophensituation herausholen *(Die Feuerwehr barg den Verletzten aus dem verunglückten Fahrzeug.)*

betragen = eine bestimmte Summe erreichen (Meter, Jahre, Kilo usw.) *(Das Gewicht des Pakets beträgt fünf Kilo.)*

davonkommen (mit) = nichts Schlimmeres erleiden *(Bei dem Unfall wurde der Fahrer getötet; der Beifahrer kam mit schweren Verletzungen davon.)*

erliegen *(+ Dat.)* = an einer Sache sterben *(Der 60-Jährige erlag einem Herzinfarkt.)*

errichten = bauen, aufstellen *(Die Stadt ließ entlang der Autobahn eine Lärmschutzwand errichten.)*

fördern = unterstützen, bei der Entwicklung helfen *(Junge Filmemacher werden vom Staat finanziell gefördert.)*

geraten = (ohne Absicht, zufällig) an einen Ort oder in eine Lage kommen, die sehr unangenehm ist *(Das Schiff geriet in einen schweren Sturm.)*

halten, sich (an etwas) = beachten; nicht verletzen *(Alle Verkehrsteilnehmer müssen sich an die Verkehrsregeln halten.)*

missachten = absichtlich nicht beachten *(Zahlreiche Autofahrer missachteten die vorgeschriebene Geschwindigkeit von 30 km/h.)*

prallen = heftig gegen etwas stoßen; auf etwas fallen *(Das Fahrzeug prallte gegen einen parkenden Bus.)*

rasen = sehr schnell fahren *(Der Rennwagen raste durch das Ziel.)*

schleppen = (etwas Schweres) mit Mühe tragen *(Wir schleppten die Möbel in den zweiten Stock.)*

steuern = hinter dem Lenkrad sitzen und dem Auto die gewünschte Richtung geben; das Auto lenken *(Er steuerte das Auto sicher nach Hause.)*

streifen = *hier:* an jemandem/etwas vorbeifahren und ihn/es dabei berühren *(Beim Rückwärtsfahren streifte sie ein parkendes Auto.)*

über'holen = jemanden einholen und durch höhere Geschwindigkeit an ihm vorbeilaufen, vorbeifahren usw. *(Die Polizei überholte den verdächtigen Wagen und stoppte ihn.)*

über'prüfen = kontrollieren; prüfen, ob etwas stimmt oder in Ordnung ist *(Der Beamte überprüfte die Richtigkeit der Kopie.)*

über'schlagen, sich = „umfallen" und sich um die eigene Achse drehen *(Das Fahrzeug kam von der Straße ab*, überschlug sich mehrmals und blieb auf dem Dach liegen.)*

über'wachen = kontrollieren, ob alles in Ordnung ist oder richtig funktioniert *(Der Verkehr wird mit Hilfe von Fernsehkameras überwacht.)*

um'fahren = um etwas herumfahren *(Wir bogen rechts ab und umfuhren die Unfallstelle.)*

verfügen (über + Akk.) = haben, besitzen *(Das Hotel verfügt über einen Speiseraum, einen Konferenzsaal und ein Schwimmbecken.)*

verkehren = regelmäßig eine bestimmte Strecke fahren (von öffentlichen Verkehrsmitteln) *(Der Bus verkehrt zwischen Heidelberg und Mannheim.)*

versäumen = verpassen; nicht mehr erreichen; zu spät kommen *(Morgens versäumen manche Leute regelmäßig ihren Bus.)*

verschrotten = zu Schrott verarbeiten, d.h., ein altes Auto zu einem Platz bringen, wo es zerlegt wird; die brauchbaren Teile, z.B. das Altmetall, werden wieder verwertet. *(Sein Auto war durch den Unfall so beschädigt, dass er es verschrotten lassen musste.)*

versorgen = (einen Kranken, Verletzten usw.) ärztlich behandeln *(Der Verletzte wurde vom Notarzt versorgt.)*

verständigen = benachrichtigen, informieren *(Die Familie des Verunglückten wurde von dem Unfall verständigt.)*

─────

angewiesen; *in der Wendung:* **angewiesen sein (auf + Akk.)** = (eine Person oder Sache) unbedingt brauchen; abhängig sein von *(Die Verkehrsverbindungen auf dem Land sind so schlecht, dass viele Berufstätige auf ihr Auto angewiesen sind.)*

rAnschluss, ⸚e; *in der Wendung:* **Anschluss haben** = eine Verkehrsverbindung haben (z.B. einen Zug, in den man umsteigen kann, um seine Fahrt fortzusetzen) *(Um 13.15 Uhr haben Sie einen direkten Anschluss nach Stuttgart.)*

rBahnsteig, -e = Plattform im Bahnhof, von der aus die Leute in bzw. aus dem Zug steigen

sGas; *in der Wendung:* **Gas geben** = auf das Gaspedal drücken, um schneller zu fahren; die Fahrt beschleunigen *(Gib Gas, sonst kommen wir zu spät zum Bahnhof!)*

rGeisterfahrer, - = jemand, der auf einer Autobahnspur in der falschen Richtung fährt

sGleis, -e = ein Paar von parallel verlaufenden Metallschienen, auf der Züge oder Straßenbahnen fahren

sGut, "er = Ware, die transportiert wird

rInsasse, -n = Person, die in einem Fahrzeug (Auto, Bus, Zug usw.) mitfährt

mitten (auf, in usw. + Dat.) = in der Mitte von *(mitten auf der Straße, im Zimmer, am Tag)*

eNotlandung, -en = vorzeitige Landung eines Flugzeugs wegen einer Notsituation

rOrientexpress = Zug, der zwischen Paris und dem Balkan verkehrt*

ePanne, -n = technische Störung, die das Weiterfahren unmöglich macht (z.B. Motorpanne, Reifenpanne)

rPannendienst, -e = Hilfsdienst bei Autopannen

rPendler, - = jemand, der täglich zwischen seinem Wohnort und seinem Arbeitsplatz hin- und herfährt

rSchienenweg, -e = „Straße", auf der die Züge fahren

sSchleudern, *in der Wendung:* ins Schleudern geraten = (vom Auto) beim Fahren außer Kontrolle geraten (abwechselnd nach links und rechts rutschen)

rSicherheitsgurt, -e = Gurt, mit dem man sich im Auto am Sitz „anbindet", anschnallt, um bei einem Verkehrsunfall gesicherter zu sein

eStoßzeit, -en = Hauptverkehrszeit; Tageszeit, zu der der Verkehr am stärksten ist

vergeblich = ohne Erfolg, erfolglos

rZebrastreifen, - = Stelle auf einer Straße, die mit breiten weißen Streifen markiert ist und an der die Fußgänger die Fahrbahn überqueren dürfen

60 km/h = 60 Kilometer pro Stunde *(lies:* Stundenkilometer)

eEinbahnstraße, -n = Straße, in der man nur in einer Richtung fahren darf

3.9 Medien: Rundfunk, Presse, Fernsehen

ansagen = ankündigen, bekannt geben *(Der Sprecher sagte eine Programmänderung an.)*

ausstrahlen = senden (über Rundfunk oder Fernsehen) *(Diese Sendung wird im Nachtprogramm des Westdeutschen Rundfunks ausgestrahlt.)*

berücksichtigen = beachten; nicht übersehen; nicht vergessen *(Bitte berücksichtigen Sie, dass der neue Mitarbeiter kaum praktische Erfahrung hat! Wer Bergtouren organisiert, muss das Alter der Teilnehmer berücksichtigen.)*

bevorzugen = eine Sache lieber haben (nehmen, essen, trinken, tragen usw.) als eine andere; vorziehen *(Meine Mutter trägt am liebsten helle Farben, d.h., sie bevorzugt helle Farben.)*

eingehen (auf + Akk.) = sich mit jemandem oder etwas beschäftigen; berücksichtigen*, Verständnis zeigen für *(Der Firmenchef versuchte, auf die Bedürfnisse der Angestellten einzugehen, d.h. er versuchte, ihre Erwartungen und Wünsche zu erfüllen.)*

enthüllen = die (versteckte) Wahrheit zeigen, etwas Geheimes ans Licht der Öffentlichkeit bringen *(Die Zeitung enthüllte eine Intrige gegen den Parteivorsitzenden.)*

konkurrieren = gleichzeitig mit anderen versuchen, etwas zu erreichen; in Wettbewerb treten *(Um diesen gut bezahlten Posten konkurrieren mehrere Bewerber.)*

verfassen = über etwas nachdenken und das Ergebnis dann aufschreiben *(Frau de Concini verfasste einen Reiseführer für Venedig.)*

verfolgen = *hier:* zuschauen, mit den Augen folgen *(Mit Spannung verfolgten wir das Endspiel um die Europameisterschaft.)*

verkümmern = sich nicht weiterentwickeln; in einen schlechten Zustand kommen *(In Gefangenschaft verkümmern viele Tiere körperlich und seelisch.)*

---

eBerichterstattung, -en = Weitergabe von Informationen aus Politik, Wirtschaft usw.

rBildschirm, -e = Leuchtschirm eines Fernsehgeräts, eines Monitors; Teil des Fernsehers, auf dem das Bild erscheint

eBoulevardzeitung, -en = Zeitung, die ihre Leser mit Sensationsberichten, Gesellschaftsklatsch u.a. unterhält und im Straßenverkauf zu kaufen ist

Deutschlandfunk = deutscher Rundfunksender

FAZ = Frankfurter Allgemeine Zeitung

eFernsehanstalt, -en = Fernsehsender

geeignet = passend für; dem Alter, der Stellung usw. entsprechend *(Der Saal ist für kleinere Veranstaltungen nicht geeignet.)*

rGottesdienst, -e = religiöse Feier, die am Sonntagvormittag in katholischen und evangelischen Kirchen stattfindet

eGunst = *hier:* Interesse, Aufmerksamkeit, Sympathie

Hintergründe *(Pl.)* = Zusammenhänge, Bedingungen und Ursachen einer Sache, von denen kaum jemand weiß (z.B. die Hintergründe eines Skandals, eines Rücktritts)

eIllustrierte, -n = (meist) wöchentlich erscheinende Zeitschrift, die vor allem aktuelle Bildberichte und Reportagen bringt

sJugendmagazin, -e = Zeitschrift für Jugendliche, die viele Bilder enthält und die Leser auf unterhaltsame Weise informiert

rKrimi, -s = *Abkürzung für:* Kriminalfilm oder Kriminalroman

rLeitartikel, - = wichtigster Kommentar der Zeitung zu aktuellen Themen

eSchlagzeile, -en = Überschrift in einer Zeitung (meist auf der ersten Seite), die aus großen Buchstaben besteht und fett gedruckt, oft auch noch (farbig) unterstrichen ist

eSensationsgier = starker Wunsch, Sensationen zu erleben

eSpionageaffäre, -n = Skandal, der mit Spionage zu tun hat

eStellung; *in der Wendung:* zu etwas Stellung nehmen = seine Meinung zu etwas sagen *(Ich erwarte, dass Sie zu meinem Vorschlag Stellung nehmen.)*

eTagesschau, -en = Nachrichtensendung im deutschen Fernsehen

rVerkehrsfunk = Verkehrsmeldungen für Autofahrer im Radio

eVerkümmerung; *siehe:* verkümmern

rZeichentrickfilm, -e = Trickfilm, der aus einer Folge von gezeichneten Bildern besteht (z.B. Filme von Walt Disney)

sZeitgeschehen = die aktuellen Ereignisse der Gegenwart; das, was in unserer Zeit passiert

eZeitschrift, -en = broschierte Druckschrift, die meist periodisch (wöchentlich bis jährlich) erscheint und längere Artikel über ein bestimmtes Fachgebiet (z.B. Medizin) enthält

Kunst und Geschichte

4.1 Literatur

Goethe	dichten* *(Prät.)*	Ballade* „Der Erlkönig"
↓	verfassen*	*zahllos, Gedichte*
Schriftsteller	↓	*Autobiographie*
Dichterin	schreiben, an *(Präs.)*	↓↑
↓	beschreiben	Kindheit; Dorf
Autor	↓	Nachkriegsgesellschaft
↓	schreiben *(Prät.)*	*Pseudonym**
↓	veröffentlichen	*Kurzgeschichten*
Kurzgeschichten	↓ *(P)*	Jahrhundertwende
↓	herausgeben *(P)*	*Salzburger Verlag*
Memoiren	↓	Selbstverlag*
↓	erscheinen *(Präs.)*	*unverändert, Form*
Epos	↓	*neu, Übersetzung*
↓	schildern*	Kampf; *Troja**
Erzählung	↓	*ungewöhnlich, Begegnung*
↓	demnächst verfilmen *(P)*	*polnisch, Regisseur*
↓	erscheinen	*klein, Auflage**
Roman	↓	*dreibändig, Ausgabe*
↓	spielen	Paris (Zwischenkriegszeit)
↓	vergriffen* sein	*länger, Zeit*
↓	zählen	Meisterwerke (dänisch, Literatur)
G. Grass*	↓	bekanntest-, Autoren
↓	sein	einer (↓)
S. Lenz*	↓	*zeitgenössisch*, Autor*
↓	schaffen *(Prät.)*	*umfangreich, Werk*
Dichter	↓	*Lyrik + Prosa*
↓	beeinflussen *(P)*	französisch, Symbolismus*
↓	verwenden *(Präs.)*	*zahlreich, Symbole*
Gedicht	enthalten	↓
Sammelband*	↓	*früh, Gedichte (Rilke*)*
↓	um'fassen*	Spätwerk (Lyrikerin)
↓	erhältlich sein	*jede Buchhandlung*

Goethe dichtete die Ballade „Der Erlkönig".

Goethe verfasste zahllose Gedichte.

Der Schriftsteller verfasste eine Autobiographie.

Die Dichterin schreibt an ihrer Autobiographie.

Die Dichterin beschreibt ihre Kindheit auf dem Dorf.

Der Autor beschreibt die Nachkriegsgesellschaft.

Der Autor schrieb unter einem Pseudonym.

Der Autor veröffentlichte Kurzgeschichten.

Die Kurzgeschichten wurden um die Jahrhundertwende veröffentlicht.

Die Kurzgeschichten wurden von einem Salzburger Verlag herausgegeben.

Die Memoiren wurden im Selbstverlag herausgegeben.

Die Memoiren erscheinen in unveränderter Form.

Das Epos erscheint in einer neuen Übersetzung.

Das Epos schildert den Kampf um Troja.

Die Erzählung schildert eine ungewöhnliche Begegnung.

Die Erzählung wird demnächst von einem polnischen Regisseur verfilmt.

Die Erzählung erscheint in einer kleinen / in kleiner Auflage.

Der Roman erscheint in einer dreibändigen Ausgabe.

Der Roman spielt im Paris der Zwischenkriegszeit.

Der Roman ist seit längerer Zeit vergriffen.

Der Roman zählt zu den Meisterwerken der dänischen Literatur.

Günter Grass zählt zu den bekanntesten Autoren.

Günter Grass ist einer der bekanntesten Autoren.

Siegfried Lenz ist ein zeitgenössischer Autor.

Siegfried Lenz schuf ein umfangreiches Werk.

Der Dichter schuf Lyrik und Prosa.

Der Dichter wurde vom französischen Symbolismus beeinflusst.

Der Dichter verwendet zahlreiche Symbole.

Das Gedicht enthält zahlreiche Symbole.

Der Sammelband enthält frühe Gedichte von Rilke.

Der Sammelband umfasst das Spätwerk der Lyrikerin.

Der Sammelband ist in jeder Buchhandlung erhältlich.

4.2 Theater

Schauspielerin	einstudieren* *(Präs.)*	Rolle (Gretchen*)
↓	auswendig lernen	Monolog
↓	haben	*Lampenfieber**
↓	betreten	Bühne*
Held*	stehen	↓
↓	verschwinden	Kulissen
↓	darstellen* *(P)*	*bewährt*, Schauspieler*
Regisseur	verpflichten* *(Prät.)*	↓
↓	sich bedienen*	*modern, Lichteffekte*
↓	vergrößern	Ensemble*
↓	beginnen	Proben; *Hamlet*
Vorstellung	↓ *(Präs.)*	*20 Uhr*
↓	ausverkauft sein	*seit Wochen*
Komödie	auf dem Spielplan* stehen	↓
↓	aufführen* *(Prät./P)*	*Kellertheater**
↓	handeln *(Präs.)*	*betrogen, Ehemann*
Schauspieler A.	spielen	↓↑
Tragödie	↓	*antik, Griechenland*
↓	↓ *(P)*	Schauspielhaus
↓	gehören	Klassiker *(Pl.)* (Bühnenliteratur)
↓	↓ *(Prät.)*	Repertoire* (Theater)
↓	erschüttern*	Zuschauer *(Pl.)*
↓	bestehen *(Präs.)*	*drei Akte*
Theaterstück	↓	*15 Szenen*
↓	absetzen* *(Prät./P)*	*nach vier Aufführungen**
↓	besprechen* *(P)*	Feuilleton*
Inszenierung	↓ *(P)*	Kritiker *(Pl.)*
↓	einmütig* loben *(P)*	Kritik
Aufführung*	verreißen* *(P)*	↓
↓	hervorrufen	*Skandal*
↓	↓	*groß, Aufsehen**
↓	verbieten *(P)*	Zensur
Autor	protestieren	↓
↓	gelten *(Präs.)*	*Satiriker*
↓	über'arbeiten *(Prät.)*	Stück
↓	'umschreiben	↓

Die Schauspielerin studiert die Rolle des Gretchens ein.

Die Schauspielerin lernt den/ihren Monolog auswendig.

Die Schauspielerin hat Lampenfieber.

Die Schauspielerin betritt die Bühne.

Der Held steht auf der Bühne.

Der Held verschwindet hinter den Kulissen.

Der Held wird von einem bewährten Schauspieler dargestellt.

Der Regisseur verpflichtete einen bewährten Schauspieler.

Der Regisseur bediente sich moderner Lichteffekte.

Der Regisseur vergrößerte das Ensemble.

Der Regisseur begann mit den Proben zu Hamlet.

Die Vorstellung beginnt um 20 Uhr.

Die Vorstellung ist seit Wochen ausverkauft.

Die Komödie steht seit Wochen auf dem Spielplan.

Die Komödie wurde in einem Kellertheater aufgeführt.

Das Stück handelt von einem betrogenen Ehemann.

(Der) Schauspieler A. spielt den betrogenen Ehemann.

Die Tragödie spielt im antiken Griechenland.

Die Tragödie wird im Schauspielhaus gespielt.

Die Tragödie gehört zu den Klassikern der Bühnenliteratur.

Die Tragödie gehörte zum Repertoire des Theaters.

Die Tragödie erschütterte die Zuschauer.

Die Tragödie besteht aus drei Akten.

Das Theaterstück besteht aus fünfzehn Szenen.

Das Theaterstück wurde nach vier Aufführungen abgesetzt.

Das Theaterstück wurde im Feuilleton besprochen.

Die Inszenierung wurde von den Kritikern besprochen.

Die Inszenierung wurde von der Kritik einmütig gelobt.

Die Aufführung wurde von der Kritik verrissen.

Die Aufführung rief einen Skandal hervor.

Die Aufführung rief großes Aufsehen hervor.

Die Aufführung wurde von der Zensur verboten.

Der Autor protestierte gegen die Zensur.

Der Autor gilt als Satiriker.

Der Autor überarbeitete das Stück.

Der Autor schrieb das Stück um.

4.3 Musik

Gitarre	sein *(Präs.)*	*Saiteninstrument**
manch-, Kinder	erlernen	↓
↓	Geige spielen	Schulorchester
Franziska	Klavier ↓	*Begeisterung*
↓	üben	*Tonleitern** + *Akkorde*
↓	Klavierstunden nehmen	seit, Kindheit
Bernhard	Klavierunterricht haben	↓
↓	vorspielen* *(Prät.)*	*Stück (Mendelssohn-Bartholdy**)*
↓	sich vorbereiten	Schulkonzert
Eltern	einladen *(=P)*	↓
↓	begeistert sein *(=P)*	↓
Zuhörer *(Pl.)*	↓ *(=P)*	*Choräle** *(J.S. Bach)*
Chor	vortragen*	↓ ↑
Sängerin	↓	*Lieder (Richard Strauss**)*
↓	singen	*Arien; Mozartopern*
↓	begleiten* *(P)*	*Pianist*
↓	haben	*wunderschön, Stimme*
Konzertpublikum	lauschen*	↓ ↑
↓	Beifall klatschen*	*minutenlang*
↓	fordern	*Zugabe**
Gitarrist	spielen	↓
Orchester	↓	„Unvollendete"*
*Franz Schubert**	komponieren	↓
↓	vertonen*	*Gedichte (Goethe)*
Gedicht	↓ *(P)*	*Robert Schumann**
Dirigent	eine Vorliebe haben *(Präs.)*	↓
↓	über'nehmen	*Leitung (Wiener Symphoniker**)*
↓	leiten	Orchester
Orchester	↓ *(P)*	*englisch, Dirigent*
↓	proben *(Prät.)*	dritter Satz* (Sinfonie)
↓	sich versammeln	zu, Generalprobe
Mitglieder (Quartett*)	↓	Konzertsaal
↓	stimmen	Instrumente
↓	aufführen*	*Werke (Beethoven)*
Musiker *(Pl.)*	↓	*Streichquartett** *(J. Haydn**)*
↓	auftreten*	*Wohltätigkeitskonzert**

Die Gitarre ist ein Saiteninstrument.

Manche Kinder erlernen ein Saiteninstrument.

Manche Kinder spielen Geige im Schulorchester / im Schulorchester Geige.

Franziska spielt mit Begeisterung Klavier.

Franziska übt (die) Tonleitern und (die) Akkorde.

Franziska nimmt seit ihrer Kindheit Klavierstunden.

Bernhard hat seit seiner Kindheit Klavierunterricht.

Bernhard spielte ein Stück von Mendelssohn-Bartholdy vor.

Bernhard bereitete sich auf das Schulkonzert vor.

Die Eltern waren zum Schulkonzert eingeladen.

Die Eltern waren vom / von dem Schulkonzert begeistert.

Die Zuhörer waren von den Chorälen Johann Sebastian Bachs begeistert.

Der Chor trug Choräle von Johann Sebastian Bach vor.

Die Sängerin trug Lieder von Richard Strauß vor.

Die Sängerin sang Arien aus Mozartopern.

Die Sängerin wurde von einem Pianisten begleitet.

Die Sängerin hatte eine wunderschöne Stimme.

Das Konzertpublikum lauschte der wunderschönen Stimme.

Das Konzertpublikum klatschte minutenlang Beifall.

Das Konzertpublikum forderte eine Zugabe.

Der Gitarrist spielte eine Zugabe.

Das Orchester spielte die „Unvollendete".

Franz Schubert komponierte die „Unvollendete".

Franz Schubert vertonte Gedichte von Goethe.

Das Gedicht wurde von Robert Schumann vertont.

Der Dirigent hat eine Vorliebe für Robert Schumann.

Der Dirigent übernimmt die Leitung der Wiener Symphoniker.

Der Dirigent leitet das Orchester.

Das Orchester wird von einem englischen Dirigenten geleitet.

Das Orchester probte den dritten Satz der Sinfonie.

Das Orchester versammelte sich zur Generalprobe.

Die Mitglieder des Quartetts versammelten sich im Konzertsaal.

Die Mitglieder des Quartetts stimmten ihre/die Instrumente.

Die Mitglieder des Quartetts führten Werke von Beethoven auf.

Die Musiker führten ein Streichquartett von Joseph Haydn auf.

Die Musiker traten in/bei einem Wohltätigkeitskonzert auf.

4.4 Bildende Kunst

Kunststudent	studieren *(Präs.)*	Akademie*
↓	gehen	*Ausstellungen*
Kunstliebhaber	↓	städtisch, Galerie
Werke (Maler)	hängen	↓
↓	ausstellen *(=P)*	↓
Stillleben*	↓	*Privatgalerie*
einige Skulpturen	↓ *(Prät. /= P)*	Kunstmuseum
↓	voll'enden* *(P) (/)*	Bildhauer*
Bau (Kathedrale*)	↓ *(P) (/)*	*zu Lebzeiten* (Baumeister)*
↓	sich verzögern*	*immer wieder*
Renovierung (Gemälde)	↓	*Erkrankung* (Künstler)
↓	in Anspruch* nehmen	*mehrere Jahre*
↓	ermöglichen *(P)*	*großzügig*, Spenden**
Konservierung (Fresko*)	↓	*neuartig, Technik*
Restaurator*	sich bedienen*	↓
↓	Bescheid* wissen *(Präs.)*	*Kunstgeschichte*
Studenten	sich beschäftigen	↓
↓	betrachten	Fassade
Künstler	sollen gestalten*	↓
↓	beauftragen* *(P)*	Gestaltung* (Fassade)
Architekt	↓ *(Prät./P)*	Umbau (Kapelle*)
↓	anfertigen*	*Modell*
↓	entwerfen*	Museumsneubau
Bildhauer	↓	Figuren; an, Portal*
↓	arbeiten	*auf Bestellung**
↓	schaffen	*gewaltig*, Plastik*
*Albrecht Dürer**	↓	*umfangreich, Werk*
↓	malen	*Selbstbildnis*
Gemälde	darstellen* *(Präs.)*	↓
Zeichnung	↓	*liegen, Akt**
Künstler	zeichnen *(Prät.)*	↓
Kunstsammler	erwerben*	↓↑
Nationalgalerie	↓	*Aquarell* (Klee*)*
Galeriebesucher *(Pl.)*	bewundern	↓↑
Touristin	↓ *(Präs.)*	Landschaftsbild
manche	als Kitsch* bezeichnen	↓

Der Kunststudent studiert an der Akademie.

Der Kunststudent geht in Ausstellungen.

Der Kunstliebhaber geht in die städtische Galerie.

Die Werke des Malers hängen in der städtischen Galerie.

Die Werke des Malers sind in der städtischen Galerie ausgestellt.

Das Stillleben ist in einer Privatgalerie ausgestellt.

Einige Skulpturen waren im Kunstmuseum ausgestellt.

Einige Skulpturen wurden vom / von dem Bildhauer nicht vollendet.

Der Bau der Kathedrale wurde zu Lebzeiten des Baumeisters nicht vollendet.

Der Bau der Kathedrale verzögerte sich immer wieder.

Die Renovierung des Gemäldes verzögerte sich wegen (einer) Erkrankung des Künstlers.

Die Renovierung des Gemäldes nahm mehrere Jahre in Anspruch.

Die Renovierung des Gemäldes wurde durch großzügige Spenden ermöglicht.

Die Konservierung des Freskos wurde durch eine neuartige Technik ermöglicht.

Der Restaurator bediente sich einer neuartigen Technik.

Der Restaurator weiß in Kunstgeschichte Bescheid.

Die Studenten beschäftigen sich mit Kunstgeschichte.

Die Studenten betrachten die Fassade.

Der Künstler soll die Fassade gestalten.

Der Künstler wird mit der Gestaltung der Fassade beauftragt.

Der Architekt wurde mit dem Umbau der Kapelle beauftragt.

Der Architekt fertigte ein Modell an.

Der Architekt entwarf den Museumsneubau.

Der Bildhauer entwarf die Figuren am Portal.

Der Bildhauer arbeitete auf Bestellung.

Der Bildhauer schuf eine gewaltige Plastik.

Albrecht Dürer schuf ein umfangreiches Werk.

Albrecht Dürer malte ein Selbstbildnis.

Das Gemälde stellt ein Selbstbildnis dar.

Die Zeichnung stellt einen liegenden Akt dar.

Der Künstler zeichnete einen liegenden Akt.

Der Kunstsammler erwarb den liegenden Akt.

Die Nationalgalerie erwarb ein Aquarell von Klee.

Die Galeriebesucher bewunderten das Aquarell von Klee.

Die Touristin bewundert das Landschaftsbild.

Manche bezeichnen das Landschaftsbild als Kitsch.

4.5 Geschichte

Alter (Erde)	betragen* (Präs.)	ca. 3 Mrd. Jahre
↓	schätzen (P)	↓
Erde	alt sein	↓
↓	bedecken (Prät./=P)	Eismassen
Land	↓ (=P)	Gletscher* (Pl.)
↓	bevölkern (=P)	vielerlei Lebewesen
↓	erleben	Klimaschwankungen*
Pflanzen + Tiere	sich anpassen*	↓↑
Eiszeit	verursachen (P)	↓
↓	unter'brechen (P)	wärmer, Perioden
Gletscher* (Pl.)	schmelzen*	↓↑
↓	hinterlassen	Spuren; Erdoberfläche
↓	sich erhalten (Perf.)	in, Gebirge (Pl.)
Steinwerkzeuge	↓	unsere Zeit
↓↑	ein Beweis sein (Präs.)	Geschicklichkeit (Menschen)
↓	zeugen*	↓
Gräber	↓	Jenseitsvorstellungen*
Urmenschen	besitzen (Prät.)	↓
↓	glauben	Leben; nach, Tod
↓	↓	Vielzahl (Götter)
↓	beten	Götter
Jäger (Pl.)	bitten	↓ Jagdglück
↓	schießen	Pfeil* + Bogen*
↓	erlegen*	wild, Tiere
↓	folgen	↓↑
Männer	jagen	↓
↓	gehen	Jagd
Menschen	leben	↓
↓	↓	Nomaden*
↓	↓	Höhlen*
↓	schmücken*	↓↑
Höhlen*	↓ (P)	Jagdzeichnungen
↓	Schutz bieten*	Urmenschen
↓	↓	vor, Bären + Wölfe
↓	sein	erste, Wohnstätten
↓	enthalten	wichtig, Funde

Das Alter der Erde beträgt etwa/zirka/ungefähr 3 Milliarden Jahre.

Das Alter der Erde wird auf etwa (usw.) 3 Milliarden Jahre geschätzt.

Die Erde ist etwa 3 Milliarden Jahre alt.

Die Erde war von Eismassen bedeckt.

Das Land war von Gletschern bedeckt.

Das Land war von vielerlei Lebewesen bevölkert.

Das Land erlebte Klimaschwankungen.

Pflanzen und Tiere passten sich den Klimaschwankungen an.

Die Eiszeit wurde von den Klimaschwankungen verursacht.

Die Eiszeit wurde von wärmeren / durch wärmere Perioden unterbrochen.

Die Gletscher schmolzen in den wärmeren Perioden.

Die Gletscher hinterließen Spuren auf der Erdoberfläche.

Die Gletscher haben sich in Gebirgen erhalten.

Steinwerkzeuge haben sich bis in unsere Zeit erhalten.

Die Steinwerkzeuge sind ein Beweis für die Geschicklichkeit der Menschen.

Die Steinwerkzeuge zeugen von der Geschicklichkeit der Menschen.

Die Gräber zeugen von Jenseitsvorstellungen.

Die Urmenschen besaßen Jenseitsvorstellungen.

Die Urmenschen glaubten an ein Leben nach dem Tod.

Die Urmenschen glaubten an eine Vielzahl von Göttern.

Die Urmenschen beteten zu den Göttern.

Die Jäger baten die Götter um Jagdglück.

Die Jäger schossen mit Pfeil und Bogen.

Die Jäger erlegten wilde Tiere.

Die Jäger folgten den wilden Tieren.

Die Männer jagten die wilden Tiere.

Die Männer gingen auf die Jagd.

Die Menschen lebten von der Jagd.

Die Menschen lebten als Nomaden.

Die Menschen lebten in Höhlen.

Die Menschen schmückten die Höhlen.

Die Höhlen wurden mit Jagdzeichnungen geschmückt.

Die Höhlen boten den Urmenschen Schutz.

Die Höhlen boten Schutz vor Bären und Wölfen.

Die Höhlen waren die ersten Wohnstätten.

Die Höhlen enthielten wichtige Funde.

Gräber (Urmenschen)	enthalten *(Präs.)*	*Gefäße**
Urmensch	formen *(Prät.)*	↓ *aus Ton**
↓	verzieren*	↓↑ *Ornamente*
Archäologen	einteilen *(Präs.)*	Kulturkreise ↓
↓	können erkennen	↓ ↓
↓	immer wieder stoßen*	*Feuerstellen*
Hirten*	übernachten *(Prät.)*	↓↑
↓	zähmen*	*frei lebend, Tiere*
↓	hüten*	Herden*
↓	züchten*	*Tiere*
Bauern	angewiesen* sein	↓↑
↓	sich ansiedeln*	*fruchtbar, Gebiete*
↓	urbar* machen	Land
↓	roden*	Wälder
↓	trockenlegen*	*Sümpfe**
↓	führen	*sesshaft*, Leben*
↓	bestellen*	Boden
↓	pflanzen	*Getreide**
↓	sich ernähren	*Fleisch + Feldfrüchte**
↓	Vorräte* anlegen	Zukunft
↓	erfinden	Wagenrad
Wagenrad	↓ *(P)*	*Vorderasien*
↓	erleichtern	Transport *(Güter*)*
Pflug*	↓	Anbau; *auf, größer, Flächen*
↓	zählen *(Präs.)*	wichtigst-, Erfindungen
Webstuhl*	↓	Erfindungen (Steinzeit)
↓	erfinden *(Prät./P)*	Steinzeit
Steinwerkzeuge	↓ *(P)*	*frühgeschichtlich, Zeit*
↓	ablösen* *(P)*	*Metallwerkzeuge*
Urmenschen	verwenden	↓
↓	entdecken	Kupfer
↓	härten	↓ *mit, Zinn**
↓	beherrschen	Feuer
↓	lernen 'umgehen	↓
Eisen	schmelzen* *(P)*	↓
↓	in Gebrauch kommen	1. Jt. v. Chr.*

Die Gräber der Urmenschen enthalten Gefäße.

Der Urmensch formte Gefäße aus Ton.

Der Urmensch verzierte die Gefäße mit Ornamenten.

Die Archäologen teilen die Kulturkreise nach Ornamenten ein.

Die Archäologen können die Kulturkreise an Ornamenten erkennen.

Die Archäologen stoßen immer wieder auf Feuerstellen.

Die Hirten übernachteten an den Feuerstellen.

Die Hirten zähmten frei lebende Tiere.

Die Hirten hüteten die Herden.

Die Hirten züchteten Tiere.

Die Bauern waren auf die Tiere angewiesen.

Die Bauern siedelten sich in fruchtbaren Gebieten an.

Die Bauern machten das Land urbar.

Die Bauern rodeten die Wälder.

Die Bauern legten Sümpfe trocken.

Die Bauern führten ein sesshaftes Leben.

Die Bauern bestellten den Boden.

Die Bauern pflanzten Getreide.

Die Bauern ernährten sich von Fleisch und Feldfrüchten.

Die Bauern legten Vorräte für die Zukunft an.

Die Bauern erfanden das Wagenrad.

Das Wagenrad wurde in Vorderasien erfunden.

Das Wagenrad erleichterte den Transport von Gütern.

Der Pflug erleichterte den Anbau auf größeren Flächen.

Der Pflug zählt zu den wichtigsten Erfindungen.

Der Webstuhl zählt zu den Erfindungen der Steinzeit.

Der Webstuhl wurde in der Steinzeit erfunden.

Die Steinwerkzeuge wurden in frühgeschichtlicher Zeit erfunden.

Die Steinwerkzeuge wurden durch/von Metallwerkzeuge(n) abgelöst.

Die Urmenschen verwendeten Metallwerkzeuge.

Die Urmenschen entdeckten das Kupfer.

Die Urmenschen härteten das Kupfer mit Zinn.

Die Urmenschen beherrschten das Feuer.

Die Urmenschen lernten mit dem Feuer umzugehen.

Das Eisen wurde im Feuer geschmolzen.

Das Eisen kam im ersten Jahrtausend vor Christus in Gebrauch.

Eisen	verarbeiten *(Prät./P)*	*Waffen + Geräte*	
man	schmieden	↓	*Eisen*
↓	↓	*Schmuck**	*Bronze**
Frauen	tragen	↓; *Elfenbein**	
↓	bearbeiten	Boden	
↓	verfügen*	*Erträge**	
Fürst	↓	*unbeschränkt, Macht*	
↓	ausdehnen*	Machtbereich	
↓	lassen, für sich arbeiten	*Sklaven**	
↓	unter'drücken	Untertanen*	
↓	verehren* *(P)*	*Gott*	
↓	lassen bauen	*Paläste**	
↓	lassen errichten*	*Tempel**	
Priester *(Pl.)*	sich versammeln	↓↑	
↓	opfern*	Götter	
↓	weissagen*	Zukunft	
Sterndeuter*	↓	*Hungersnot*	
Land	zu leiden haben	↓	
↓	unter'werfen* *(P)*	mongolisch, Reiterheere	
Ureinwohner *(Pl.)*	↓ *(P)*	Einwanderer *(Pl.)*	
↓	sich wehren*	↓	
Griechen	↓	persisch, Heere*	
↓	über'nehmen	Phönizier* *(Pl.)*	Schrift
Germanen	↓	Römer *(Pl.)*	Ackerbau
↓	bestehen	*Vielzahl (Stämme)*	
↓	sein	*heidnisch*, Völker*	
↓	in Berührung* kommen	römisch, Kultur	
Heiden*	↓	Christentum	
↓	bekehren* *(P)*	↓	
↓	annehmen	↓	
europäisch, Kultur	prägen* *(Präs./=P)*	↓	
↓	beeinflussen *(=P)*	*arabisch, Wissenschaft + Kultur*	
Abendland*	↓ *(Prät./P)*	Kultur (Islam)	
↓	heimsuchen* *(P)*	„schwarzer Tod"*	
↓	entvölkern* *(P)*	Pest*	
Kirche	bezeichnen	↓	*Strafe (Gott)*

Das Eisen wurde zu Waffen und Geräten verarbeitet.

Man schmiedete Waffen und Geräte aus Eisen.

Man schmiedete Schmuck aus Bronze.

Die Frauen trugen Schmuck aus Elfenbein.

Die Frauen bearbeiteten den Boden.

Die Frauen verfügten über die Erträge.

Der Fürst verfügte über (eine) unbeschränkte Macht.

Der Fürst dehnte seinen Machtbereich aus.

Der Fürst ließ Sklaven für sich arbeiten.

Der Fürst unterdrückte seine Untertanen.

Der Fürst wurde wie ein Gott / als Gott verehrt.

Der Fürst ließ Paläste bauen.

Der Fürst ließ einen Tempel errichten.

Die Priester versammelten sich im Tempel.

Die Priester opferten den Göttern.

Die Priester weissagten die Zukunft.

Der Sterndeuter weissagte eine Hungersnot.

Das Land hatte unter einer Hungersnot zu leiden.

Das Land wurde von den mongolischen Reiterheeren unterworfen.

Die Ureinwohner wurden von den Einwanderern unterworfen.

Die Ureinwohner wehrten sich gegen die Einwanderer.

Die Griechen wehrten sich gegen die persischen Heere.

Die Griechen übernahmen von den Phöniziern die Schrift.

Die Germanen übernahmen von den Römern den Ackerbau.

Die Germanen bestanden aus einer Vielzahl von Stämmen.

Die Germanen waren heidnische Völker.

Die Germanen kamen mit der römischen Kultur in Berührung.

Die Heiden kamen mit dem Christentum in Berührung.

Die Heiden wurden zum Christentum bekehrt.

Die Heiden nahmen das Christentum an.

Die europäische Kultur ist vom / durch das Christentum geprägt.

Die europäische Kultur ist von arabischer Wissenschaft und Kultur beeinflusst.

Das Abendland wurde von der Kultur des Islam(s) beeinflusst.

Das Abendland wurde vom schwarzen Tod heimgesucht.

Das Abendland wurde von der Pest entvölkert.

Die Kirche bezeichnete die Pest als Strafe Gottes.

Bevölkerung	fliehen *(Prät.)*	Burg
↓	flüchten	↓
Feind	belagern*	↓
Ritter* *(Pl.)*	verteidigen*	↓
↓	tragen	*Rüstung**
↓	teilnehmen	*Kreuzzüge**
↓	↓	*Turniere**
↓	bewaffnen *(=P)*	*Schwert** + *Lanze**
Feind	↓ *(=P)*	bis an die Zähne*
↓	erbeuten*	*Waffen + Vieh*
↓	verwüsten*	Land
↓	plündern*	Festung
↓	dem Erdboden gleichmachen* ↓	
Festung	↓ *(P)*	
↓	wieder aufbauen *(P)*	16. Jahrhundert
↓	um'geben *(=P)*	*dick, Mauern*
↓	angreifen *(P)*	Feinde
Land	↓ *(P)*	Nachbarstaat
Kaufleute	Handel treiben	↓
↓	tauschen	*Pelze* ___ *Werkzeug*
↓	ausrauben *(P)*	*Wegelagerer** *(Pl.)*
Handelsschiffe	↓ *(P)*	*Seeräuber (Pl.)*
↓	segeln	entlang, Küste
Wikinger*	↓	über, Atlantik
↓	beherrschen	Meere
Römer	↓	Mittelmeerraum
↓	erobern*	*weit, Teile (Europa)*
*Karl der Große**	herrschen	↓
↓	krönen *(P)*	Jahr 800 ___ Kaiser
↓	niederschlagen	*zahlreich, Aufstände*
Aufstand	↓ *(P)*	König
Bischof	sich versöhnen*	↓
Fürsten	rebellieren*	↓
↓	absetzen*	↓
↓	aufstellen*	*Söldnerheer**
↓	besiegen	Truppen (König)

Die Bevölkerung floh in die Burg.

Die Bevölkerung flüchtete (sich) in die Burg.

Der Feind belagerte die Burg.

Die Ritter verteidigten die Burg.

Die Ritter trugen eine Rüstung.

Die Ritter nahmen an Kreuzzügen teil.

Die Ritter nahmen an Turnieren teil.

Die Ritter waren mit Schwert und Lanze bewaffnet.

Der Feind war bis an die Zähne bewaffnet.

Der Feind erbeutete Waffen und Vieh.

Der Feind verwüstete das Land.

Der Feind plünderte die Festung.

Der Feind machte die Festung dem Erdboden gleich.

Die Festung wurde dem Erdboden gleichgemacht.

Die Festung wurde im 16. Jahrhundert wieder aufgebaut.

Die Festung war von dicken Mauern umgeben.

Die Festung wurde von den Feinden angegriffen.

Das Land wurde vom / von seinem Nachbarstaat angegriffen.

Die Kaufleute trieben Handel mit dem Nachbarstaat / trieben mit … Handel.

Die Kaufleute tauschten Pelze gegen Werkzeug.

Die Kaufleute wurden von Wegelagerern ausgeraubt.

Die Handelsschiffe wurden von Seeräubern ausgeraubt.

Die Handelsschiffe segelten die Küste / an der Küste entlang.

Die Wikinger segelten über den Atlantik.

Die Wikinger beherrschten die Meere.

Die Römer beherrschten den Mittelmeerraum.

Die Römer eroberten weite Teile Europas.

Karl der Große herrschte über weite Teile Europas.

Karl der Große wurde im Jahr 800 zum Kaiser gekrönt.

Karl der Große schlug zahlreiche Aufstände nieder.

Der Aufstand wurde vom König niedergeschlagen.

Der Bischof versöhnte sich mit dem König.

Die Fürsten rebellierten gegen den König.

Die Fürsten setzten den König ab.

Die Fürsten stellten ein Söldnerheer auf.

Die Fürsten besiegten die Truppen des Königs.

Eroberer* *(Pl.)*	schlagen* *(Prät.)*	kaiserlich, Heere*
↓	vertreiben*	Verteidiger *(Pl.)* (Stadt)
↓	machen	*Friedensangebot*
abtrünnig*, Provinz	annehmen	↓↑
↓	sich verbünden*	französisch, König
Fürsten	↓	Papst
↓	gründen	*Staatenbund*
beide Staaten	sich zusammenschließen	↓
↓	sich einigen	*Friedensvertrag*
↓	schließen	↓
strittig, Fragen	regeln *(P)*	↓
Rechte (Kirche)	↓ *(P)*	*Reihe (Gesetze)*
König	erlassen*	↓
↓	entlassen	Kriegsminister
↓	'durchführen	*Reformen*
Königin	sich entschließen	↓
↓	aufheben*	Leibeigenschaft*
↓	einigen	zerstritten, Volksgruppen
↓	zwingen *(P)*	Abdankung*
Kronprinz	↓ *(P)*	Thronverzicht
↓	leben	Hof (König)
↓	verzichten	Thron
Ludwig II.*	1864 besteigen	↓
↓	regieren	*22 Jahre*
Herrschaft (Kaiser)	dauern	↓
↓	einleiten	*neu, Epoche*
↓	über'schatten* *(=P)*	*Kriege*
verfeindet, Staaten	führen	↓
Städte	häufig zerstören *(P)*	↓
↓	sich verteidigen*	Angriffe *(feindlich, Heere*)*
Reich	↓	Überfälle *(Nomaden*)*
↓	teilen *(P)*	nach, Tod (Kaiser)
↓	einteilen *(P)*	*Provinzen*
↓	zerfallen	*Einzelstaaten*
↓	sich spalten*	↓
↓	aufteilen *(P)*	unter, Nachbarstaaten

Die Eroberer schlugen die kaiserlichen Heere.

Die Eroberer vertrieben die Verteidiger der Stadt.

Die Eroberer machten ein Friedensangebot.

Die abtrünnige Provinz nahm das Friedensangebot an.

Die abtrünnige Provinz verbündete sich mit dem französischen König.

Die Fürsten verbündeten sich mit dem Papst.

Die Fürsten gründeten einen Staatenbund.

Die beiden Staaten schlossen sich zu einem Staatenbund zusammen.

Die beiden Staaten einigten sich auf einen Friedensvertrag.

Die beiden Staaten schlossen einen Friedensvertrag.

Die strittigen Fragen wurden durch einen / in einem Friedensvertrag geregelt.

Die Rechte der Kirche wurden durch eine / in einer Reihe von Gesetzen geregelt.

Der König erließ eine Reihe von Gesetzen.

Der König entließ den Kriegsminister.

Der König führte Reformen durch.

Die Königin entschloss sich zu Reformen.

Die Königin hob die Leibeigenschaft auf.

Die Königin einigte die zerstrittenen Volksgruppen.

Die Königin wurde zur Abdankung gezwungen.

Der Kronprinz wurde zum Thronverzicht gezwungen.

Der Kronprinz lebte am Hof des Königs.

Der Kronprinz verzichtete auf den Thron.

Ludwig der Zweite bestieg 1864 den Thron.

Ludwig der Zweite regierte zweiundzwanzig Jahre (lang).

Die Herrschaft des Kaisers dauerte zweiundzwanzig Jahre.

Die Herrschaft des Kaisers leitete eine neue Epoche ein.

Die Herrschaft des Kaisers war von Kriegen überschattet.

Die verfeindeten Staaten führten Kriege.

Die Städte wurden häufig durch Kriege zerstört.

Die Städte verteidigten sich gegen die Angriffe feindlicher Heere.

Das Reich verteidigte sich gegen die Überfälle von Nomaden.

Das Reich wurde nach dem Tod des Kaisers geteilt.

Das Reich wurde in Provinzen eingeteilt.

Das Reich zerfiel in Einzelstaaten.

Das Reich spaltete sich in Einzelstaaten.

Das Reich wurde unter den/die Nachbarstaaten aufgeteilt.

Reformator*	sich weigern* *(Prät.)*	widerrufen* - Lehre
↓	verfolgen *(P)*	Inquisition*
Ketzer*	↓ *(P)*	Kirche
↓	sterben	Scheiterhaufen*
↓	verbrennen *(P)*	↓
schön, Frauen	↓ *(P)*	*Hexen*
↓	werfen *(P)*	Kerker*
rGefangene	sterben	↓
↓	auspeitschen* *(P)*	Öffentlichkeit
↓	hinrichten* *(P)*	Henker*
Verbrecher	↓ *(P)*	Marktplatz
Volk	sich versammeln	↓
↓	zusehen	Hinrichtung*
Aufrührer*	erwarten	↓
↓ *(Pl.)*	fordern	Abschaffung* (Adel*)
↓	köpfen* *(P)*	Schafott*
Adelige* *(Pl.)*	↓ *(P)*	Revolutionäre
Zar	ermorden *(P)*	↓
Regierungstruppen	kämpfen	↓
Kaiser	↓	Vormacht; *Europa*
↓	berufen*	*Gelehrte* (Pl.) + Künstler (Pl.)* an, Hof
↓	abschaffen*	Privilegien (Adel*)
Reformen	beschränken	↓
↓	scheitern*	Widerstand (Adel*)
Revolution	↓	Uneinigkeit (Führer *(Pl.)*)
↓	ausbrechen	Hauptstadt
Napoleon	zurückkehren	↓
↓	verbannen* *(P)*	Insel St. Helena
Dostojewski	↓	*Sibirien*
↓	leben	Verbannung*
Revolutionäre	↓	Untergrund*
↓	ausrufen*	Republik
Präsident	↓	Notstand*
↓	einberufen*	national, Versammlung
Papst	↓	*Konzil*
↓	ausüben*	*weltlich, Macht*

Der Reformator weigerte sich, seine Lehre zu widerrufen.

Der Reformator wurde von der Inquisition verfolgt.

Der Ketzer wurde von der Kirche verfolgt.

Der Ketzer starb auf dem Scheiterhaufen.

Der Ketzer wurde auf dem Scheiterhaufen verbrannt.

Schöne Frauen wurden als Hexen verbrannt.

Schöne Frauen wurden in den Kerker geworfen.

Der Gefangene starb im Kerker.

Der Gefangene wurde in der Öffentlichkeit ausgepeitscht.

Der Gefangene wurde vom Henker hingerichtet.

Der Verbrecher wurde auf dem Marktplatz hingerichtet.

Das Volk versammelte sich auf dem Marktplatz.

Das Volk sah der Hinrichtung zu.

Der Aufrührer erwartete seine/die Hinrichtung.

Die Aufrührer forderten die Abschaffung des Adels.

Die Aufrührer wurden auf dem Schafott geköpft.

Die Adeligen wurden von den Revolutionären geköpft.

Der Zar wurde von den Revolutionären ermordet.

Die Regierungstruppen kämpften gegen die Revolutionäre.

Der Kaiser kämpfte um die Vormacht in Europa.

Der Kaiser berief Gelehrte und Künstler an den/seinen Hof.

Der Kaiser schaffte die Privilegien des Adels ab.

Die Reformen beschränkten die Privilegien des Adels.

Die Reformen scheiterten am Widerstand des Adels.

Die Revolution scheiterte an der Uneinigkeit ihrer Führer.

Die Revolution brach in der Hauptstadt aus.

Napoleon kehrte in die Hauptstadt zurück.

Napoleon wurde auf die Insel Sankt Helena verbannt.

Dostojewski wurde nach Sibirien verbannt.

Dostojewski lebte in der Verbannung.

Die Revolutionäre lebten im Untergrund.

Die Revolutionäre riefen die Republik aus.

Der Präsident rief den Notstand aus.

Der Präsident berief die nationale Versammlung ein.

Der Papst berief ein Konzil ein.

Der Papst übte (eine) weltliche Macht aus.

Worterklärungen

4.1 Literatur

dichten = ein Gedicht schreiben *(Hast du zu Vaters 50. Geburtstag schon etwas gedichtet?)*

schildern = beschreiben, erzählen *(Der Tourist schilderte seine Reiseerlebnisse.)*

um'fassen = enthalten, in sich schließen *(Das Kursprogramm umfasst Theorie und praktische Übungen.)*

verfassen = etwas in Gedanken ausarbeiten und dann niederschreiben *(Der Journalist hat mehrere Reiseberichte verfasst.)*

------

eAuflage, -n = Gesamtzahl der auf einmal gedruckten Exemplare eines Buches *(Das Buch kommt in einer Auflage von 10.000 Stück auf den Markt.)*

eBallade, -n = Gedichtform der Romantik; Balladen erzählen von Begegnungen des Menschen mit überirdischen Wesen (Geistern, Toten usw.) und enden tragisch

Grass, Günter (geb. 1927) = deutscher Schriftsteller; bekannt durch seine Romane (z.B. *Die Blechtrommel*, 1959); Nobelpreis für Literatur 1999

Lenz, Siegfried (geb. 1926) = deutscher Schriftsteller; bekannt durch Romane und Erzählungen (z.B. *Die Deutschstunde*, 1968)

sPseudonym, -e = angenommener Name, nicht der richtige Name eines Schriftstellers *(Der Roman wurde unter einem Pseudonym veröffentlicht.)*

Rilke, Rainer Maria (1875–1926) = einer der größten deutschen Dichter

rSammelband, ̈e = Buch, in dem Texte eines oder mehrerer Autoren abgedruckt sind

rSelbstverlag = das Verlegen eines Textes durch den Autor selbst (nicht durch einen Verlag) *(Herr K. brachte seinen ersten Roman im Selbstverlag heraus.)*

rSymbolismus = Kunstrichtung in Malerei und Literatur gegen Ende des 19. Jhds.

Troja = antike Stadt; Homer schildert in der *Ilias* den Kampf um Troja und dessen Fall

vergriffen = ausverkauft *(Die Opernkarten waren innerhalb einer Stunde vergriffen.)*

zeitgenössisch = zur Zeit lebend; heutig, gegenwärtig *(ein zeitgenössischer Maler)*

4.2 Theater

absetzen = *hier:* vom Spielplan nehmen; nicht mehr im Theater spielen *(Da das Stück beim Publikum keinen Erfolg hatte, wurde es nach kurzer Zeit abgesetzt.)*

aufführen = ein Theaterstück oder eine Komposition vor einem Publikum spielen *(Heute Abend wird im Schauspielhaus Molieres „Der eingebildete Kranke" aufgeführt.)*

bedienen, sich *(+ Gen.)* = benutzen, verwenden *(Der Übersetzer bediente sich eines Fachwörterbuchs.)*

besprechen = (über ein Theaterstück, einen Roman, ein Konzert) eine Kritik schreiben; rezensieren *(Der bekannte Kritiker M. R. hat den Roman im Feuilleton* besprochen.)*

darstellen = als Schauspieler (in einer Rolle) spielen *(Der junge Schauspieler Oliver F. soll den Hamlet darstellen.)*

einstudieren = für die Aufführung vorbereiten *(Das Theaterensemble hatte nur drei Wochen Zeit, das Stück einzustudieren.)*

erschüttern = innerlich stark bewegen; aus dem Gleichgewicht bringen *(Der plötzliche Tod seines Freundes erschütterte ihn stark.)*

verpflichten = einen Künstler (Schauspieler, Musiker usw.) anstellen *(Der Dirigent wurde auf /*
für vier Jahre nach Rom verpflichtet.)

verreißen = stark kritisieren (Theateraufführung, Konzert, Roman usw.) *(Dieser Kritiker ist dafür*
bekannt, dass er alle Neuinszenierungen verreißt.)

———

eAufführung, -en; *siehe:* aufführen

sAufsehen = starke Beachtung, Verwunderung

bewährt = erfahren; viel Erfahrung besitzend, erprobt

eBühne, -n = Teil des Theaters vor dem Zuschauerraum, auf dem die Schauspieler ihre Rolle
spielen

einmütig = in den Meinungen übereinstimmen; wenn alle die gleiche Meinung haben

sEnsemble, -s = Gruppe von Schauspielern, Tänzern usw., die immer zusammen auftreten

sFeuilleton, -s = Teil einer Zeitung, der sich mit Kultur (Theater, Literatur usw.) beschäftigt

Gretchen = zentrale Frauengestalt in Goethes *Faust*

rHeld, -en = wichtigste Person in einem Roman, Film usw.; weibl. Form: *eHeldin*

sKellertheater, - = kleines Theater, das sich im Keller eines Hauses befindet

sLampenfieber = Nervosität, Angst usw. vor einer Situation, in der man öffentlich sprechen,
spielen, singen usw. muss

sRepertoire, -s = alle dramatischen, musikalischen Werke oder artistischen Nummern, die ein
Theater, Orchester, Zirkus usw. einstudiert hat und vorführen kann

rSpielplan, ¨e = Programm eines Theaters, Opernhauses, Kinos usw.

4.3 Musik

aufführen = ein Theaterstück oder eine Komposition vor einem Publikum spielen *(Mozarts Don*
Giovanni wurde 1787 in Prag zum ersten Mal aufgeführt.)

auftreten = als Musiker oder Schauspieler öffentlich spielen *(Der Pianist ist schon in vielen Kon-*
zertsälen aufgetreten).

begleiten = *hier:* einen Sänger durch ein Instrument (Klavier oder Gitarre) musikalisch unterstützen *(Er sang und begleitete sich selbst auf der Gitarre.)*

klatschen; *in der Wendung:* Beifall klatschen= die Hände immer wieder gegeneinander schlagen, um zu zeigen, dass einem etwas gefallen hat; applaudieren *(Als der Redner geendet*
hatte, klatschten die Zuhörer laut Beifall.)

lauschen = *hier:* Worten oder Musik zuhören *(Die Wanderer lauschten dem Gesang der Vögel.)*

vertonen = aus einem Text ein musikalisches Werk machen; ein Gedicht als Lied komponieren
(Schubert* hat viele Gedichte vertont.)

vorspielen = vor einem Publikum spielen (ein Theater- oder Musikstück) *(Die Kapelle spielte den*
Zuhörern einen Walzer von Johann Strauß vor.)

vortragen = etwas Künstlerisches vor einem Publikum sprechen oder singen *(Der junge Mann*
trug Lieder mit eigenen Texten vor.)

———

rChoral, ¨e = Kirchenlied

Haydn, Joseph (1732–1809) = Komponist zahlreicher Sinfonien, Streichquartette, Oratorien
usw.; berühmt ist seine *Symphonie mit dem Paukenschlag*

Mendelssohn-Bartholdy, Felix (1809–1847) = Komponist; schuf Sinfonien, Klavierkonzerte,
Kammermusik usw.; zu seinen bekanntesten Kompositionen gehören die Musik zu Shake-
speares *Sommernachtstraum* sowie seine *Lieder ohne Worte* für Klavier

sQuartett, -e = *hier:* musikalisches Ensemble von vier Solisten

sSaiteninstrument, -e; zu: *eSaite, -n* = dünne „Schnur" aus Metall, Kunststoff usw., die bei Gitarre, Geige, Klavier usw. die Musik erzeugt

rSatz, ⸚e = Teil eines mehrteiligen Musikwerks (Sonate, Sinfonie) *(Das Orchester spielt gerade den zweiten Satz von Dvoraks Symphonie „Aus der neuen Welt".)*

Schubert, Franz (1797–1828) = Komponist der Romantik; lebte in Wien und ist durch Sinfonien, Kammermusik und vor allem seine Lieder berühmt

Schumann, Robert (1810–1856) = Komponist; bekannt durch Sinfonien und umfangreiche Kammermusik, besonders für Klavier (z.B. durch seine *Kinderszenen)*

Strauss, Richard (1864–1949) = Komponist; schrieb Klavier- und Kammermusik, sinfonische Dichtungen; wurde besonders durch seine Opern bekannt *(Der Rosenkavalier; Salome* u.a.)

sStreichquartett, -e = Komposition für vier Streichinstrumente (2 Violinen, 1 Bratsche und 1 Cello)

eTonleiter, -n = Folge von Tönen innerhalb einer Oktave (für C-Dur: C D E F G A H C)

e „Unvollendete" = 8. Sinfonie von Franz Schubert in h-Moll; das Werk besteht nur aus zwei Sätzen

Wiener Symphoniker *(Pl.)* = berühmtes Wiener Orchester

sWohltätigkeitskonzert, -e= Konzert, bei dem die finanziellen Einnahmen für karitative (= wohltätige) Zwecke verwendet werden

eZugabe, -n = Musikstück, das ein Musiker für das Publikum spielt, obwohl er sein Programm schon beendet hat *(Als Zugabe spielte der Pianist eine Etüde von Chopin.)*

4.4 Bildende Kunst

anfertigen = herstellen, produzieren, machen *(In den Klöstern wurden viele Abschriften antiker Werke angefertigt.)*

beauftragen = anordnen, dass jemand eine bestimmte Arbeit erledigt oder Aufgabe erfüllt *(Herr Lienek wurde mit der Organisation der Reise beauftragt.)*

bedienen, sich *(+ Gen.)* = benutzen, verwenden *(Zur Orientierung bedienten sich die Reisenden eines Kompasses.)*

darstellen = *hier:* in einem Bild wiedergeben *(Das Bild stellt eine Allee im Herbst dar.)*

entwerfen = skizzieren; planend zeichnen *(Der Maler entwarf ein Plakat für die Ausstellung.)*

erwerben = kaufen *(Das Museum erwarb ein Manuskript von Albert Einstein.)*

gestalten = einer Sache eine bestimmte Form oder ein bestimmtes Aussehen geben *(Der Park wurde von einem Landschaftsarchitekten gestaltet.)*

verzögern, sich = später stattfinden als geplant oder erwartet *(Wegen schlechten Wetters verzögerte sich der Abschluss der Renovierungsarbeiten.)*

vollenden = abschließen, beenden (meist von künstlerischen Werken) *(Der Komponist vollendete die Sinfonie in wenigen Wochen.)*

———

eAkademie, -n = *hier:* Kunsthochschule

rAkt, -e = *hier:* Darstellung des nackten menschlichen Körpers in der Kunst

rAnspruch; *in der Wendung:* in Anspruch nehmen = benötigen, erfordern *(Die Arbeit an dem Projekt nahm den Wissenschaftler so in Anspruch, dass er für nichts anderes mehr Zeit hatte.)*

sAquarell, -e = Bild, das mit Wasserfarben gemalt ist

rBescheid; *in der Wendung:* Bescheid wissen = informiert sein; Kenntnis haben; sich auskennen *(In juristischen Fragen wusste sie überhaupt nicht Bescheid.)*

eBestellung; *in der Wendung:* auf Bestellung = wenn es von einem Kunden bestellt wird rBildhauer, - = Künstler, der plastische Bildwerke (= Skulpturen) herstellt

Dürer, Albrecht (1471–1528) = einer der größten deutschen Maler

sFresko, -ken = Malerei auf dem frischen, noch feuchten Putz einer Wand

eGestaltung; *siehe:* gestalten

gewaltig = sehr groß, mächtig

großzügig = viel, reichlich, nicht kleinlich

eKapelle, -n = kleine Kirche

eKathedrale, -n = große Kirche

rKitsch = Produkt der darstellenden Kunst, Musik oder Literatur, das als geschmacklos emp-
funden wird (z.B. „Kunst" in Souvenirgeschäften)

Klee, Paul (1879–1940) = Schweizer Maler und Zeichner

Lebzeiten; *in der Wendung:* zu Lebzeiten = während des Lebens; während er/sie lebte

sPortal, -e = großer repräsentativer Eingang zu einer Kirche oder zu einem Schloss

rRestaurator, -en = jemand, der beruflich Kunstwerke (Gebäude oder Gemälde) „repariert"

eSpende, -n = materielle Hilfe (in Form von Geld, Lebensmitteln, Blut, Medikamenten usw.)

sStillleben, - = Bild von unbewegten, leblosen Dingen (Blumen, Früchten usw.)

4.5 Geschichte

abdanken = auf den Thron verzichten; von einem Regierungsamt zurücktreten *(Nach 20 Jahren Herrschaft dankte der König ab.)*

ablösen = Tätigkeit, Dienst oder Funktion von jemandem übernehmen; auf jemand/etwas folgen *(Alle zwei Stunden wird das Wachpersonal abgelöst.)*

abschaffen = gesetzlich anordnen, dass etwas nicht mehr gültig ist, dass etwas nicht mehr exi-
stiert *(Der Politiker schlug vor, die Grenzkontrollen vollständig abzuschaffen.)*

absetzen = *hier:* jemanden aus einem Amt, einer Funktion entfernen *(Der Regierungschef setzte den unfähigen Minister ab.)*

anpassen, sich (+ Dativ) = sich so verändern, dass man zu jemandem/etwas passt; sich anglei-
chen *(Tiere passen sich ihrer Umgebung an.)*

ansiedeln, sich = sich für einen Wohnort entscheiden, an dem man sein Leben lang bleiben
möchte *(Die Alemannen siedelten sich in Südwestdeutschland an.)*

aufheben = für ungültig erklären; annulieren; rückgängig machen *(Der Verkehrsminister hob die
Geschwindigkeitsbegrenzungen wieder auf.)*

aufstellen = *hier:* zusammenstellen, formieren, kampfbereit machen (eine Armee, eine Sport-
mannschaft usw.) *(Für den Kampf gegen die Partisanen stellte der Verteidigungsminister eine
Spezialtruppe auf.)*

ausdehnen = vergrößern, erweitern *(Diktatoren versuchen die Grenzen ihres Staates auszu-
dehnen.)*

auspeitschen = mit der Peitsche schlagen *(ePeitsche:* Stock, an dem eine Schnur befestigt ist;
Pferde werden mit der Peitsche geschlagen, damit sie schneller laufen)

ausrufen = *hier:* öffentlich, offiziell verkünden; proklamieren *(Der Monarch wurde abgesetzt*
und die Republik ausgerufen.)*

ausüben = *hier:* haben und anwenden; mit etwas eine Wirkung haben (Macht, Herrschaft usw.)
(Die afrikanische Kunst übte einen starken Einfluss auf die europäischen Künstler aus.)

bekehren = jemanden überzeugen, etwas zu glauben; für einen religiösen Glauben gewinnen
(Der Missionar wollte die Andersgläubigen zum Christentum bekehren.)

belagern = eine Stadt, Burg oder Festung mit einem Heer umschlossen halten, um sie einzunehmen *(Der Feind belagerte die Stadt schon mehrere Wochen und Lebensmittel und Wasser wurden knapp.)*

berufen = (offiziell) einladen zu kommen (bei Wissenschaftlern oder Künstlern) *(Der König berief den Komponisten an seinen Hof.)*

bestellen (Boden, Land, Feld) = bearbeiten *(Ohne Maschinen war es für die Bauern sehr mühsam, ihre Felder zu bestellen.)*

betragen = eine bestimmte Summe oder Anzahl von etwas haben (Jahre, Meter, Grad usw.) *(Die Zahl der Kursteilnehmer beträgt zur Zeit 235.)*

bieten; *in der Wendung:* Schutz bieten = Schutz geben; schützen *(Das Haus bot den Wanderern Schutz gegen den Sturm.)*

einberufen = anordnen, dass eine Versammlung zusammentritt *(Der EU-Kommissar berief eine Konferenz der Staatschefs ein.)*

entvölkern = die Zahl der Bevölkerung stark verkleinern *(Die Hungersnot entvölkerte weite Gebiete.)*

erbeuten = sich fremdes Eigentum nehmen (durch Kampf oder Raub) *(Die Diebe erbeuteten Geld und Schmuck.)*

erlassen = *hier:* amtlich bekannt machen; offiziell verkünden (Gesetz, Amnestie, Befehl usw.) *(Der Präsident erließ eine Amnestie für alle politischen Gefangenen.)*

erlegen = ein Tier durch einen Schuss töten *(Der Jäger erlegte zwei Rehe.)*

erobern = durch eine militärische Aktion einnehmen; erkämpfen *(Mit Hilfe einer List gelang es den Griechen, Troja zu erobern.)*

errichten = bauen, aufstellen *(Um für die Flüchtlinge Wohnraum zu schaffen, wurden mehrere Siedlungen errichtet.)*

gleichmachen; *in der Wendung:* dem Erdboden gleichmachen = völlig zerstören *(Die Stadt wurde dem Erdboden gleichgemacht.)*

heimsuchen = als etwas Unerwünschtes kommen; schrecklich treffen *(Europa wurde von der Pest heimgesucht.)*

hinrichten = einen zum Tode verurteilten Menschen töten *(Der Mörder wurde auf dem elektrischen Stuhl hingerichtet.)*

hüten = auf Tiere achten, damit ihnen nichts passiert *(Der Schäfer hütet die Schafe.)*

köpfen = jemandem den Kopf abschlagen; enthaupten *(Während der Französischen Revolution wurden viele Menschen geköpft.)*

opfern = von etwas geben, obwohl man nur wenig davon hat; auf etwas verzichten, was man gern hat *(Man opferte den Göttern Tiere. Ich habe für diese Arbeit das ganze Wochenende geopfert.)*

plündern = in Notsituationen (z.B. bei Krieg, Naturkatastrophen) Städte oder Geschäfte ausrauben *(Nach der Eroberung der Stadt wurden die Häuser geplündert.)*

prägen = *hier:* stark beeinflussen, gestalten *(Seine Jugend war vom Krieg geprägt.)*

rebellieren = gegen ein politisches System, gegen eine Autorität kämpfen; sich auflehnen *(Teile der Armee rebellierten gegen den Diktator.)*

roden (Wald) = Bäume fällen, weil man die Waldfläche für Felder, Straßen usw. braucht *(Die Zivilisation konnte sich nur ausbreiten, weil zahllose Wälder gerodet wurden.)*

scheitern = nicht gelingen *(Soziale Reformen scheitern oft an Geldmangel.)*

schlagen = *hier:* im Kampf, Krieg usw. besiegen *(Der Tennisspieler schlug seinen Gegner in fünf Sätzen.)*

schmelzen = 1) einen festen Gegenstand so heiß machen, dass er flüssig wird *(Das Metall wird zuerst geschmolzen und dann in Formen gegossen.)* 2) flüssig werden, weil es sehr heiß ist *(Bei höheren Temperaturen beginnt Wachs zu schmelzen.)*

schmücken = schön machen; mit schönen Dingen (= rSchmuck) ausstatten (Der Geburtstags-
tisch war mit Blumen geschmückt.)

schwanken = sich verändern; nicht stabil sein (Die Temperaturen schwankten zwischen 5° C
und -10° C.)

spalten, sich = sich teilen, sich trennen (Die Partei spaltete sich in zwei Flügel.)

stoßen (auf + Akk.) = unerwartet entdecken (Bei der Durchsuchung des Hauses stieß man auf
eine Waffensammlung.)

trockenlegen = entwässern (Land) (Mit Hilfe von Kanälen wurde der feuchte Boden trockengelegt.)

über'schatten = einen Schatten auf etwas werfen; eine schöne Stimmung trüben (Sein Famili-
enleben war vom Tod überschattet.)

unter'werfen = mit Gewalt unter seine Herrschaft bringen; besiegen und dann beherrschen (Die
Türken unterwarfen viele osteuropäische Völker.)

verbannen = jemanden (als Strafe) zwingen, an einem fernen Ort zu leben, und ihm verbieten,
in seine Heimat zurückzukehren (Schon im alten Rom wurden kritische Schriftsteller an einen
fernen Ort verbannt.)

verbünden, sich = sich zu einem militärischen Bündnis zusammenschließen; einen Vertrag
schließen, in dem man sich zur gegenseitigen Hilfe verpflichtet (1536 verbündete sich der
französische König Franz I. mit dem türkischen Sultan.)

verehren = hier: als göttliches Wesen ansehen und durch einen Kult ehren (Im alten Ägypten
wurde das Krokodil als heiliges Tier verehrt.)

verfügen (über + Akk.) = 1) besitzen, haben (Die Bibliothek verfügt über zwei große Lesesäle.)
2) bestimmen, was mit etwas geschehen soll, wie man es verwenden soll (Sie können über
dieses Geld verfügen, d.h., Sie können es ausgeben, wie Sie wollen.)

versöhnen, sich = mit jemandem wieder Frieden schließen (nach einem Konflikt) (Nach jahrelangem Streit versöhnte sich Frau H. mit ihrer Schwiegertochter.)

verteidigen = vor einem Angriff schützen (Die Bewohner waren entschlossen, ihre Stadt gegen
die feindlichen Truppen zu verteidigen.)

vertreiben = jemanden durch Gewalt zwingen, Haus, Stadt oder Land zu verlassen (Die Menschen wurden aus ihren Siedlungen vertrieben.)

verwüsten = zerstören, alles kaputt machen (Die Stadt wurde von einem Taifun verwüstet.)

verzieren = mit Ornamenten schön machen (Der Teller war mit blauen Randstreifen verziert.)

wehren, sich (gegen) = sich verteidigen*; gegen einen Angriff Widerstand leisten (Die Indianer
wehrten sich gegen die Angriffe der Weißen.)

weigern, sich = ablehnen, etwas zu tun (Der Gefangene weigerte sich, die Namen seiner Freunde zu nennen.)

weissagen = vorhersagen, was in der Zukunft passieren wird; prophezeien (Die Sekte weissagte
das baldige Ende der Welt.)

widerrufen = öffentlich sagen, dass eine frühere Behauptung, Erlaubnis usw. nicht mehr gültig
ist (Der Präsident widerrief das Parteienverbot.)

zähmen = (ein wildes Tier) an den Menschen gewöhnen; die Wildheit nehmen; zahm machen
(In Südostasien werden wilde Elefanten gezähmt, damit sie für den Menschen arbeiten.)

zeugen (von) = beweisen, zeigen, ein Zeichen sein für etwas (Der Reichtum der Städte zeugte
vom Fleiß seiner Bewohner.)

züchten = Tiere oder Pflanzen aufziehen und durch Auswahl und Kreuzung die Rasse oder Art
verbessern (Sie hat ein schönes Hobby; sie züchtet Rosen.)

---

eAbdankung = siehe: abdanken

eAbschaffung = siehe: abschaffen

sAbendland = die westeuropäischen Länder als kulturelle Einheit; die „Alte Welt", *rOkzident*

abtrünnig = treulos; sich getrennt habend

rAdel = Klasse, Gesamtheit der Familien, die (durch Geburt) früher besondere Privilegien hatten und meist zur herrschenden Schicht gehörten

rAdelige, -n = Angehöriger des Adels; *siehe:* Adel

angewiesen; *in der Wendung:* angewiesen sein (auf + Akk.) = abhängig sein; nicht leben können ohne jemanden oder etwas *(Der schwache Herrscher war auf die Unterstützung der Landesfürsten angewiesen.)*

rAufrührer, - = jemand, der gegen die Staatsgewalt kämpft; Rebell

eBerührung; *in der Wendung:* in Berührung kommen (mit) = in Kontakt kommen *(Auf seinen Reisen kam er mit der indianischen Kultur in Berührung.)*

rBogen, ⸚ = alte Schusswaffe, die aus einem gebogenen elastischen Holzstück besteht; mit dem Bogen schießt man Pfeile* ab

eBronze = Legierung aus Kupfer und Zinn* (chem. Zeichen: Sn)

1. Jt. v. Chr. = *lies:* erstes Jahrtausend vor Christus

sElfenbein = Material, aus dem die Stoßzähne des Elefanten bestehen

rEroberer, - = jemand, der erobert; *siehe:* erobern

rErtrag, ⸚e = Menge der in der Landwirtschaft erzeugten Produkte; Gewinn, Ergebnis

eFeldfrucht, ⸚e = Nahrungsmittel, das in der Landwirtschaft hergestellt wird

sGefäß, -e = Behälter zum Aufbewahren (z.B. Vase, Tasse, Topf, Eimer)

rGelehrte, -n = Wissenschaftler

sGetreide = Pflanzen, aus deren Körnern man Mehl macht (z.B. Weizen, Gerste, Hafer)

rGletscher, - = große Eismasse im Gebirge

sGut, ⸚er = Ware, die transportiert wird

sHeer, -e = Armee

rHeide, -n = heidnischer Mensch; *siehe:* heidnisch

heidnisch = alte Bezeichnung für nichtchristlich; an viele Götter glaubend; polytheistisch

rHenker, - = jemand, der einen zum Tode Verurteilten tötet, der das Todesurteil vollstreckt

eHerde, -n = größere Gruppe von Tieren der gleichen Art (bei Schafen, Kühen, Elefanten usw.)

eHinrichtung, -en = *siehe:* hinrichten

rHirte, -n = jemand, der auf eine größere Zahl von Schafen, Kühen usw. (d.h. auf eine Herde*) aufpasst

eHöhle, -n = großes „Loch" (hohler Raum) in der Erde oder in einem Berg

eInquisition = Gericht der katholischen Kirche, das vom 12. bis zum 18. Jahrhundert Gegner mit großer Grausamkeit verfolgte

sJenseits = Welt nach dem Tode, in die die Verstorbenen eingehen *(Alle Religionen haben Jenseitsvorstellungen.)*

Karl der Große = berühmter Kaiser, der von 768 bis 814 über das Frankenreich (Deutschland und Frankreich) herrschte

rKerker, - = (früher) sehr fest gebautes, meist unterirdisches Gefängnis

rKetzer, - = (in der katholischen Kirche) jemand, der eine andere Meinung als die offizielle Kirche vertritt; Häretiker

eKlimaschwankung, -en; *siehe:* schwanken

sKonzil, -e = (in der katholischen Kirche) Versammlung von Bischöfen und anderen hohen Geistlichen

rKreuzzug, ⸚e = (im Mittelalter) Kriegszug christlicher Ritter* nach Jerusalem, um die Stadt von islamischer Herrschaft zu befreien

eLanze, -n = alte Waffe zum Werfen und Stechen, die aus einer langen, spitzen Stange besteht eLeibeigenschaft = persönliche und wirtschaftliche Abhängigkeit des Bauern vom Grundherrn

Ludwig II. (1864–1886) = berühmter bayerischer König, der schöne Schlösser bauen ließ

rNomade, -n = Angehöriger eines Volkes, das keine festen Wohnplätze hat, sondern mit seinen Tieren von Gebiet zu Gebiet zieht

rNotstand = Situation, in der ein Staat in Gefahr ist

rPalast, ‥e = Schloss, Prachtbau für einen Fürsten

ePest = gefährliche epidemische Krankheit, die im Mittelalter in Europa auftrat

rPfeil, -e = alte Schusswaffe, die aus einem länglichen Holz besteht, das vorn spitz ist

rPflug, ‥e = landwirtschaftliches Gerät zur Bearbeitung des Bodens

rPhönizier, - = Angehöriger eines alten Seefahrervolks, das an der syrischen Küste lebte

rReformator, -en = Begründer der Reformation (religiöse Bewegung des 16. Jahrhunderts, die von Martin Luther ausging und zur Gründung der evangelischen Kirche führte)

rRitter, - = Angehöriger des Kriegerstandes (im Mittelalter)

eRüstung, -en = „Metallkleidung" eines Ritters*

sSchafott, -e = (früher) erhöhter Platz, wo zum Tode Verurteilte geköpft* wurden

rScheiterhaufen, - = aufeinander gelegte Holzstücke (= Holzstoß), auf denen (im Mittelalter) zum Tode Verurteilte (besonders angebliche Hexen) öffentlich verbrannt wurden

rSchmuck; *siehe:* schmücken

rschwarze Tod = Bezeichnung für *Pest**

sSchwert, -er = (im Mittelalter) Waffe zum Schlagen und Stechen, die aus kurzem Griff und langer Klinge besteht

sesshaft = einen festen Wohnsitz, Aufenthaltsort habend *(Nach langen Wanderungen wurden die Nomaden* langsam sesshaft.)*

rSklave, -n = unfreier Mensch, der sich im Besitz eines anderen Menschen befindet und für diesen arbeiten muss *(In Amerika arbeiteten viele Sklaven auf den Baumwollplantagen.)*

sSöldnerheer, -e = Armee aus Soldaten, die gegen Geld *(= Sold)* überall Kriegsdienste leisten, wo sie gebraucht werden

rSterndeuter, - = jemand, der aus den Sternen die Zukunft liest; Astrologe

rSumpf, ‥e = Gebiet, dessen Boden sehr viel Wasser enthält; in Sümpfen kann der Mensch versinken

rTempel, - = Kirchenbau bei Nichtchristen (z.B. im antiken Griechenland)

rTon = weiches erdiges Material, aus dem Keramik gemacht wird

sTurnier, -e = (im Mittelalter) Kampfspiel der Ritter*

r'Untergrund = *hier:* Bereich außerhalb des offiziellen politischen Lebens; Bereich der illegalen politischen Tätigkeit

r'Untertan, -en = (früher) Bürger in einer Monarchie

urbar; *in der Wendung:* urbar machen = „wildes" Land kultivieren, d.h. so verändern, dass man es wirtschaftlich nutzen kann *(Als Erstes begannen die Siedler, das Land urbar zu machen.)*

eVerbannung = *siehe:* verbannen

rVorrat, ‥e; *in der Wendung:* Vorräte anlegen = etwas sammeln, so lange es genügend gibt, um es dann zu gebrauchen, wenn es nur noch wenig davon gibt (z.B. Lebensmittel, Brennholz) *(Im Herbst beginnen die Tiere, Vorräte für den Winter anzulegen.)*

rWebstuhl, ‥e = Apparat, mit dem man *webt,* d.h. aus einem Faden einen Stoff macht

rWegelagerer, - = altes Wort für *Straßenräuber*

rWikinger, - = Normanne; Angehöriger eines nordgermanischen Seefahrervolkes

Zähne; *in der Wendung:* bis an die Zähne bewaffnet = schwer bewaffnet

sZinn = sehr weiches, silberglänzendes Metall (chem. Zeichen: Sn)

Natur

5.1 Umwelt

Mensch	stören *(Präs.)*	Gleichgewicht (Natur)
↓	eingreifen*	↓
↓	verändern	Umwelt
Umwelt	↓ *(P)*	Zivilisation
↓	müssen erhalten *(P)*	*künftig, Generationen*
Rohstoffe	Bedeutung haben	↓
↓	ausbeuten* *(P)*	Industriestaaten
Natur	↓ *(P)*	Mensch
↓	kennen *(/)*	*Abfallprobleme*
unser Wirtschaftssystem	verstärken	↓↑
Industrialisierung	↓	Energieverbrauch
hoch, Lebensstandard	Folgen haben	↓
↓↑	führen	*Zunahme* (Energieverbrauch)
Elektrifizierung	bewirken	↓
Ausbreitung (Zivilisation)	↓	*Artenrückgang**
↓	einschränken	Lebensraum (Tiere)
↓	bedrohen*	↓
Eingriffe* (Mensch)	↓	*natürlich, Kreisläufe*
↓	gefährden	↓
Umweltverschmutzung	↓	Überleben (Menschheit)
↓	darstellen	*global, Problem*
Überbevölkerung	↓	*kaum lösbar, Problem*
↓	sein	↓
Bevölkerungswachstum	↓	*Folge* (Fortschritt)
↓	müssen beschränken *(P)*	*Familienplanung**
Verschwendung *(Energie)*	↓	*staatlich, Maßnahmen**
↓	verringern *(P)*	*neu, Produktionsmethoden*
Schutz (Umwelt)	erforderlich machen	↓
↓	voraussetzen*	*geändert, Einstellung** (Mensch)
Umweltschutz	↓	Achtung; Natur
↓	in Konflikt stehen	*wirtschaftlich, Interessen*
jedes Unternehmen	verfolgen*	↓

Der Mensch stört das Gleichgewicht der Natur.

Der Mensch greift in das Gleichgewicht der Natur ein.

Der Mensch verändert die Umwelt.

Die Umwelt wird durch die Zivilisation verändert.

Die Umwelt muss für künftige Generationen erhalten werden.

Die Rohstoffe haben Bedeutung für künftige Generationen / haben für … Bedeutung.

Die Rohstoffe werden von den Industriestaaten ausgebeutet.

Die Natur wird vom Menschen ausgebeutet.

Die Natur kennt keine Abfallprobleme.

Unser Wirtschaftssystem verstärkt die Abfallprobleme.

Die Industrialisierung verstärkt den Energieverbrauch.

(Ein) Hoher Lebensstandard hat Folgen für den Energieverbrauch.

Der hohe Lebensstandard führt zu einer Zunahme des Energieverbrauchs.

Die Elektrifizierung bewirkt eine Zunahme des Energieverbrauchs.

Die Ausbreitung der Zivilisation bewirkt einen Artenrückgang.

Die Ausbreitung der Zivilisation schränkt den Lebensraum der Tiere ein.

Die Ausbreitung der Zivilisation bedroht den Lebensraum der Tiere.

Die Eingriffe des Menschen bedrohen die natürlichen Kreisläufe.

Die Eingriffe des Menschen gefährden die natürlichen Kreisläufe.

Die Umweltverschmutzung gefährdet das Überleben der Menschheit.

Die Umweltverschmutzung stellt ein globales Problem dar.

Die Überbevölkerung stellt ein kaum lösbares Problem dar.

Die Überbevölkerung ist ein kaum lösbares Problem.

Das Bevölkerungswachstum ist eine Folge des Fortschritts.

Das Bevölkerungswachstum muss durch (eine) Familienplanung beschränkt werden.

Die Verschwendung von Energie muss durch staatliche Maßnahmen beschränkt werden.

Die Verschwendung von Energie wird durch neue Produktionsmethoden verringert.

Der Schutz der Umwelt macht neue Produktionsmethoden erforderlich.

Der Schutz der Umwelt setzt eine geänderte Einstellung des Menschen voraus.

Der Umweltschutz setzt die Achtung vor der Natur voraus.

Der Umweltschutz steht mit (den) wirtschaftlichen Interessen in Konflikt.

Jedes Unternehmen verfolgt wirtschaftliche Interessen.

jeder Bürger	jährlich erzeugen *(Präs.)*	*groß, Menge (Hausmüll)*
Städte + Gemeinden	müssen beseitigen	↓
↓	anlegen	*Mülldeponien*
Abfälle	lagern *(P)*	↓
Sonderabfälle	bestimmt sein *(/)*	↓
↓	abholen *(P)(/)*	Müllabfuhr
↓	bereiten*	*groß, Probleme*
Kunststoffe	verursachen	↓
↓	verrotten* *(/)*	*natürlich, Bedingungen*
↓	zersetzen *(P)(/)*	*Bakterien*
↓	anfallen*	*riesig, Mengen*
↓	beseitigen *(P)*	*besondere, Anlagen**
*Autowracks**	verschrotten* *(P)*	↓
Altreifen (Pl.)	verbrennen *(P)*	↓
↓	können wieder verwerten *(P)*	nur zum Teil
organisch, Abfälle	↓	*vollständig*
↓	kompostieren *(P)*	*viel, Haushalte*
↓	verwenden *(P)*	Erzeugung *(Biogas)*
↓	zählen *(/)*	Sondermüll
Lacke + Lösungsmittel	bezeichnen *(P)*	↓↑
groß, Abfallgegenstände	↓	*Sperrmüll*
↓	müssen trennen *(P)*	von, Hausmüll
Flaschenglas	↓ *(P)*	übrig, Müll
↓	sammeln *(P)*	*Container (Pl.)*
Altpapier	↓	*viel, Gemeinden*
Container (Pl.)	aufstellen *(=P)*	↓
herkömmlich, Müllplätze*	sich befinden	↓
↓	verunreinigen *	*Luft + Gewässer*
↓	gefährden	Gesundheit (Bevölkerung)
Müllverbrennungsanlagen	↓	Umwelt
↓	dienen	Gewinnung *(Energie)*
Vermeidung (Müll)	↓	Schutz (Umwelt)
↓	beitragen *	↓
Wiederverwertung	↓	Einsparung *(Energie)*
↓	ermöglichen	↓
Recycling	↓	Schutz (Ressourcen*)

Jeder Bürger erzeugt jährlich eine große Menge (von) Hausmüll.

Städte und Gemeinden müssen eine große Menge (von) Hausmüll beseitigen.

Städte und Gemeinden legen Mülldeponien an.

Die Abfälle werden in Mülldeponien gelagert.

Sonderabfälle sind nicht für Mülldeponien bestimmt.

Sonderabfälle werden von der Müllabfuhr nicht abgeholt.

Sonderabfälle bereiten große Probleme.

Kunststoffe verursachen große Probleme.

Kunststoffe verrotten nicht unter natürlichen Bedingungen / verrotten unter … nicht.

Kunststoffe werden nicht von Bakterien zersetzt / werden von Bakterien nicht zersetzt.

Kunststoffe fallen in riesigen Mengen an.

Kunststoffe werden in besonderen Anlagen beseitigt.

Autowracks werden in besonderen Anlagen verschrottet.

Altreifen werden in besonderen Anlagen verbrannt.

Altreifen können nur zum Teil wieder verwertet werden.

Organische Abfälle können vollständig wieder verwertet werden.

Organische Abfälle werden in vielen Haushalten kompostiert.

Organische Abfälle werden zur Erzeugung von Biogas verwendet.

Organische Abfälle zählen nicht zum Sondermüll.

Lacke und Lösungsmittel werden als Sondermüll bezeichnet.

Große Abfallgegenstände werden als Sperrmüll bezeichnet.

Große Abfallgegenstände müssen vom Hausmüll getrennt werden.

Flaschenglas muss vom übrigen Müll getrennt werden.

Flaschenglas wird in Containern gesammelt.

Altpapier wird in vielen Gemeinden gesammelt.

Container sind in vielen Gemeinden aufgestellt.

Herkömmliche Müllplätze befinden sich in vielen Gemeinden.

Herkömmliche Müllplätze verunreinigen (die) Luft und (die) Gewässer.

Herkömmliche Müllplätze gefährden die Gesundheit der Bevölkerung.

Müllverbrennungsanlagen gefährden die Umwelt.

Müllverbrennungsanlagen dienen zur Gewinnung von Energie.

Die Vermeidung von Müll dient dem Schutz der Umwelt.

Die Vermeidung von Müll trägt zum Schutz der Umwelt bei.

Die Wiederverwertung trägt zur Einsparung von Energie bei.

Die Wiederverwertung ermöglicht die Einsparung von Energie.

Recycling ermöglicht den Schutz der Ressourcen.

organisch, Leben	erlöschen* *(Perf.)*	*viel, Gewässer (Pl.)*
Abwässer	verschmutzen *(Präs.)*	↓
zahlreich, Seen	↓ *(P)*	*industriell, Abwässer*
↓	belasten* *(=P)*	*schädlich, Stoffe*
Grundwasser	↓ *(= P)*	*Kunstdünger* (Pl.)*
↓	verseuchen* *(=P)*	*Mineralöle*
↓	dienen	Wasserversorgung (Menschen)
Flusswasser	↓	Kühlung *(Kraftwerke)*
↓	über'prüfen* *(P)*	Gehalt; *Giftstoffe*
Abwässer	↓ *(P)*	*Krankheitserreger (Pl.)*
↓	gefährden	Fischbestände (Meere)
↓	reinigen *(P)*	*Kläranlagen**
↓	bedrohen*	*unzählig, Lebewesen*
Wassertiere	↓ *(=P)*	in, Existenz
diese Fischart	↓ *(=P)*	Aussterben
Küste	↓ *(P)*	*„Ölpest"**
zahllos, Seevögel	zum Opfer* fallen *(Perf.)*	↓
Tankerunfälle	zur Folge haben *(Präs.)*	↓
↓	sich ereignen	*verkehrsreich, Wasserstraßen*
Behörden	über'wachen*	↓
↓	↓	Betrieb *(Kläranlagen)*
↓	↓	Einleitung *(Abwässer)*
↓	müssen benachrichtigen *(P)*	*bei, Ölunfälle*
↓	Maßnahmen* treffen	Verhinderung *(Ölunfälle)*
↓	ausbauen	Kanalisation
Großteil (Dörfer)	anschließen *(=P)*	↓
synthetisch, Stoffe	einleiten *(P)*	↓
↓	gelangen	↓
↓	abbauen* *(P) (I)*	*Bakterien*
↓	ungenießbar machen	Trinkwasser
↓	beeinträchtigen*	Wassergüte
Kläranlagen	verbessern	↓
↓	ausrüsten* *(=P)*	*Filter (Pl.)*
Industrieanlagen	benötigen	↓
Großstädte	↓	*gewaltig, Wassermengen*
Haushalte	verbrauchen	↓

Das organische Leben ist in vielen Gewässern erloschen.

Die Abwässer verschmutzen viele Gewässer.

Zahlreiche Seen werden durch industrielle Abwässer verschmutzt.

Zahlreiche Seen sind durch/mit schädliche(n) Stoffe(n) belastet.

Das Grundwasser ist durch Kunstdünger / mit Kunstdüngern belastet.

Das Grundwasser ist durch Mineralöle verseucht.

Das Grundwasser dient zur/der Wasserversorgung der Menschen.

Das Flusswasser dient zur/der Kühlung von Kraftwerken.

Das Flusswasser wird auf seinen Gehalt an Giftstoffen überprüft.

Die Abwässer werden auf Krankheitserreger überprüft.

Die Abwässer gefährden die Fischbestände der Meere.

Die Abwässer werden durch/in Kläranlagen gereinigt.

Die Abwässer bedrohen unzählige Lebewesen.

Die Wassertiere sind in ihrer Existenz bedroht.

Diese Fischart ist vom Aussterben bedroht.

Die Küste wird von einer Ölpest bedroht.

Zahllose Seevögel sind einer Ölpest zum Opfer gefallen.

Tankerunfälle haben eine Ölpest zur Folge.

Tankerunfälle ereignen sich auf verkehrsreichen Wasserstraßen.

Die Behörden überwachen verkehrsreiche Wasserstraßen.

Die Behörden überwachen den Betrieb von Kläranlagen.

Die Behörden überwachen die Einleitung von Abwässern.

Die Behörden müssen bei Ölunfällen benachrichtigt werden.

Die Behörden treffen Maßnahmen zur Verhinderung von Ölunfällen.

Die Behörden bauen die Kanalisation aus.

Ein Großteil der Dörfer ist an die Kanalisation angeschlossen.

Synthetische Stoffe werden in die Kanalisation eingeleitet.

Synthetische Stoffe gelangen in die Kanalisation.

Synthetische Stoffe werden von/durch Bakterien nicht abgebaut.

Synthetische Stoffe machen das Trinkwasser ungenießbar.

Synthetische Stoffe beeinträchtigen die Wassergüte.

Kläranlagen verbessern die Wassergüte.

Kläranlagen sind mit Filtern ausgerüstet.

Industrieanlagen benötigen Filter.

Großstädte benötigen gewaltige Wassermengen.

Die Haushalte verbrauchen gewaltige Wassermengen.

5.2 Wetter

Sonne	aufgehen *(Präs.)*	Osten
↓	erscheinen	Horizont
↓	stehen	Himmel
Wolken	ziehen	↓
↓	hängen	Land
Schnee	bedecken	↓
Sturm	brausen*	↓
Wind	wehen	↓
↓	treiben	Wolken — *nach Osten*
Wolken	↓ *(P)*	Sturm
↓	verhüllen*	Berge
Blitze	erhellen	↓
↓	↓ *(Prät.)*	Nacht
Gewitter	dauern	ganz, Nacht
es	regnen	↓
Regen	anhalten*	↓
↓	nachlassen	*gegen Abend*
Himmel	sich aufklaren	↓
↓	sich bewölken	Lauf (Nacht)
Wetter	sich verschlechtern	↓
Himmel	sich beziehen*	↓
↓	↓	*von Nordwesten her*
↓	bedecken *(=P)*	*dunkel, Wolken*
Sonne	verschwinden	↓
↓	'untergehen *(Präs.)*	Westen
Regen	einsetzen* *(Prät.)*	↓
↓	sich verstärken	Lauf (Tag)
Donau	über die Ufer treten*	↓
Regenfälle	zunehmen	↓
↓	lassen ansteigen	Rhein
Land	über'fluten* *(P)*	↓
Felder	über'schwemmen *(=P)*	↓
↓	stehen	*Wasser*
Mond	sich spiegeln	↓↑
↓	auftauchen	Wald
↓	erleuchten	Erde

Die Sonne geht im Osten auf.

Die Sonne erscheint am Horizont.

Die Sonne steht am Himmel.

Die Wolken ziehen über den Himmel.

Die Wolken hängen über dem Land.

Der Schnee bedeckt das Land.

Der Sturm braust über das Land.

Der Wind weht über das Land.

Der Wind treibt die Wolken nach Osten.

Die Wolken werden vom Sturm getrieben.

Die Wolken verhüllen die Berge.

Blitze erhellen die Berge.

Blitze erhellten die Nacht.

Das Gewitter dauerte die ganze Nacht.

Es regnete die ganze Nacht.

Der Regen hielt die ganze Nacht an.

Der Regen ließ gegen Abend nach.

Der Himmel klarte sich gegen Abend auf.

Der Himmel bewölkte sich im Lauf(e) der Nacht.

Das Wetter verschlechterte sich im Lauf(e) der Nacht.

Der Himmel bezog sich im Lauf(e) der Nacht.

Der Himmel bezog sich von Nordwesten her.

Der Himmel war mit dunklen Wolken bedeckt.

Die Sonne verschwand hinter dunklen Wolken.

Die Sonne geht im Westen unter.

Der Regen setzte im Westen ein.

Der Regen verstärkte sich im Lauf(e) des Tages.

Die Donau trat im Lauf(e) des Tages über die Ufer.

Die Regenfälle nahmen im Lauf(e) des Tages zu.

Die Regenfälle ließen den Rhein ansteigen.

Das Land wurde vom Rhein überflutet.

Die Felder waren vom Rhein überschwemmt.

Die Felder standen unter Wasser.

Der Mond spiegelte sich im Wasser.

Der Mond tauchte über/hinter dem Wald auf.

Der Mond erleuchtete die Erde.

Worterklärungen

5.1 Umwelt

abbauen = *hier:* in der Chemie und Biologie große, komplexe Moleküle in einfache Strukturen zerlegen *(Organische Stoffe werden in der Natur durch Bakterien abgebaut.)*

anfallen = entstehen, sich ergeben *(Bei der Reinigung von Öltanks fallen hohe Kosten an.)*

ausbeuten = 1) wirtschaftlich nutzen, abbauen* *(Zur Gewinnung von Energie werden die Kohlevorkommen ausgebeutet.)* 2) systematisch nutzen; abbauen*, für sich verwenden, erschöpfen *(Statt die Natur zu schonen, beutet der Mensch sie rücksichtslos aus.)*

ausrüsten = mit etwas versehen, was nötig ist um eine Aufgabe oder Funktion zu erfüllen *(Der Satellit ist mit empfindlichen Messgeräten ausgerüstet.)*

bedrohen = eine große Gefahr sein; in seiner Existenz gefährden *(Das Feuer bedroht ein Naturschutzgebiet.)*

beeinträchtigen = in seiner Funktion stören; den Wert vermindern *(Ständiger Lärm beeinträchtigt die Konzentrationsfähigkeit.)*

beitragen (zu) = mithelfen, mitwirken, eine weitere Ursache sein *(Die Flugzeugabgase tragen zur Zerstörung der Ozonschicht bei.)*

belasten = *hier:* schädlich sein (für etwas) *(Abgase von Autos und Fabriken belasten die Umwelt.)*

bereiten; *in der Wendung:* Probleme bereiten = Probleme machen; Schwierigkeiten verursachen *(Das Speichern von Energie bereitet erhebliche Probleme.)*

eingreifen = versuchen, etwas zu beeinflussen; sich in etwas einmischen; *(in das Gleichgewicht eingreifen* = das Gleichgewicht stören; etwas aus dem Gleichgewicht bringen)

erlöschen = *hier:* aufhören zu existieren; aussterben *(In der Nähe dieser Fabrik ist fast alles Leben erloschen.)*

über'prüfen = kontrollieren; prüfen, ob etwas in Ordnung ist *(Wir überprüften die Übersetzung auf mögliche Fehler.)*

über'wachen = kontrollieren, indem man ständig beobachtet; durch Kontrolle dafür sorgen, dass etwas funktioniert *(Der Produktionsprozess wird durch Videokameras überwacht.)*

verfolgen = *hier:* versuchen, ein Ziel zu erreichen, eine Absicht zu verwirklichen *(Die staatlichen Maßnahmen verfolgen das Ziel, den Energieverbrauch zu senken.)*

verrotten = faulen, sich zersetzen *(Das Holz lag im Regen und verrottete.)*

verschrotten = zu Schrott verarbeiten; als Altmetall verwerten *(Das Auto konnte nicht mehr repariert werden und wurde verschrottet.)*

verseuchen = mit gesundheitsschädlichen Stoffen verschmutzen *(Das ausgelaufene Benzin hat den Boden verseucht.)*

verunreinigen = verschmutzen *(Ungefilterte Abgase verunreinigen die Atmosphäre.)*

voraussetzen = zur notwendigen Bedingung haben; ohne etwas Bestimmtes nicht möglich sein *(Diese Tätigkeit setzt umfassende Fremdsprachenkenntnisse voraus.)*

---

eAnlage, -n = technische Vorrichtung, Apparat

rArtenrückgang = Abnahme der Zahl von Tier- und Pflanzenarten

sAutowrack, -s = kaputtes, unbrauchbares Auto

eEinstellung, -en = Meinung, Ansicht; innere Beziehung zu etwas

eFamilienplanung = Maßnahmen, um die Zahl der Kinder in einer Familie zu bestimmen; Regelung der Kinderzahl durch Geburtenkontrolle herkömmlich = so wie es früher war; traditionell

eKläranlage, -n = Anlage*, um Abwasser von Schmutz zu reinigen

rKunstdünger, - = anorganischer Stoff, der auf den Feldern verteilt wird, um die Qualität des Bodens zu verbessern

eMaßnahme, -n = notwendige Handlung, die etwas bewirken soll; *in der Wendung:* Maßnahmen treffen = handeln; das Notwendige tun (z.B. Maßnahmen gegen die zunehmende Luftverschmutzung, Maßnahmen zur Reinigung des Flusswassers)

sOpfer; *in der Wendung:* zum Opfer fallen = durch jemanden oder etwas vernichtet werden *(Der Choleraepidemie fielen viele Menschen zum Opfer.)*

eÖlpest = Verschmutzung des Wassers durch Öl, das (meist) aus einem defekten Tanker ausläuft

Ressourcen *(Pl.)* = Vorräte von Dingen, die die Menschheit zum Leben braucht (z.B. Wasser, Luft, Bodenschätze)

5.2 Wetter

anhalten = *hier:* andauern, sich fortsetzen, nicht aufhören *(Der Schneesturm hielt den ganzen Tag über an.)*

beziehen, sich = sich mit Wolken bedecken *(Der Himmel bezog sich von Nordwesten her.)*

brausen = (mit lautem Geräusch und stark) wehen *(Der Herbstwind braust über die Felder.)*

einsetzen = *hier:* beginnen *(Punkt 22 Uhr setzte die Musik ein.)*

treten; *in der Wendung:* über die Ufer treten = (von Flüssen:) so ansteigen, dass das Wasser über die Ufer fließt *(Der Rhein ist bei Köln über die Ufer getreten.)*

über'fluten = überschwemmen *(Der südliche Teil der Stadt ist bereits überflutet.)*

verhüllen = zudecken, unsichtbar machen *(Nebel verhüllte die Bäume.)*